JN433329

entry

엄마와 선생님이 함께하는

엔트리 연수프로그램

편집부

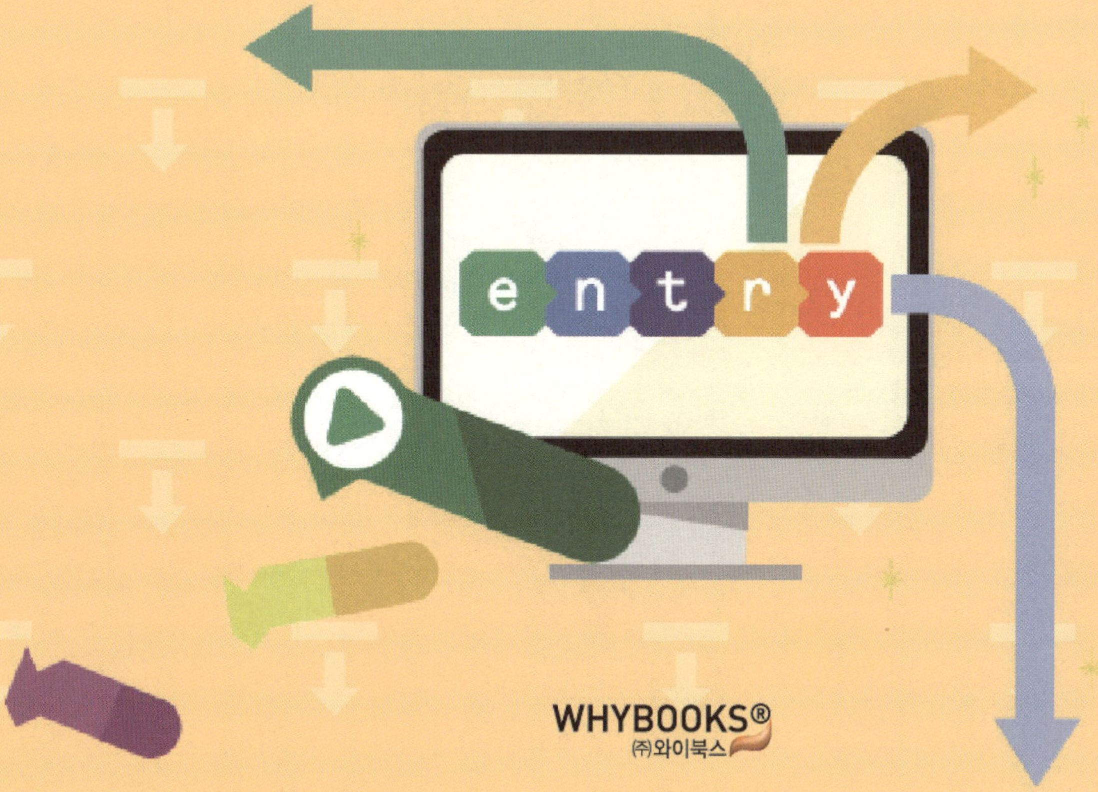

WHYBOOKS®
㈜와이북스

entry

엄마와 선생님이 함께하는

엔트리 연수프로그램

목 차

목 차

엄마와 선생님이 함께하는

엔트리
연수프로그램

소프트웨어 교육의 첫걸음

1 엔트리 소개

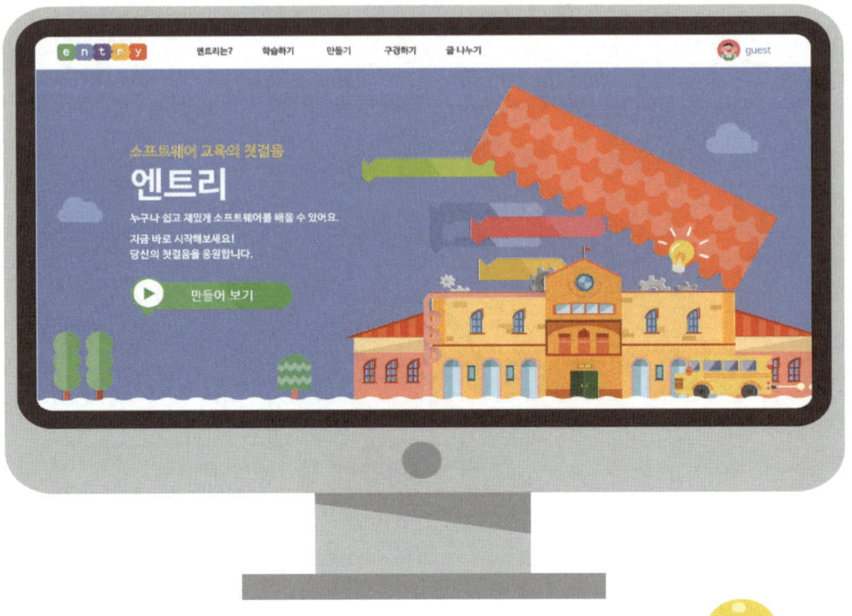

play-entry.org

엔트리는 학생들이 소프트웨어를 쉽고 재미있게 학습하고, 선생님들은 효과적으로 학생들을 가르칠 수 있는 소프트웨어 교육 플랫폼입니다. 엔트리는 공공재 성격을 가지고 있으며 비영리로 운영되고 있습니다.

현재 월 10만여 명(2015년 12월 기준)의 학생들이 엔트리를 통해 소프트웨어를 배우고 있으며, 다수의 SW교육 선도/연구학교에서 엔트리를 채택하여 교육을 하고 있습니다.

엔트리에서는 학습하기, 만들기, 구경하기를 경험할 수 있습니다.

학습하기 | 만들기 | 구경하기

<학습하기>에서는 컴퓨터를 활용해 논리적으로 문제를 해결할 수 있는 다양한 학습 콘텐츠가 준비되어 있습니다. 게임을 하듯이 주어진 미션들을 컴퓨터 프로그래밍으로 해결해 볼 수도 있고 재미있는 동영상과 교재로 소프트웨어의 원리를 배울 수도 있습니다.

<만들기>는 미국 MIT에서 개발한 Scratch와 같은 비주얼 프로그래밍 언어를 사용하여 프로그래밍을 처음 접하는 사람들도 쉽게 자신만의 창작물을 만들 수 있습니다. 국내외 다양한 피지컬 컴퓨팅 도구와 연결할 수 있으며, 인터넷 없이도 작품을 만들 수 있는 오프라인 버전도 제공하고 있습니다.

<구경하기>에서는 엔트리를 통해 제작한 작품을 다른 사람들과 쉽게 공유할 수 있습니다. 또한, 공유된 작품이 어떻게 구성되었는지 살펴볼 수 있고, 이를 발전시켜 자신만의 작품을 만들 수 있습니다. 그리고, 엔트리에서는 공동 창작도 가능합니다. 친구들과 협업하여 더 멋진 작품을 만들어 볼 수 있습니다.

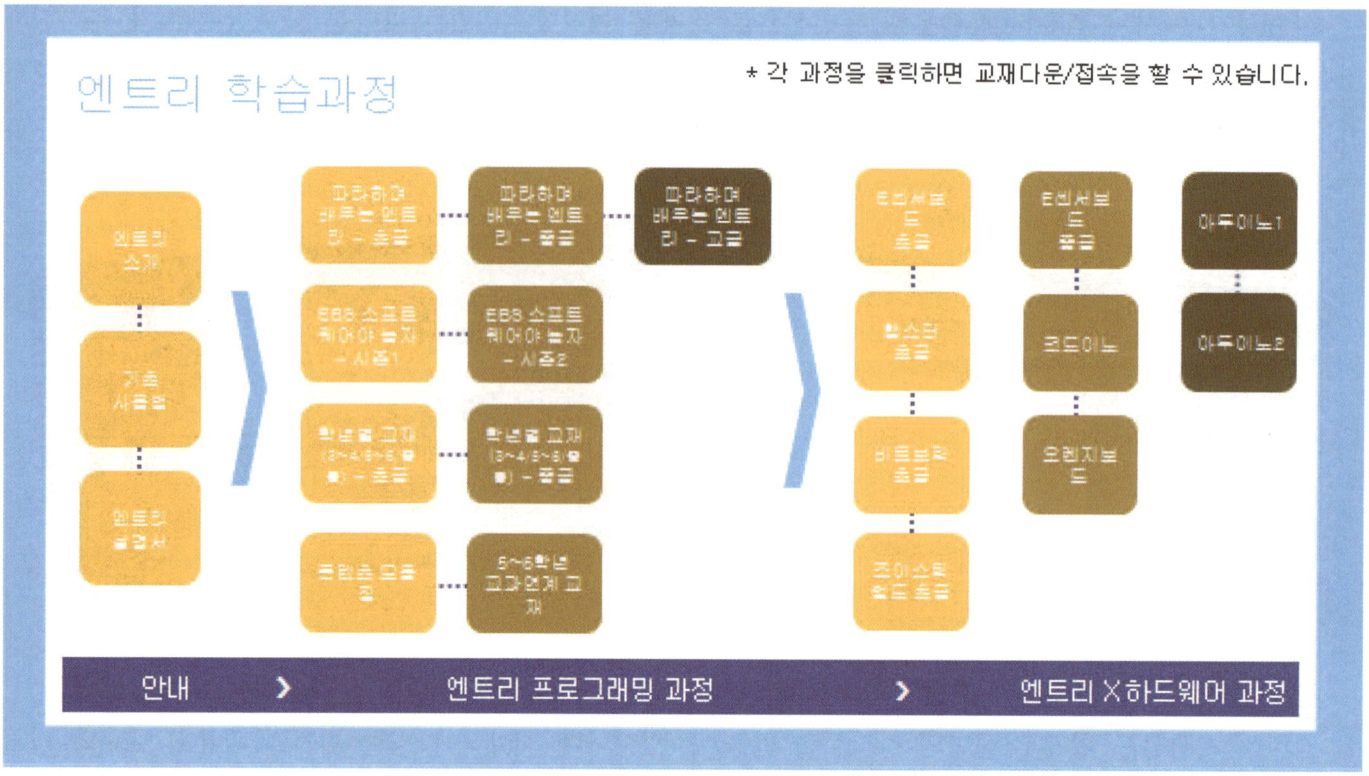

엔트리 학습과정

엔트리 **소개**와 **기초사용법**과 관련된 자료입니다. 시작하기전에 가장 먼저 살펴보면 도움이 됩니다.

. 따라해보며 배우는 엔트리시즈

다양한 **예제**를 **따라하며** 프로그래밍의 개념과 기능을 익힐 수 있는 자료입니다.

. EBS 소프트웨어야 놀자 시리즈

EBS 소프트웨어야 놀자 방송영상입니다. 재미있는 **방송영상**을 보고 직접 **실습**할 수 있습니다.

. 학년별 교재 시리즈

3~4 학년/5~6 학년/중등학교 **군별**로 수준에 맞는 **교재**(학습지+정답)가 제공됩니다.

. 기타 자료

다양한 엔트리 콘텐츠 모음집과 초등 5~학년 교과와 연계된 교재도있습니다.

초등학교 고학년 수준의 **하드웨어 과정**입니다. 엔트리로 하드웨어를 제어해 보는 다양한 콘텐츠가 제공됩니다.

중학생 기초 수준의 **하드웨어 과정**입니다. 엔트리로 하드웨어를 제어해 보는 다양한 콘텐츠가 제공됩니다.

중학생 심화 수준의 **하드웨어 과정**입니다. 엔트리와 텍스트형 언어로 하드웨어를 제어해보는 다양한 콘텐츠가 제공됩니다

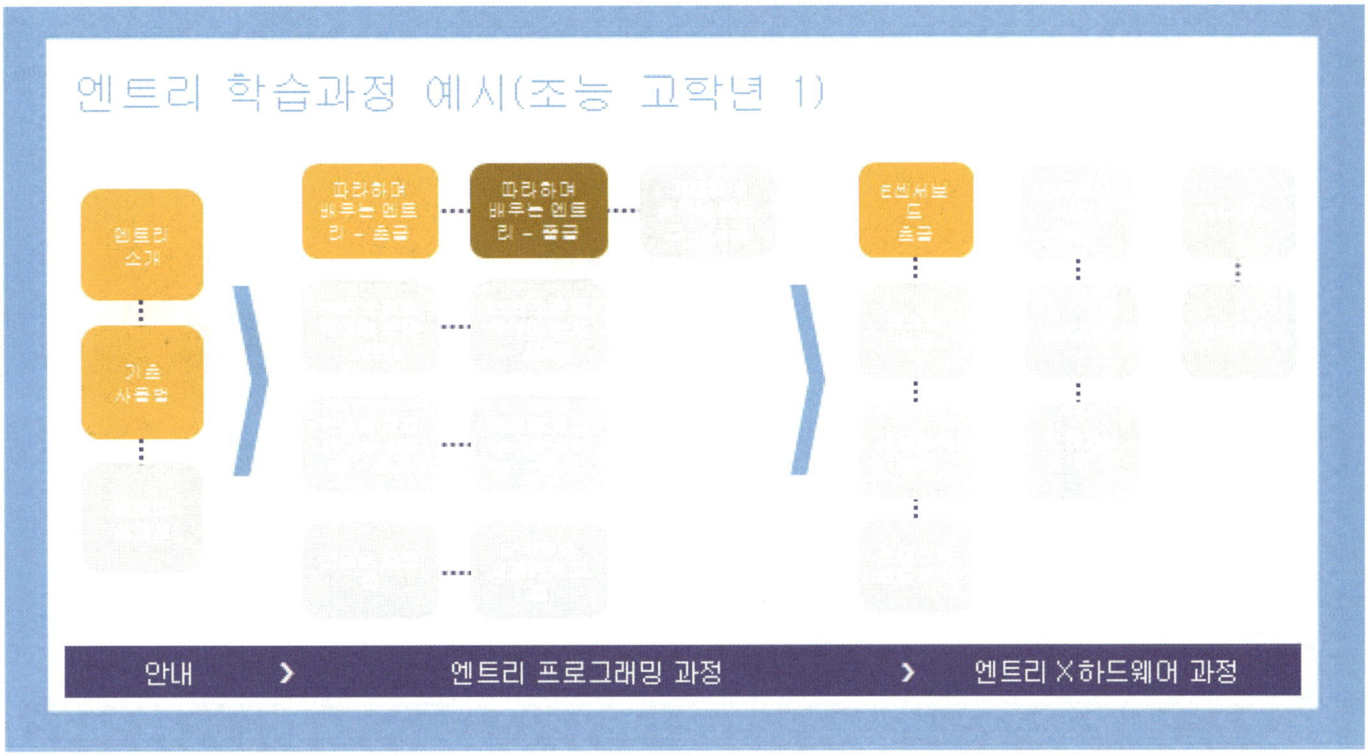
엔트리 학습과정 예시(초등 고학년 1)
엔트리 소개
기초 사용법
따라하며 배우는 엔트리 - 초급
따라하며 배우는 엔트리 - 중급
E센서보드 초급
안내
엔트리 프로그래밍 과정
엔트리 X하드웨어 과정

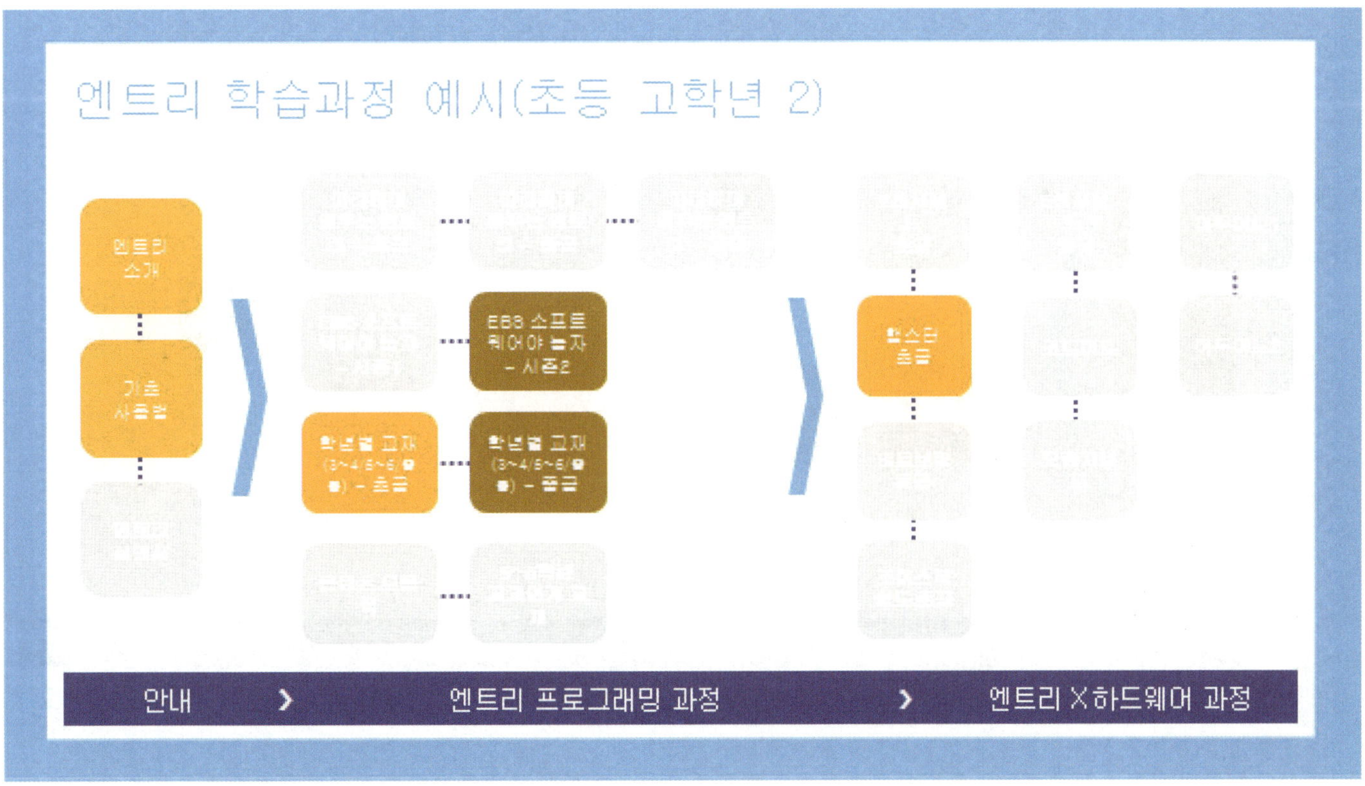
엔트리 학습과정 예시(초등 고학년 2)
엔트리 소개
기초 사용법
EBS 소프트웨어야 놀자 - 시즌2
학년별 교재 (3~4/5~6/활용) - 초급
학년별 교재 (3~4/5~6/활용) - 중급
햄스터 초급
안내
엔트리 프로그래밍 과정
엔트리 X하드웨어 과정

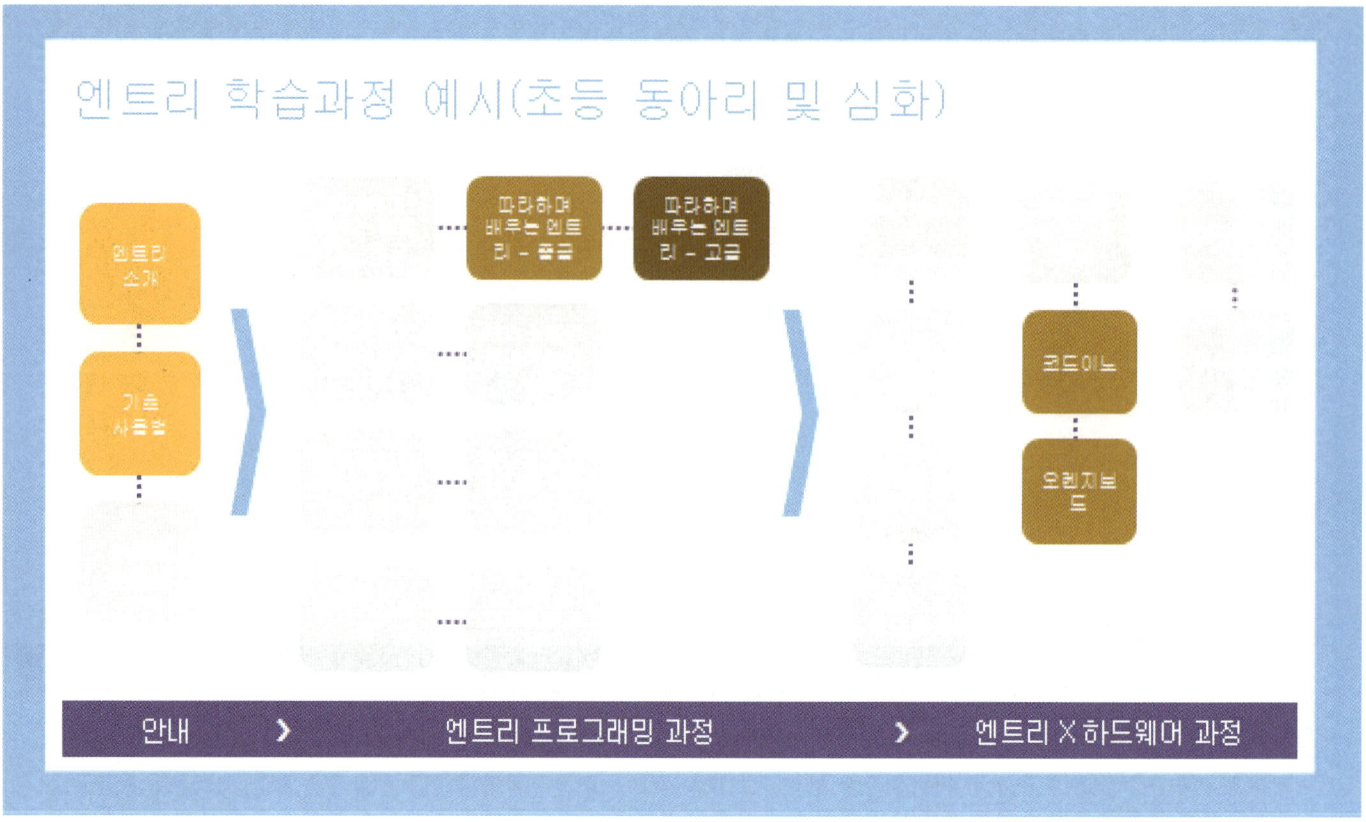
엔트리 학습과정 예시(초등 동아리 및 심화)
엔트리 소개
기초 사용법
따라하며 배우는 엔트리 - 중급
따라하며 배우는 엔트리 - 고급
코드이노
오렌지보드
안내
엔트리 프로그래밍 과정
엔트리 X 하드웨어 과정

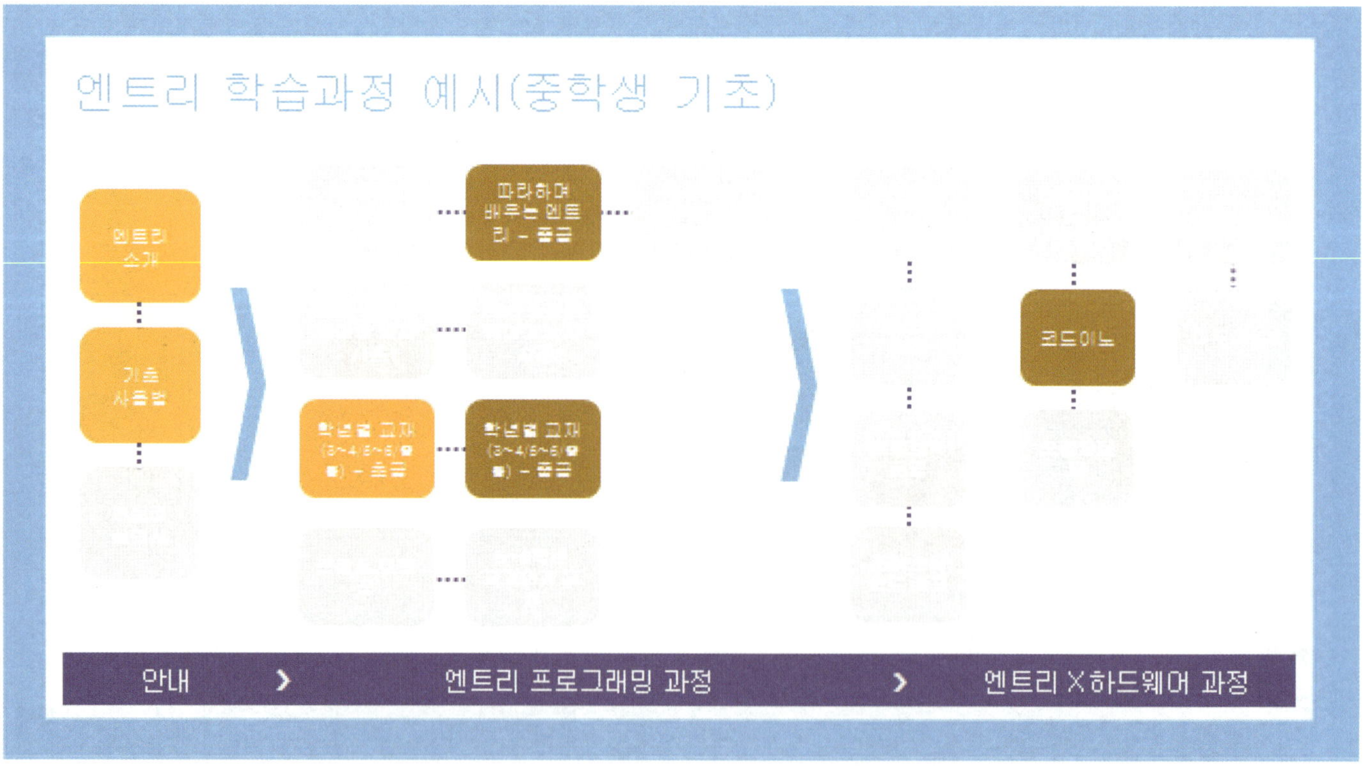
엔트리 학습과정 예시(중학생 기초)
엔트리 소개
기초 사용법
따라하며 배우는 엔트리 - 중급
학년별 교재
- 초급
학년별 교재
- 중급
코드이노
안내
엔트리 프로그래밍 과정
엔트리 X 하드웨어 과정

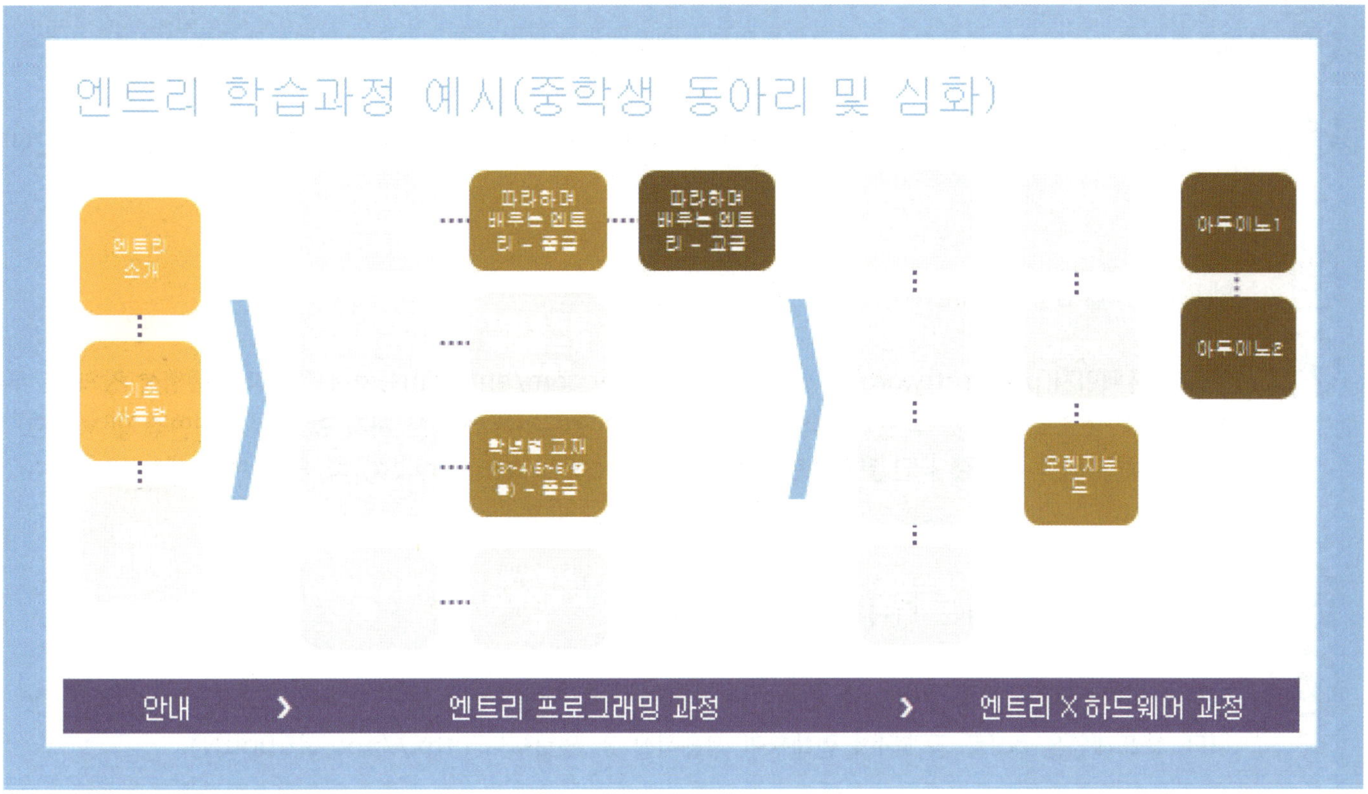

FAQ

Q 엔트리 교육자료들은 어디서 다운받을 수 있나요?

A 엔트리 공식 블로그(blog.naver.com/entrylabs) 에서 받으실 수 있습니다.

Q 배포하는 교육자료들을 자유롭게 사용해도 되나요?

A 엔트리에서 배포하는 교육자료(엔트리 프로그래밍 과정)는 CC-BY 라이선스를 적용하여 학교에서 교육목적으로도, 학교 밖에서도 상업적인 용도로도 자유롭게 사용하실 수 있습니다

Q 인터넷이 안되는 환경에서도 엔트리 사용이 가능한가요?

A 네, 엔트리는 오프라인 버전도 제공하고 있습니다. 엔트리 사이트(play-entry.org)에 접속한 다음 [만들기]-[엔트리 다운로드]에서 다운받을 수 있습니다.

Q 엔트리에 건의/문의사항을 남기려면 어떻게 해야 하나요?

A contact@play-entry.org 로 메일을 주시거나, 홈페이지의 제안 및 건의 게시판에 글을 남겨주시면 됩니다

Q 엔트리와 관련된 교육은 어디서 받을 수 있나요?

A 엔트리 홈페이지(play-entry.org)와 블로그(blog.naver.com/entrylabs)에서 제공하는 동영상 강의 및 무료 학습자료로 스스로 공부할 수 있습니다. 오프라인 교육은 엔트리에서 직접 하지 않으며, 교원연수 및 학부모, 학생의 교육을 위한 외부강사 연결에 대한 문의는 contact@play-entry.org 로 연락 바랍니다.

Q 엔트리 보드/카드게임은 어디서 살 수 있나요?

A 옥션과 아이스크림몰에서 구매할 수 있습니다. 학교예산 및 대량구입문의는 02-6202-9783으로 연락주시면 됩니다. 보드게임은 pdf로 공개되어 인쇄하여 사용하실 수 있습니다(http://goo.gl/rupizN).

---

entry

엄마와 선생님이 함께하는

엔트리 연수프로그램

PART 1

소프트웨어 교육! 왜, 어떻게 해야하나?

1 시대의 변화와 소프트웨어

1.1 과거와 현재의 변화

예전에 사람들은 통신을 하기 위해서 삐삐를 사용했습니다. 그러다가 아래의 그림과 같은 피처폰을 사용했었습니다. 하지만 오늘날의 사람들은 통신하기 위해서 이 두가지의 도구를 사용하지 않습니다. 그러면, 어떤 것을 사용할까요?

바로, 여러분들이 지금 손에 들고 있는 스마트폰 입니다. 오늘날 스마트폰은 우리 생활속 곳곳에서 사용되고 있습니다. 당장 오늘 저녁에 스마트폰이 없어진다고 생각해 보면 불편한 일이 한 두 가지가 아닐 겁니다. 스마트폰은 우리 생활속에서 이제 너무 익숙하게 사용해서 그런지 오래 전부터 사용한 것 같이 느껴집니다.

스마트폰이 나온건 몇 년 정도가 되었을까요?

아이폰을 기준으로 하면 약 7년 정도 됩니다. 하지만 스마트폰이 대중화된 것은 2011~12년부터 입니다. 즉, 4~5년 전에는 스마트폰을 사용하는 사람이 거의 없었다는 것이죠.

아래의 사진은 뭘까요? 바로 승차권 입니다. 요즘 학생들은 이런 승차권을 사용하지 않습니다.

대신에 아래와 같은 교통카드를 사용합니다. 교통카드로 인해서 따로 현금을 가지고 다니지 않아도 대중교통을 이용할 수 있게 되었습니다. 이런 교통카드는 나온지 몇 년이 되었을까요?

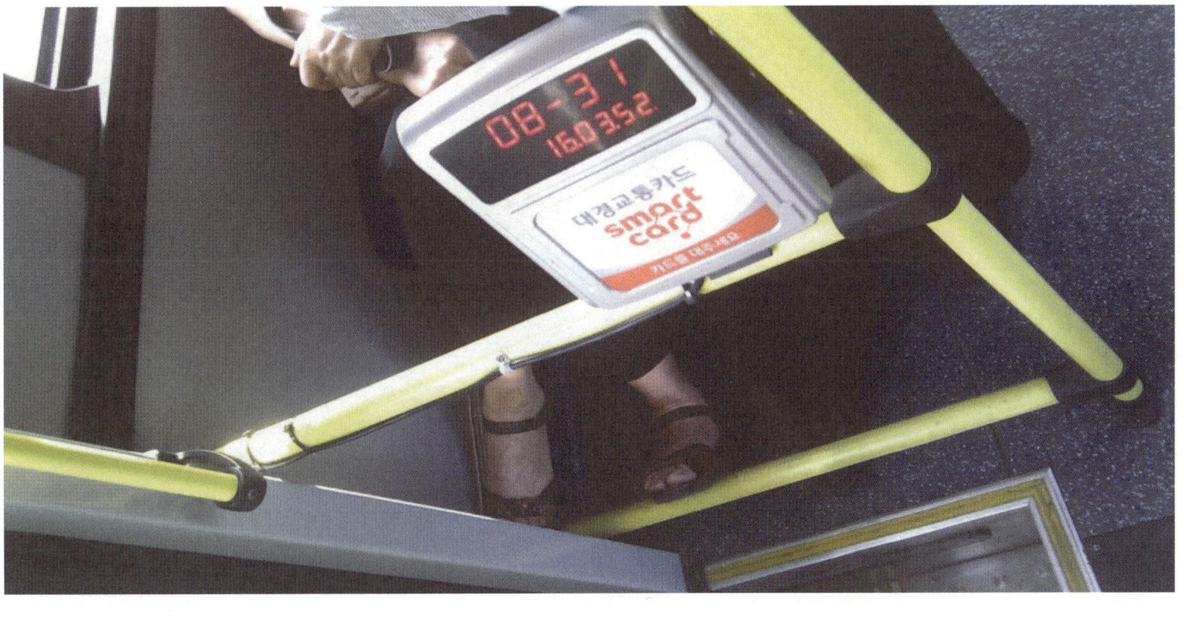

최초의 교통카드는 15년 전에 등장했지만 대중화되기 시작한 것은 불과 5~7년 정도 전이라고 할 수 있습니다. 요즈음은 현금으로 버스를 타는 사람은 거의 찾아보기 힘듭니다.

아래의 사진은 뭘까요? 바로 '도로지' 입니다. 예전에는 여행을 갈 때 이 지도가 반드시 필요했었지만 지금은 거의 찾아 보기가 힘듭니다.

왜 그럴까요?

바로 내비게이션이 등장했기 때문입니다. 오늘날은 내비게이션 앱이 등장해서 각광을 받고 있습니다. 이런 내비게이션은 나온지 몇 년이 되었을까요?

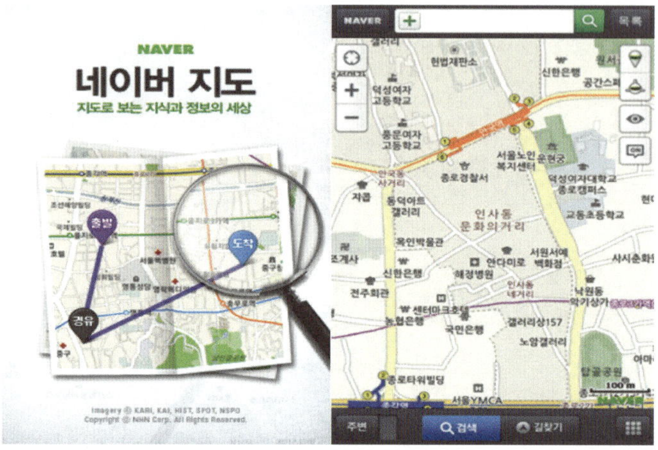

내비게이션이 나온지는 10년이 되었습니다. 오늘 밤에 내비게이션이 없어진다고 생각하면 정말 끔찍할 것입니다.

아래의 사진은 무엇인지 아시겠습니까? 네, 활자 입니다. 옛날에는 인쇄를 하기 위해서 활자를 사용해야만 했습니다. 하지만 오늘날은 인쇄를 할 때 활자를 사용하는 경우는 거의 없습니다.

대신에 이러한 스캐너와 프린터를 사용합니다. 이런 스캐너와 프린터는 몇 년 전에 등장했을까요? 약 30년 전에 등장했습니다. 스캐너와 프린터가 없는 세상을 상상해 보셨습니까?

상상하기 힘들 정도로 많은 불편함이 생길 것입니다.

지금까지 과거 시대와 오늘날의 변화를 살펴 보았습니다. 이러한 변화를 이끈 힘에는 크게 2가지 축이 있습니다.

첫 번째로는 컴퓨터라고 하는 하드웨어가 등장한 것입니다. 하지만, 하드웨어만 있다고 해서 변화가 일어나지 않습니다.

그 하드웨어에 들어가는 소프트웨가 나머지 한 축이라 할 수 있습니다. 사람을 비유로 들면, 하드웨어는 육체, 소프트웨어는 정신이라 할 수 있습니다.

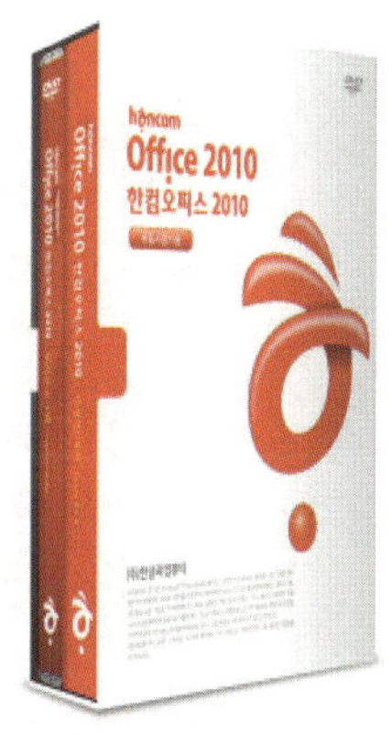

소프트웨어는 하드웨어에 사람이 원하는 일을 하기 위해 명령을 해 놓은 것을 말합니다.
소프트웨어는 컴퓨터나, 스마트폰에서 대표적으로 사용됩니다.

컴퓨터에서는 한컴타자연습, 곰플레이어, 그림판 등과같은 프로그램이 소프트웨어의 예라 할 수 있습니다.

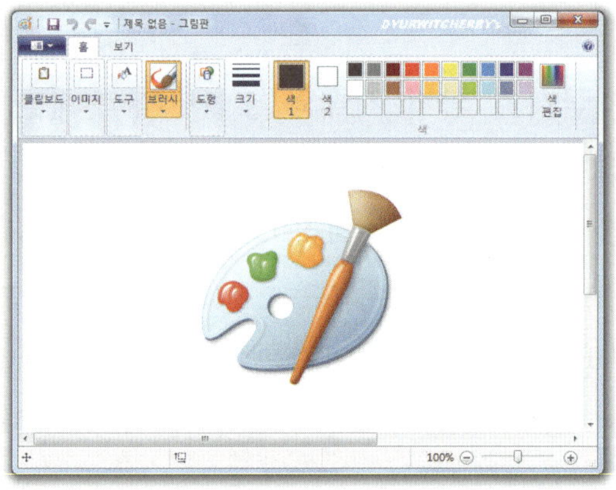

스마트폰에서는 게임, 메신저, 날씨앱과 같은 '애플리케이션(앱)'이 소프트웨어의 예라할 수 있습니다.

소프트웨어는 컴퓨터나 스마트폰 외에도 생활속 많은 기기에서도 사용되고 있습니다.

신호등에는 신호를 제어해야 하는(빨간불에서 파란불로 바꿔주는) 소프트웨어가, 밥솥에는 다양한 밥을 지을 수 있는 소프트웨어가, 그리고 에어컨에는 온도를 조절하고, 다양한 부가기능을 할 수 있게 하는 소프트웨어가, 스마트TV에도 TV를 제어하는 다양한 소프트웨어가 들어가 있습니다.

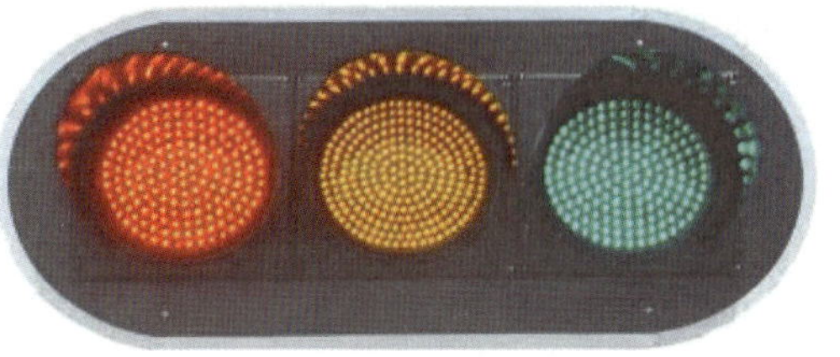

1.2 산업속 소프트웨어

그 뿐만 아니라 소프트웨어는 산업 속에서도 널리 쓰이고 있습니다. 산업중에서 소프트웨어를 사용하지 않는 경우를 이제는 거의 찾기가 힘들어졌습니다.

비행기와 배, 무기를 만들 때에도 소프트웨어는 매우 중요한 역할을 합니다. 실제로 비행기, 배, 무기(군수) 산업에서는 전체 생산비용 중에서 소프트웨어가 차지하는 비중이 50%를 넘어서고 있습니다.

영화산업에서도 소프트웨어는 매우 중요합니다. 거의 모든 영화에서는 컴퓨터그래픽(CG) 합성기술을 사용하며, 로봇 산업에서도 소프트웨어가 차지하는 비중은 두말할 것도 없습니다.

1.3 미래시대의 변화와 소프트웨어

지금까지 살펴본 사례들은 현재 보편화된 사례입니다. 이제 머지않은 미래시대에는 소프트웨어가 어떻게 변화될 것인지 살펴 봅시다. 이러한 변화와 관련된 단어로는 사물인터넷과 웨어러블이 있습니다.

첫 번째로 사물인터넷에 대해 알아봅시다. 사물인터넷이란 냉장고, TV, 집의 보일러, 자동차와 같은 다양한 사물들이 인터넷을 통해 서로 정보를 교환하며 스스로 다양한 일을 하는 것을 말합니다.

예를 들면, 자동차가 차 주인이 언제 자동차를 타는지 항상 확인하고, 주인이 차를 탈 때즈음 하여 차량의 외부온도를 체크해서 스스로 히터를 켜놓고 있는다든지, 냉장고의 달걀칸에 있는 센서가 달걀의 개수를 체크하여 2개 이하로 떨어지면 주인에게 스마트폰으로 달걀의 개수가 부족하니 주문해야 되지 않느냐? 라는 메시지를 보낸다든지 등등의 예가 있습니다.

사물인터넷의 예

다음으로 '웨어러블'에 대해 알아 봅시다. 웨어러블은 말 그대로 입을 수 있는 것을 뜻합니다.

컴퓨터가 탄생한 이래로 컴퓨터의 크기는 점점 작아지고 있어서 이제는 우리가 입고, 신을 수 있을 정도가 되었습니다. 이러한 변화로 인해 이제 우리가 상상하지도 못했던 곳에서도 소프트웨어가 쓰이는 것을 볼 수 있게 되었습니다.

아래의 첫 번째 사진은 스마트 숟가락 입니다. 이 숟가락은 평형을 잡아주는 하드웨어와 소프트웨어가 들어가 있어서 손을 심하게 떠는 사람들이 음식을 흘리지 않고 먹게 도와 줍니다.

두 번째 사진은 스마트 포크입니다. 이 포크는 그 사람이 평소에 얼마나 빠른 속도로 음식을 먹는지 확인하였다가, 음식을 빨리 먹으려고 할 때 진동을 주어서 음식을 천천히 먹을 수 있도록 유도합니다.

세 번째 사진은 스마트 칫솔입니다. 이 칫솔은 그 사람이 얼마나 이를 잘 닦는지 확인합니다. 몇 분을 닦았는지, 치아의 상태는 어떤지 등의 정보를 알려 줍니다.

마지막 사진은 스마트 밴드/시계 입니다. 사람의 심박수나 건강을 실시간으로 체크해 주며, 건강에 이상이 있을 것 같으면 관련된 정보를 본인 또는 의사에게 전달해 주는 역할을 합니다.

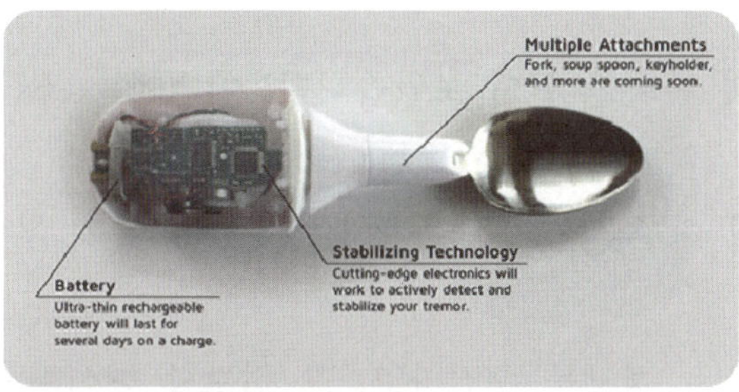

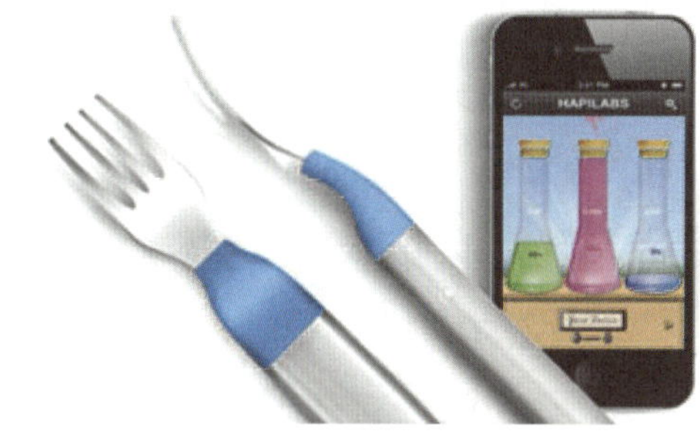

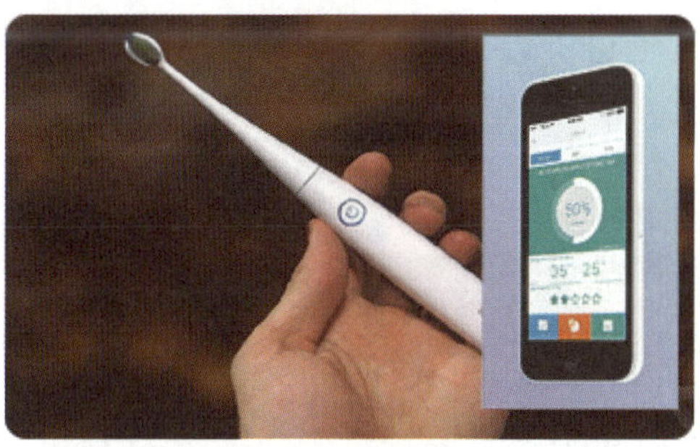

다음의 사진은 스마트 콘센트입니다. 스마트폰으로 집안에 연결된 모든 기구들의 전원을 제어할 수 있습니다. 요즘 새로 지어지는 아파트에는 대부분 이 기능들이 기본으로 깔려 있습니다.

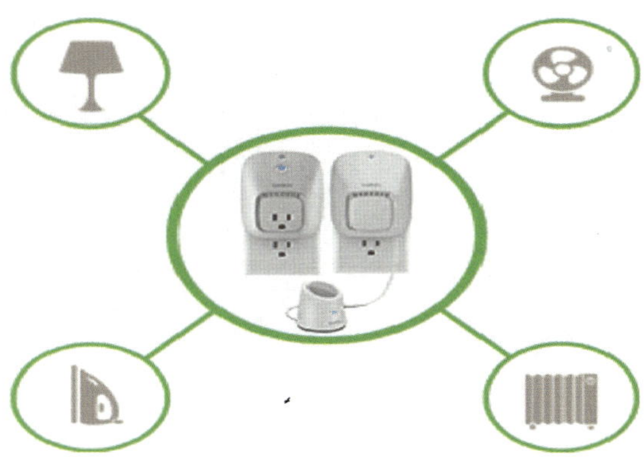

소프트웨어는 육아의 방식도 변화시키고 있습니다. 이 기저귀에는 센서가 달려있어서 아이가 대/소변을 봤는지 실시간으로 확인해서 부모에게 기저귀를 갈아야 할 때를 알려줍니다.

앞에서는 소프트웨어가 가져다 줄 사소한 일상생활의 변화를 살펴 보았습니다. 이번에는 조금더 혁신적인 변화를 살펴 보도록 하겠습니다.

첫 번째는 무인자동차 입니다. 구글, 애플을 비롯해서 대부분의 자동차 업계는 2020년까지 무인자동차를 생산하겠다고 말하고 있습니다.

이 무인자동차 지붕에는 센서가 달려있어서 실시간으로 정보를 수집하고, 그 정보를 해석해서

자동차를 제어합니다. 이런 무인자동차가 앞으로 대중화되면 다양한 직업군(특히 운송)이 사라지게 될 것입니다.

다른 혁신적인 변화는 로봇혁명과 관련된 내용입니다. 이제, 3가지 로봇을 살펴볼 것입니다. 이 3가지 로봇은 이미 생산되어서 산입현장에서 사용되고 있으며, 이 로봇이 가져올 변화를 함께 살펴 봅시다.

첫 번째는 KIVA라고하는 로봇입니다. 아마존에서는 실제 물류공장에서 KIVA로봇을 사용하고 있습니다. 이 로봇은 사람이 물건을 주문하면 스스로 그 명령을 해석하고, 거대한 물류공장에서 그 물건이 있는 곳까지 스스로 갑니다. 그리고 그것을 담당자에게 전달을 해 줍니다.

이런 로봇으로 인해 물류공장에서 일하는 많은 사람들의 일자리가 없어졌습니다.

아마존은 물류공장에서 KIVA로봇이 자동으로 물건을 가지고 오면 그것을 드론이 스스로 배송하는 시스템까지 만들었습니다.

미국에서는 드론과 관련된 법규 개정작업으로 지금은 서비스가 중지되었지만 중국에서도 이런 시도를 하고 있습니다.

이런 현상이 보편화 되면 운송과 관련된 다양한 직업군이 위기에 처하게 됩니다.

드론 영상

그 뿐만 아니라 최근 MIT에서는 벡스터라고 하는 로봇을 개발했습니다. 벡스터가 기존의 로봇과 다른 점은 사람이 일을 가르칠 수 있다는 점입니다. 로봇의 팔을 잡고 몇 번 동작을 반복해주면 스스로 학습을 합니다. 이 로봇은 인간이 할 수 있는 대부분의 간단한 노동을 학습할 수 있습니다. 그리고 시판된 가격이 2000만원 정도 됩니다.

이로 인해서 중국의 많은 공장들이 문을 닫고 있습니다. 회사 입장에서는 사람대신 인건비가 보다 싼 가격으로 정확하게 주어진 일을 쉬지 않고 할 수 있는 로봇을 사용하는 것입니다.

이런 로봇혁명은 대다수의 육체노동과 관련된 직업군을 위협하고 있습니다.

육체노동 뿐만 아니라 제조업도 심각한 위협에 직면하고 있습니다. 3D 프린터가 등장했기 때문입니다. 지금은 품질과 속도적 측면에서 부족한 것들이 많지만, 많은 학자들은 곧 일반적인 공장에서 생산하는 것처럼 가정에서도 3D 프린터를 이용하여 다양한 제품을 생산할 것으로 예측하고 있습니다. 이렇게 되면 물품을 만드는 제조업은 큰 변화를 맞이하게 될 것입니다.

사람들은 제품을 사는것이 아니라, 제품의 이미지/도면을 사게 될 것입니다.

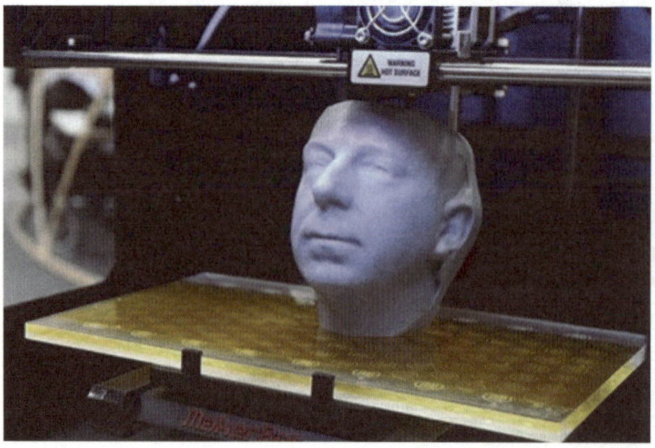

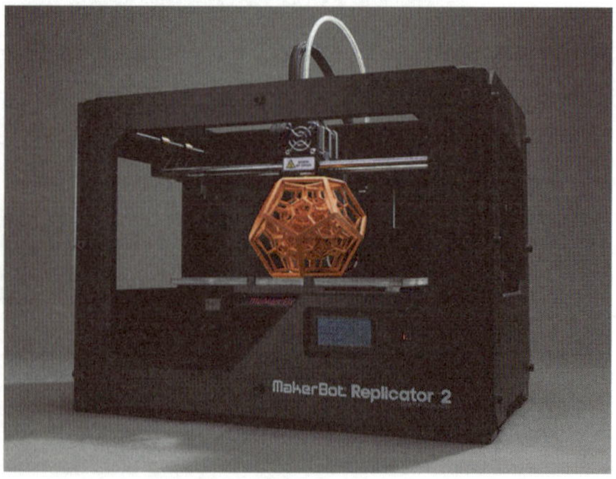

3D 프린터의 응용분야는 다양합니다. 건축과 의학에서도 다양하게 쓰일 수 있습니다.

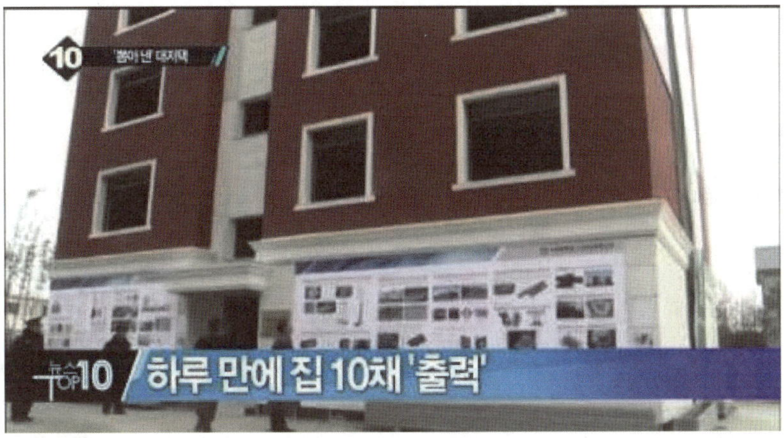

지금까지는 단순한 육체노동, 제조와 같은 저차원 산업들의 위기에 대해 살펴 보았습니다.

하지만 이번에는 전문직, 지식 노동에도 위기가 오고 있다는 사실을 살펴 봅시다. 이 분야는 인공지능 컴퓨터의 등장으로 심각한 위협을 받고 있습니다.

그 중에서 대표적인 것이 IBM에서 개발한 왓슨 입니다. 왓슨은 사람들의 언어를 이해해서 스스로 학습할 수 있다는 점이 특징입니다.

특히, 의학분야에서 왓슨이 많이 사용되는데, 암과 관련된 많은 논문들을 왓슨에 입력시키면 왓슨은 사람처럼 스스로 그 내용에 대해 학습합니다. 그리고, 사람들이 필요한 정보를 물으면

거기에 대해서 대답해 줄 수 있습니다. 이것은 법률, 금융 및 모든 지식분야에 적용될 수 있습니다. 이제, 컴퓨터가 스스로 학습할 수 있는 시대가 되어서 사람보다 훨씬더 빠르고 정확하게, 많은 정보를 습득하고 처리할 수 있게 되었습니다.

단순히, 많은 지식을 습득하는 것에 있어서는 컴퓨터를 따라갈 수 없게 되었습니다. 지식 노동의 패러다임은 인공지능 컴퓨터로 인해 변화되고 있습니다. 미래 사회는 이처럼 많은 변화가 일어나게 될 것입니다. 이러한 미래는 먼 상상의 세계가 아니라 곧 다가올 미래입니다.

2 소프트웨어 교육의 필요성과 교육정책

2.1 소프트웨어 교육의 필요성

앞에서 살펴본 시대의 변화를 요약하면, 과거는 제조/ 유통/ 건설/ 단순서비스와 같은 차원의 산업이 주가 된 시대였습니다.

하지만 곧 다가오게 되는 미래는 소프트웨어를 중심으로 한 융합기술이 산업을 주도하게 될 것입니다. 이미 소프트웨어와 관련된 기업들이 전 세계 경제구조를 지배하고 있습니다

이 그림에서는 전 세계 10대 브랜드 가치를 지닌 기업을 보여주고 있습니다. 10개의 기업 중 절반 이상이 소프트웨어 관련 기업입니다.

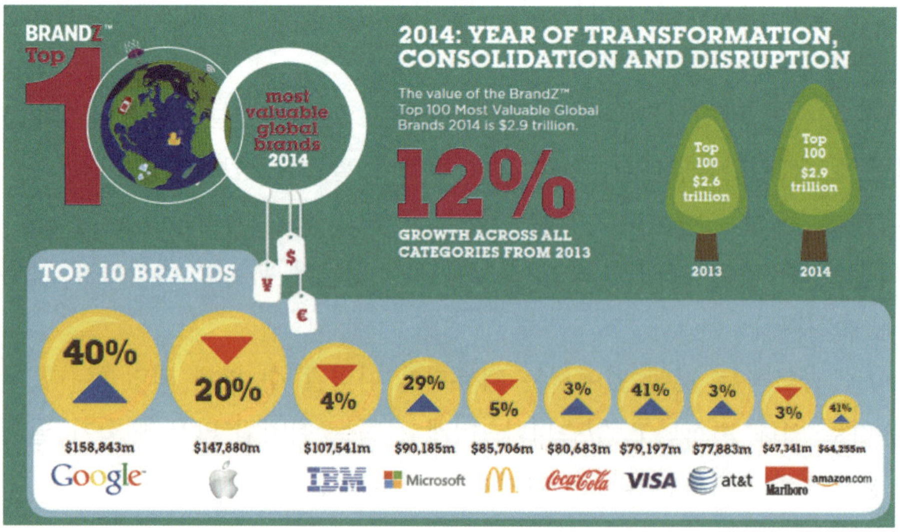

이러한 사회를 소프트웨어 중심사회라 합니다. 소프트웨어 중심사회는 소프트웨어가 혁신과 성장, 가치 창출의 중심이 되는 사회 / 소프트웨어가 개인과 기업, 그리고 국가의 경쟁력을 좌우하는 사회를 말합니다.

이런 시대적 변화에 적응하고 대처하기 위해서 소프트웨어 교육이 대두되었습니다.

소프트웨어 교육은 3가지 관점에서 필요합니다.

1. 변화되는 요구 역량
2. 사고력 향상
3. 직업세계의 재편

첫 번째는 변화되는 요구 역량입니다. 시대와 사회가 변화하면 학생들에게도 요구되는 역량이 변화됩니다. ATC21S는 여러 국가의 연구진들이 모여서 시대의 변화에 따라 학생들에게 필요한 역량은 무엇인가?를 연구한 프로젝트 입니다.

여기에서 정보소양/ 정보통신기술소양이 미래 학생들에게 중요한 일중의 하나가 될 것이라고 말하고 있습니다.

사고의 방식 (Ways of Thinking)	1. 창의력과 혁신능력
	2. 비판적 사고력, 문제해결력, 의사결정능력
	3. 학습을 위한 학습능력(Learning to learn), 상위인지력
일의 방식 (Ways of Working)	4. 의사소통능력
	5. 협업능력(Collaboration/teamwork)
일의 도구 (Tools for Working)	6. 정보소양(Information literacy)
	7. 정보통신기술소양(ICT literacy)
삶의 세계 (Living in the World)	8. 지역 및 세계 시민의식(Citizenship-local and global)
	9. 직업진로의식(Life and career)
	10. 개인적, 사회적 책무성(Personal & social responsibility)

그 뿐만 아니라, 21세기 학습자들이 가져야 할 역량 보고서에서도 정보/ICT 리터러시를 필수 역량으로 보고 있습니다. 이처럼 시대가 소프트웨어를 중심으로 변화되다 보니 그 시대를 살아갈 학생들에게는 소프트웨어가 기초 역량으로 필요하게 되었습니다.

이런 이유로 소프트웨어 교육은 모든 학생들에게 필요하다고 말할 수 있습니다.

□ 21세기 학습자가 가져야 할 역량(Trilling, B. & Fadel, C.(2009))

1. Learning and Innovation Skills(학습 및 혁신능력)
   - Critical thinking and problem(비판적 사고력과 문제해결력)
   - Communications and collaboration(의사소통 및 협동)
   - Creativity and innovation(창의성과 혁신성)
2. Life and Career Skills(생애 및 경력 개발 능력)
   - Information literacy(정보 리터러시)
   - Media literacy(미디어 리터러시)
   - ICT literacy(ICT 리터러시)
3. Information, Media and Technology Skills(정보·미디어·테크놀로지 능력)
   - Flexibility and adaptability(융통성과 적응성)
   - Initiative and self-direction(자기주도적)
   - Social and cross-cultural interaction(사회 및 문화상호성)
   - Productivity and accountability(생산성과 책무성)
   - Leadership and responsibility(리더십과 책임)

또한, 소프트웨어 교육은 학생들의 사고력을 향상시켜 줍니다. 다양한 연구결과에서 소프트웨어 교육이 논리적인 사고력 / 창의력 / 문제 분석능력 / 문제 해결능력을 향상시켜준다고 얘기 하고 있습니다. 이 때문에 소프트웨어 교육이 필요하다고 말할 수 있습니다.

◇ [사진=미래창조과학부]

SW교육 받은 초중생 문제 해결력 20% 향상 논리적 사고력 37%↑

이우상 동아사이언스 기자 | 입력 2015-04-03 03:00:00 | 수정 2015-04-03 08:34:42

댓글보기 0 | 폰트 + − | 뉴스듣기 여성 남성

"중고등학교에서 컴퓨터 수업을 들으면 향후 컴퓨터 관련 전공으로 진로를 결정하는 데 영향을 미친다는 조사 결과가 나왔습니다."

김현철 고려대 컴퓨터학과 교수는 신입생 129명을 대상으로 설문조사를 진행한 결과, 중고교에서 컴퓨터 수업을 받은 학생들이 컴퓨터 관련 학과로 진학하는 비율이 높은 것으로 나타났다고 1일 밝혔다.

고려대 컴퓨터학과 신입생 129명 중 64명(49.6%)이 중고교 시절 컴퓨터 활용 관련 수업인 '정보' 과목을 들었다고 응답했다. 이는 전국 중고교에서 정보 과목 이수율이 평균 20% 수준임을 고려할 때 상대적으로 높은 수치다.

김 교수는 "고등학교 시절 스스로 프로그래밍하는 과정에서 소프트웨어에 대한 흥미를 느끼게 되고 대학 진학에도 영향을 미치는 것으로 보인다"고 말했다.

마지막으로 소프트웨어 교육이 필요한 이유는 자라나는 학생들이 성인이 되었을 때 현존하는 많은 직업들이 사라지고 그 빈자리를 소프트웨어와 관련된 직종이 차지하게 되기 때문이기도

하며, 컴퓨터를 가르치고 배우는 이유는 모든 학생들을 컴퓨터 전문가나 컴퓨터와 관련된 직업을 가지게 하려는 것은 아닙니다.

위에서 언급했듯이, 소프트웨어 교육이 사고력을 키우고 문제해결능력을 고취시켜서 각각의 학생들이 하려고 하는 일에서 흥미를 느끼면서 장래를 설계할 수 있도록 하기 위해서 입니다.

2.2 해외 소프트웨어 교육정책

이러한 시대 인식은 전 세계가 동일하게 하고 있습니다. 그로 인해서 세계의 많은 나라에서는 현재 소프트웨어 교육을 의무화 하고 있는 추세입니다.

영국, 일본, 인도, 이스라엘, 에스토니아, 미국, 프랑스 등 각국이 앞다투어 소프트웨어 교육을 의무화하고 있는 실정입니다.

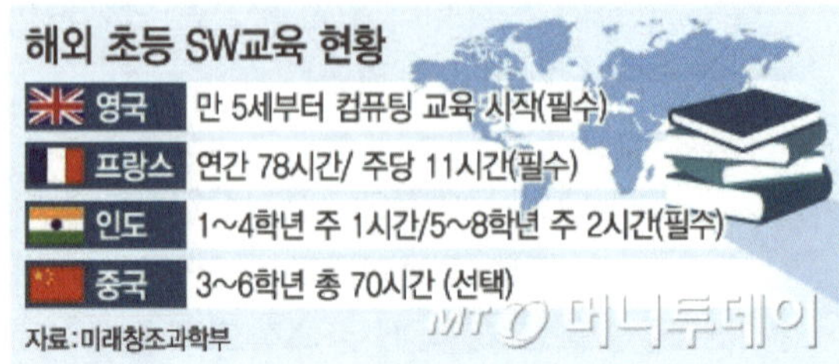

[그림 1] 세계 주요국의 SW 교육과정 변화

2.3 국내 소프트웨어 교육정책

우리나라도 이러한 흐름속에서 소프트웨어 교육을 의무화 하기로 결정하였으며, 2015 개정 교육과정에서는 창의 융합형 인재를 인재상으로 설정하였습니다.

교육부 Ministry of Education	보 도 자 료
	교육부 홍보담당관실 ☎ 044-203-6588

[자료문의] ☎ 044-203-6469 교육과정정책과장 남부호, 장학관 김현수, 연구사 이상수

2015 문 · 이과 통합형 교육과정의 총론 주요사항 발표

– 미래사회가 요구하는 창의융합형 인재육성을 위한 방향 제시 –

□ 교육부(장관: 황우여)는 '14년 9월 24일 '2015 문·이과 통합형 교육과정(초·중등학교 교육과정)'의 총론 주요사항을 발표하였다.

○ 새 교육과정은 학생들이 **인문·사회·과학기술에 대한 기초 소양을 함양**하여, **인문학적 상상력과 과학기술 창조력**을 갖춘 **창의융합형 인재**로 성장할 수 있도록 **우리 교육을 근본적으로 개혁**하자는 취지로 추진되었다.

이런 인재는 인문학과 과학기술에 대한 이해 속에서 길러질 수 있다고 보았고 2015 교육과정에서 인문학의 강조와 과학기술의 강조로 나타나게 되었습니다.

그 중 과학기술의 강조에서 바로 소프트웨어 교육의 의무화가 등장하게 된 것입니다

○ **과학기술에 대한 소양을 함양한다.**

- 고교에 **'통합과학' 과목을 신설**하여 자연현상에 대한 통합적 이해가 가능하도록 하고, 과학수업에서 탐구실험, 연구윤리, 과학실 안전교육 등을 위해 **고교 과학교과의 이수단위 조정** 등 과학교육을 강화한다.
- **소프트웨어(SW) 교육** 강화를 위해 초·중학교에서 SW 관련 사항을 필수로 이수하는 교육과정을 개발한다.

* (초등) 실과교과의 내용을 SW 기초 소양 교육으로 개편, (중학교) '과학/기술·가정/정보 교과군'을 마련하고 추가시수 배당, (고교) 기존 심화선택 과목을 일반선택으로 전환

구체적인 내용은 다음과 같습니다.

2018년 부터 중학교 입학생들은 3년 중 1년 동안 1주일에 1시간씩 정보과목을 이수하게 됩니다. 2019년부터 초등학교 5-6학년 학생들은 실과시간에 1학기 동안 1주일에 1시간씩 소프트웨어 기초 소양을 학습하게 되며, 고등학교에서는 심화선택으로 존재하였던 정보과목이 일반선택으로 내려와서 많은 학교에서 선택할 수 있게 하였습니다.

2015 문.이과 통합형 교육과정 중 'SW교육 강화 방안'

	기존 교육과정	개편안
초등학교	- **실과 과목**의 ICT 활용 단원으로 존재	- 실과 ICT 활용 단원을 **SW 기초소양 단원**으로 확대 구성 - **17시간** 이상 **필수 교육**
중학교	- **선택과목**으로 정보 교과 존재	-'과학/기술.가정/정보' 교과군 신설 - 정보 과목을 SW교육 중심으로 개편 - **정보 과목을 필수과정으로 34시간 이상 교육**
고등학교	- **심화선택** 과목으로 정보 교과 존재	- 정보 과목을 **일반선택**으로 전환하여 운영

- 초등학교 및 중학교 **전체 학생**을 대상으로 '**정규 교육과정**' 내에 **소프트웨어(SW) 교육 실시**

3 소프트웨어 교육 방법론

3.1 소프트웨어 교육이란?

소프트웨어교육은 컴퓨팅의 기본적인 개념과 원리를 바탕으로 문제해결 능력(Computational Thinking)을 키워주는 교육이라 할 수 있습니다.

조금 쉬운 말로 풀어서 얘기하면, 문제가 생기면 컴퓨터에게 일을 시켜서 효율적으로 해결할 수 있는 사고력(Computational Thinking)을 키워주는 교육이라 할 수 있습니다.

소프트웨어 교육은 단순히 프로그래밍 문법이나 응용프로그램 사용법(엑셀, 워드, ppt)을 가르치는 것이 아니며, 문제의 해결능력이나 사고력 증진에 초점을 두고있습니다.

소프트웨어 교육에서 가르쳐야 할 내용은 크게3가지가 있습니다. 정보 윤리, 알고리즘/프로그래밍, 컴퓨터과학의 원리가 커다란 축입니다.

정보윤리에서는 저작권, 개인정보 보호, 사이버상의 예절등과 같은 내용을, 알고리즘과 프로그래밍에서는 컴퓨터에게 어떻게 일을 시킬 수 있을것인지 그에 대한 근본적인 원리(순차, 반복, 조건)들을, 컴퓨터과학의 원리에서는 컴퓨터가 정보와 자료를 어떻게 표현하고 저장하며 관리하는지(이진수, 이미지 표현등등)를 다루게 됩니다.

정보윤리	알고리즘과 프로그래밍	컴퓨터과학의 원리

3.2 언플러그드 활동

이제 이와 같은 내용들을 어떻게 가르칠 것인지 그 방법들에 대해 살펴 보겠습니다.
첫 번째 방법은 언플러그드 활동입니다.

- 컴퓨터과학개념 중심 활동
- 알고리즘/프로그래밍 중심 활동

- 엔트리 학습모드
- Code.org
- 라이트봇
- Kodable

- 엔트리
- 스크래치
- 앱인벤터
- Kodu
- Alice

- 메이키메이키
- 센서보드
- 아두이노
- 레고마인드스톰

언플러그드 활동은 컴퓨터 없이 컴퓨터과학의 원리와 알고리즘을 학습할 수 있는 놀이 활동을 말합니다. 사진에서 알 수 있듯이 어떤 컴퓨터 기기를 사용하지 않고 몸이나, 학습지, 교구들을 이용하여 활동하는 것을말합니다.

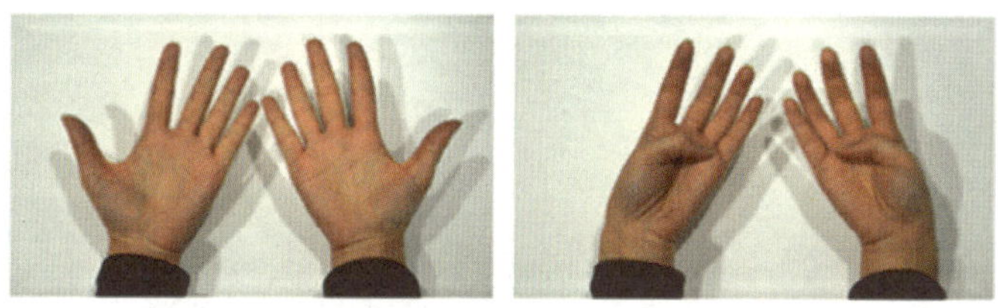

언플러그드 활동에서는 컴퓨터 과학의 개념을 가르칠 수 있습니다.

대표적인 것이 'csunplugged' 입니다. 이 책은 국내에서 '놀이로 배우는 컴퓨터 과학'으로 번역되어 출간되었습니다. 이 책에 보면 다양한 언플러그드 활동이 소개되어 있습니다.

사진과 같이 종이컵이나, 양팔저울을 통해서 컴퓨터가 자료를 어떻게 찾고, 정렬하는지 학습할 수 있는 활동들도 있습니다. 하지만 이 부분은 초등 교육과정에서는 잘 다루지 않고 중등 과정에서 다루고 있으므로 여기서는 간단히 소개만 하고 넘어가겠습니다.

언플러그드 활동은 알고리즘과 프로그래밍의 원리를 가르칠 수 있습니다. 대표적인 것이 엔트리봇 보드게임과 엔트리봇 카드게임입니다.

3.3 기초개념 습득활동

소프트웨어 교육 방법 중 두 번째방법은 기초개념 습득활동(알고리즘 체험 활동) 입니다.

이 방법에서는 놀이(게임) 형식의 소프트웨어를 통해서 학생들에게 프로그래밍의 기초개념을 가르칠 수 있습니다. 대표적인 것이 엔트리 학습모드, light-bot, code.org가 있습니다.

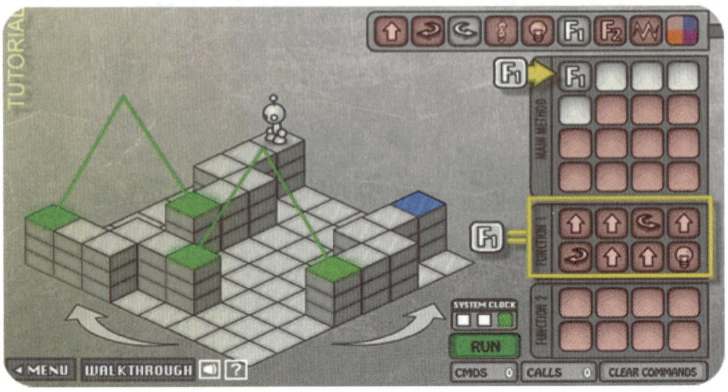

아래의 사진은 엔트리 학습모드 사진입니다. 이 활동에서 학습자들은 단계별로 시작점에 있는 강아지를 특정목적지까지 이동시키는 미션을 받습니다. 강아지를 이동시키기 위해서는 주어진 명령어를 사용해야 합니다. 이렇게 명령어를 순서대로 반복해서 사용하면서 소프트웨어를 만드는 기초 알고리즘을 학습할 수 있습니다.

Light-bot도 엔트리 학습모드와 유사합니다. 로봇이 특정한 곳까지 이동한 다음 불을 켜도록 해야 합니다. Code.org도 마찬가지로 다양한 미션을 제공합니다.

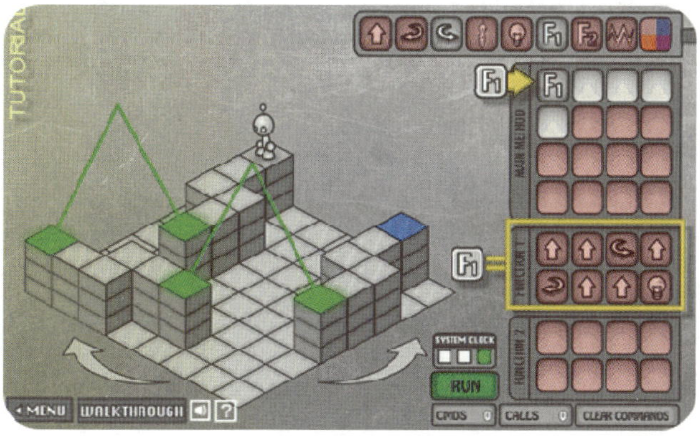

라이트 봇

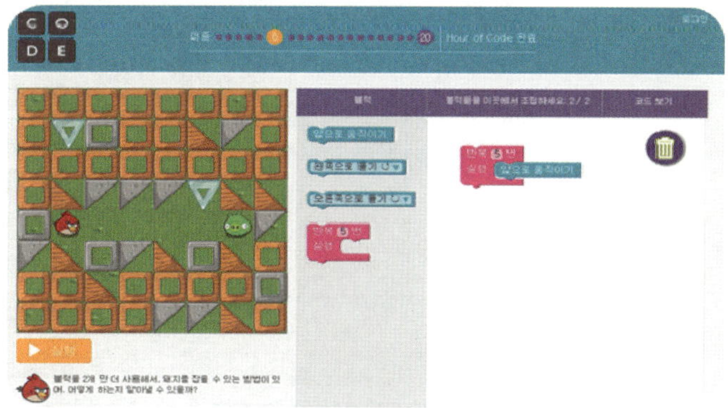

code.org

3.4 교육용 프로그래밍 언어

앞에서 언급한 2가지 방법, 즉 언플러그드, 기초개념 습득활동은 주로 사고력에 초점을 맞춘교육 방법 이었습니다. 이 방법을 충분히 사용했으면 그 다음으로는 교육용 프로그래밍 언어를 사용할 수 있습니다.

교육용 프로그래밍 언어는 학생들이 손쉽게 소프트웨어 만들 수 있도록 개발된 프로그래밍 언어 입니다. 엔트리 프로그램이 대표적인 예라고 할 수 있습니다.

엔트리에 접속한 다음, 만들기를 누르면 다음과 같은 만들기 창이뜹니다.

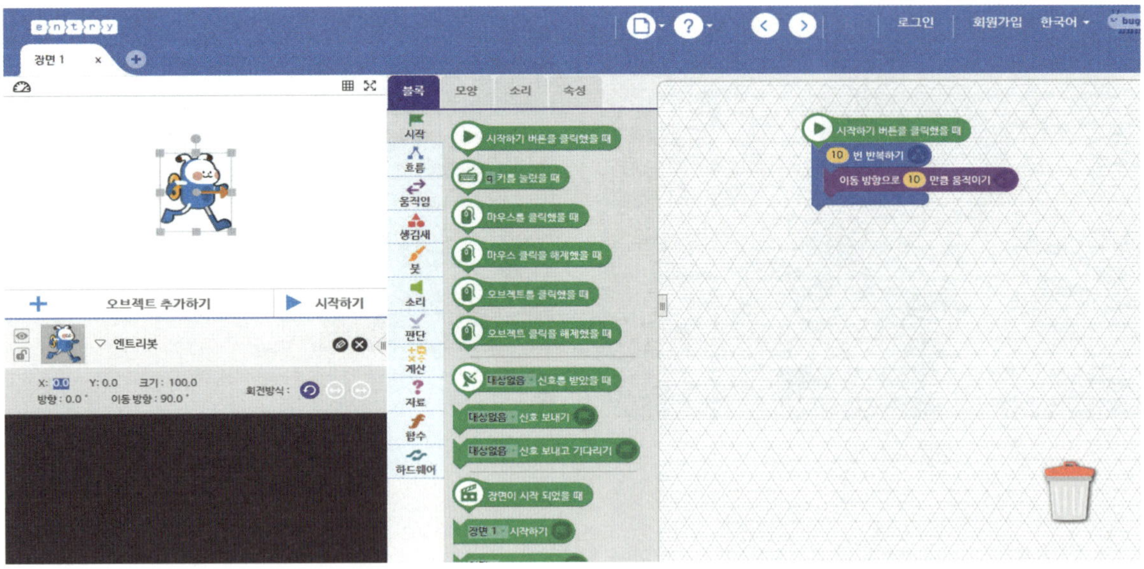

여기서 원하는 블록을 레고 조립하듯이 쌓고, 값을 수정합니다.

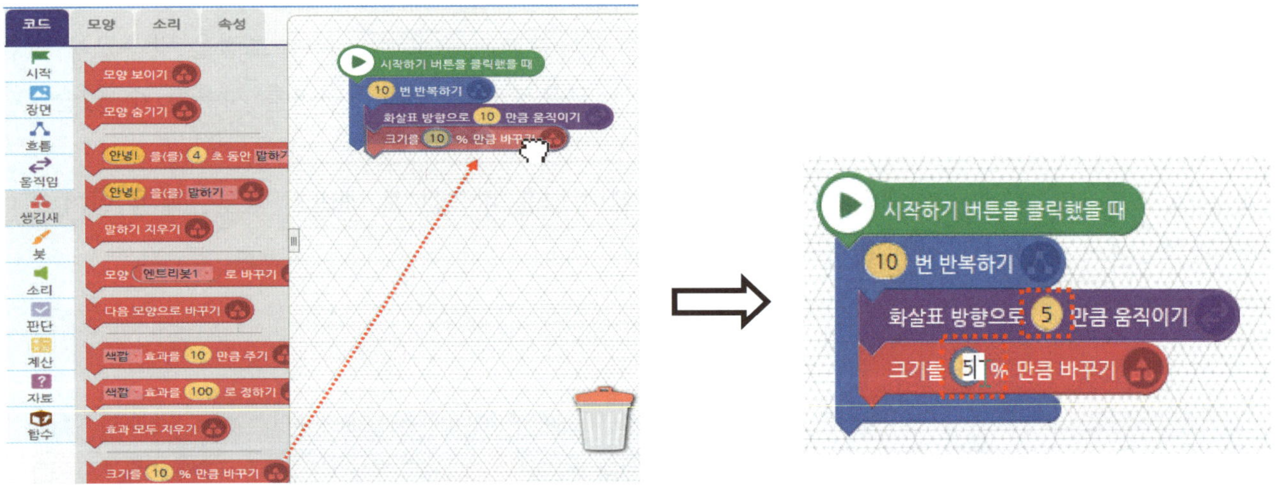

그 다음, 시작하기를 누르면 방금블록을 쌓아 명령한 대로 프로그램이 동작하게 됩니다.

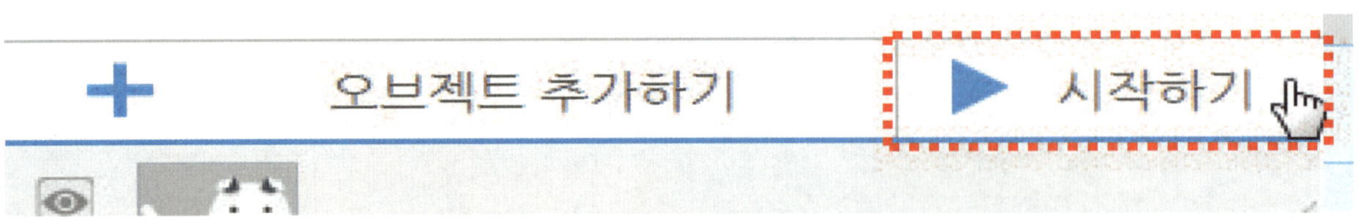

이런 원리로 학생들은 게임, 애니메이션, 미디어 아트, 응용 프로그램들을 만들 수 있습니다. 완성된 프로그램에서 코드보기를 누르면,

다음 사진과 같이 다양한 블록으로 프로그램이 구성되어 있음을 확인할 수 있습니다.

3.5 피지컬 컴퓨팅

이렇게 교육용 프로그래밍 언어까지 학습을 마치게 되면 마지막으로 피지컬 컴퓨팅을 할 수 있습니다. 피지컬 컴퓨팅이란 컴퓨터 프로그램과 현실세계가 서로 상호작용할 수 있게 하는 것을 말합니다.

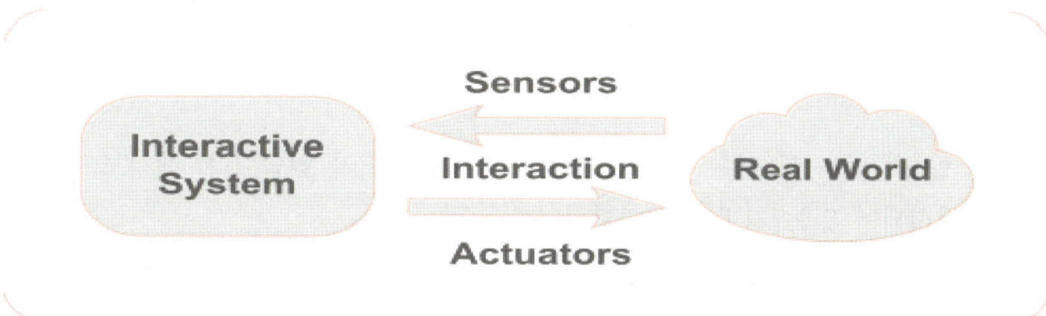

피지컬 컴퓨팅을 할 수 있는 도구로는 아두이노, 엔트리 센서보드, 메이키메이키, 레고 마인드스톰, 센서보드 등이 있습니다.

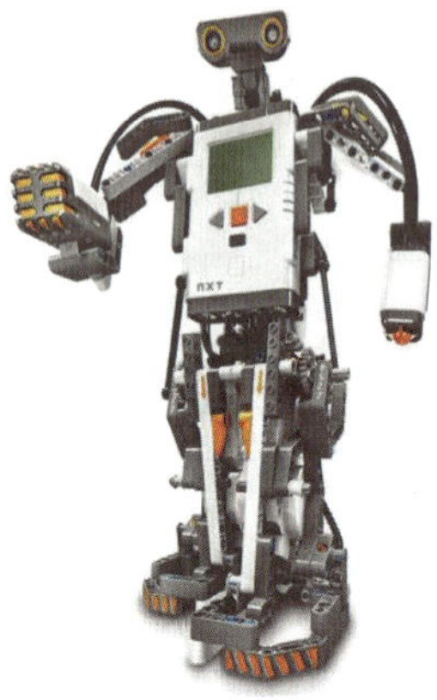

그 중에서 초등학교 학습자들에게는'메이키메이키와 센서보드를 추천합니다. 메이키메이키는 전기가 통하는 물질을 키보드로 만들어 주는 도구 입니다. 별다른 전기전자 지식 없이 재미있는 프로젝트를 만들 수 있는 유용한 도구입니다.

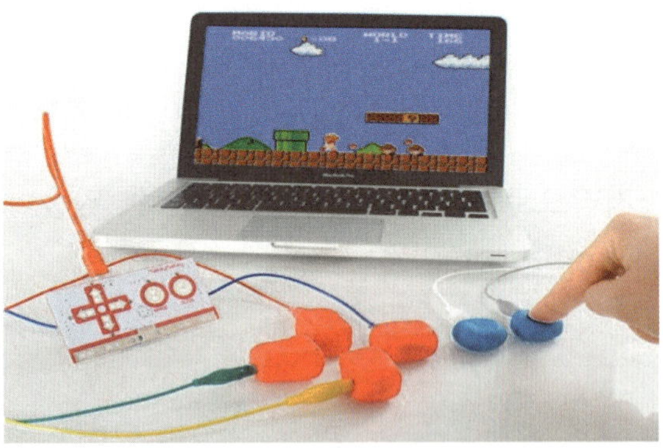

피지컬 컴퓨팅을 할 수 있는 또 다른 도구로는 엔트리 센서보드가 있습니다. 센서보드는 다양한 센서가 하나의 판(보드)에 연결되어 있는 기판을 의미합니다.

엔트리 센서보드를 컴퓨터와 연결하고 엔트리에서 코드를 작성하고 실행하면 엔트리 센서보드가 그 코드에 반응하여 동작합니다.

다음에 보이는 사진은 LED등을 켜는 명령을 엔트리에서 하면 센서보드가 거기에 맞게 켜지는 사진입니다. 이 처럼 피지컬 컴퓨팅을 통해 컴퓨터 프로그램과 현실세계가 상호작용할 수 있는 다양한 콘텐츠를 만들 수 있습니다.

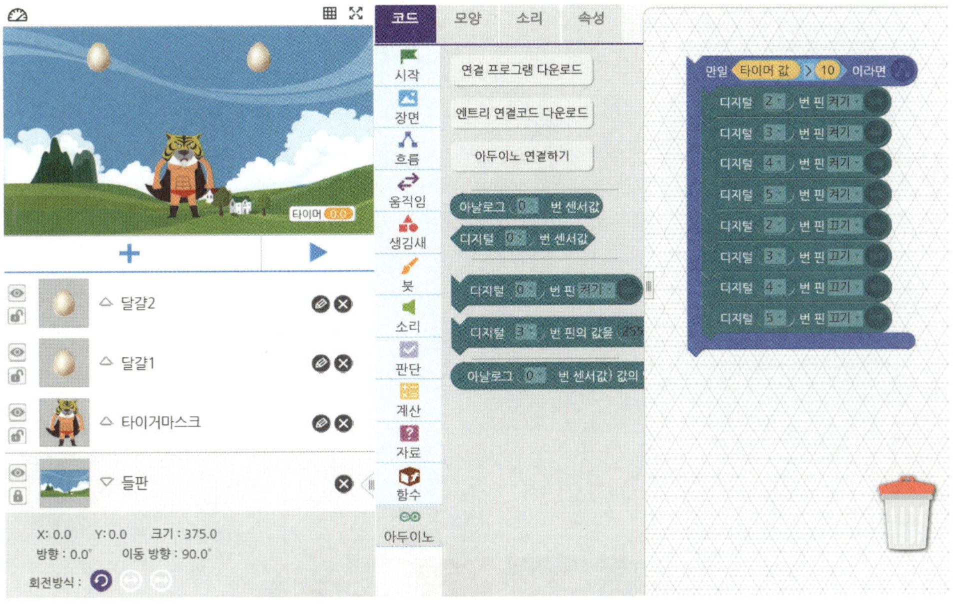

entry

entry

엄마와 선생님이 함께하는

엔트리

연수프로그램

PART **2**

엔트리와 함께하는 언플러그드 활동

1 언플러그드 활동의 이론

1.1 언플러그드 활동이란?

언플러그드 활동이 무엇인지 살펴 보겠습니다. 먼저 말뜻을 보면, 플러그드가 전기 콘센트가 연결되어 있는 것을 의미하며, 언플러그드는 전기 콘센트가 분리된 것을 의미합니다.

이처럼 언플러그드 활동은 컴퓨터 없이 활동이나 놀이를 통해 컴퓨터과학 개념 및 알고리즘을 학습할 수 있는 활동을 의미합니다.

언플러그드 활동은 크게 2가지 종류로 나눌 수 있습니다.

첫 번째는 컴퓨터 과학의 개념중심 입니다. 여기서는 컴퓨터 과학의 원리들(이진수, 이미지표현, 텍스트 압축, 오류 탐색)들을 주로 다룰 것입니다.

두 번째는'알고리즘과 프로그래밍 중심이고, 순차/ 반복/ 조건과 같은 기초 알고리즘을 정렬/탐색과 같은 응용 알고리즘을 다룹니다.

컴퓨터과학 개념 중심	알고리즘, 프로그래밍 중심
• 이진수 • 이미지표현 • 텍스트 압축 • 오류 탐색	• 순차/반복/조건 • 정렬/탐색 알고리즘

컴퓨터과학 개념 중심의 사례들을 살펴봅시다. 이진수를 학습하기 위해서 단순하게 이진수에 대해 강의를 하기 보다는 사진과 같이 점이 새겨진 카드를 나열한 다음, 제시된 점이 있는 카드만으로 다양한 숫자를 만들어 보는 활동을 통해 이진수의 원리를 학습 하는 것이 대표적인 예 입니다(제시된 점이 있는 카드는 이진수의 각 자리수를 나타내는 카드 입니다).

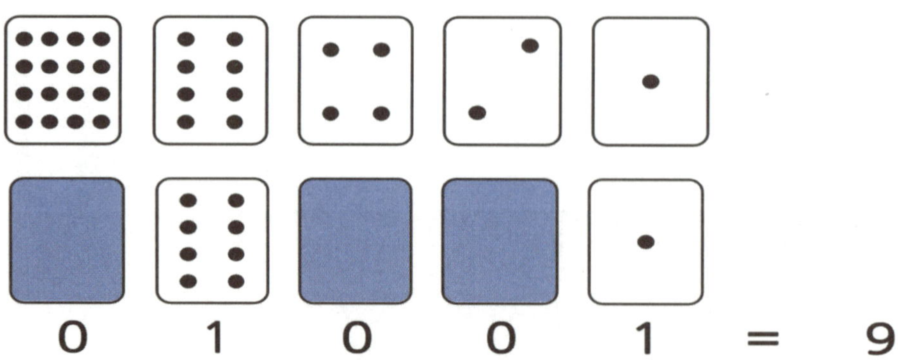

다른 사례로는 이미지 표현법 활동이 있습니다. 모눈종이에 있는 그림을 숫자로 변경 시키는 규칙을 찾고 직접 이미지를 숫자로 표현해 보거나, 숫자를 이미지로 만들어 보는 활동을 통해

픽셀과 컴퓨터가 이미지를 표현하는 방식을 학습할 수 있습니다.

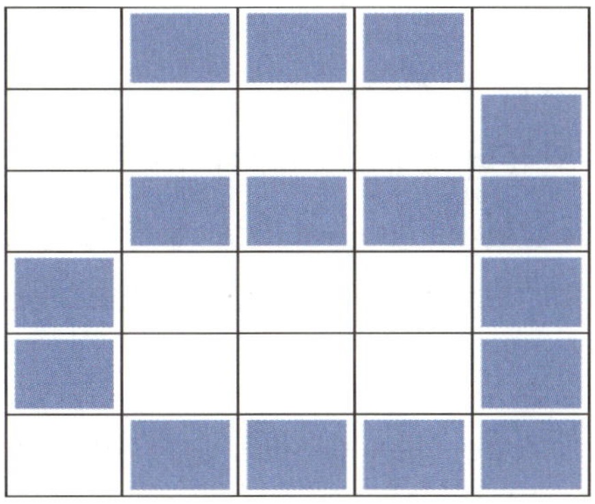

1,3,1
4,1
1,4
0,1,3,1
0,1,3,1
1,4

이미지를 숫자로 나타내 보았습니다. 이것을 이미지로 나타내면 어떻게 될까요?

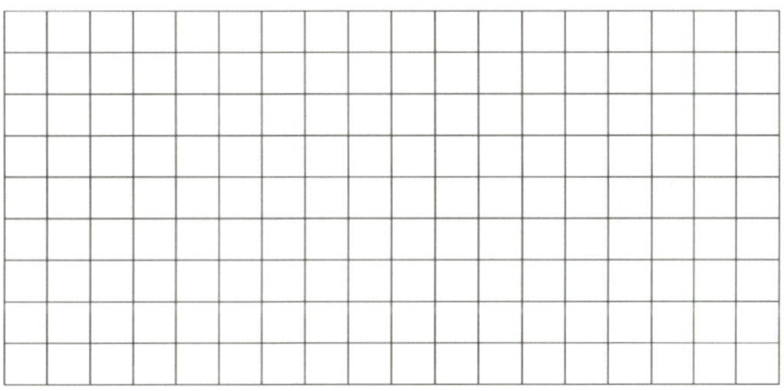

4,11
4,9,2,1
4,9,2,1
4,11
4,9
4,9
5,7
0,17
1,15

다음과 같이 컵 이미지가 됩니다.

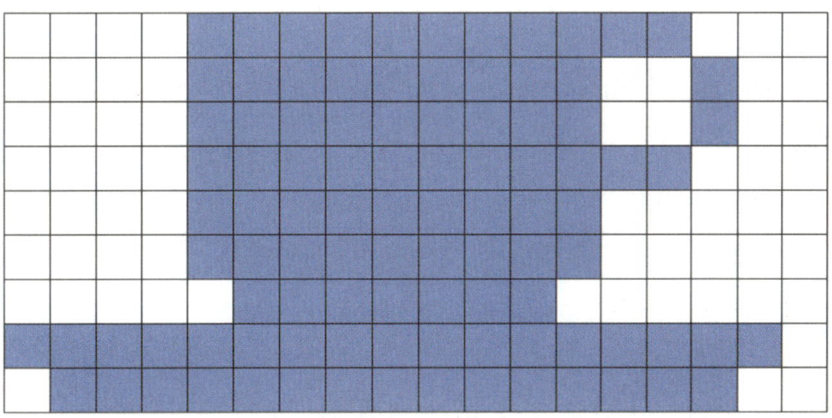

이러한 활동들을 모아 놓은 사이트가 있습니다.

http://csunplugged.org/와 http://www.xwmooc.net 입니다.

http://www.xwmooc.net 에서는 http://csunplugged.org/ 에서 배포한 자료를 번역하여 무료로 배포하고 있습니다.

이제 알고리즘과 프로그래밍 중심의 사례들을 살펴 보겠습니다.

컴퓨터는 명령을 순서대로 처리하므로 사람은 컴퓨터에게 문제해결 순서에 따라 명령을 내려야 합니다. 이를 순차라 하는데, 순차는 문제해결 방법이나 특정한 일을 순서대로 설명하는 활동을 통해 학습할 수 있습니다. 아래의 이미지는 종이비행기를 접는 순서를 무작위로 나열한 것입니다. 여기에는 필요없는 행동들도 포함이 되어 있습니다.

여러분들은 필요없는 행동을 제거하고, 종이비행기를 접는 순서를 순서대로 나열하는 활동을 통해 순차를 학습할 수 있습니다.

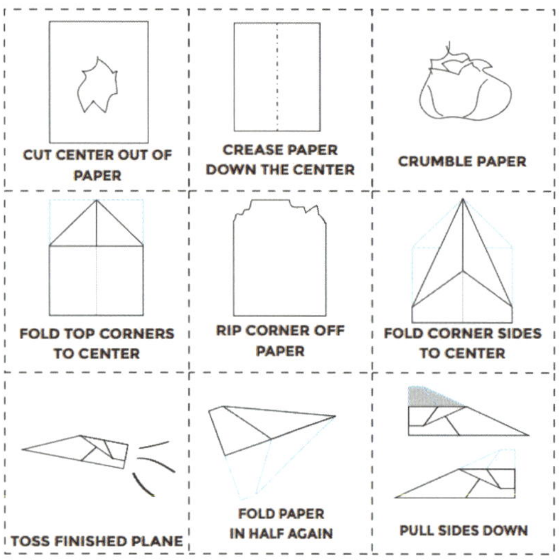

순차

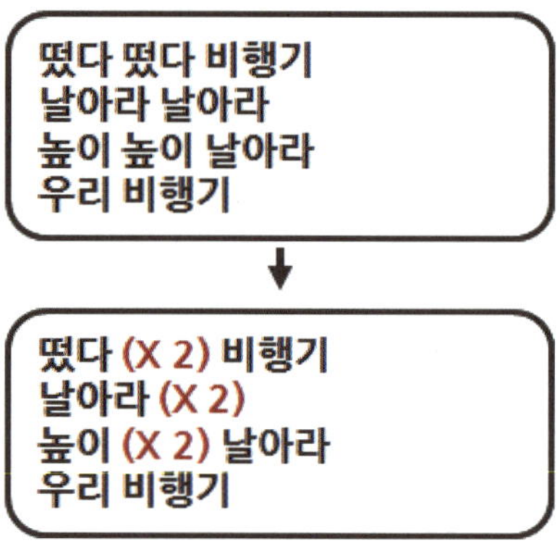

반복

알고리즘을 만들 때 반복되는 명령이 있으면 그것을 계속 나열하지 않고 반복으로 묶어서 표현하면 보다 쉽게 알고리즘을 표현할 수 있습니다. 이를 반복이라 합니다. 반복을 학습하기 위해서는 가장 먼저 반복되는 부분을 찾는 연습을 해야 합니다.

노래 가사나 이야기에서 반복되는 부분 찾아서 묶어보기, 율동에서 반복되는 부분 찾아서 묶어보기 등을 통해 반복 개념을 학습할 수 있습니다.

알고리즘을 만들 때 상황에 따라서 다른 일을 하기 위해서는 조건을 사용합니다. 조건은 보통 만약~라면, 또는 만약~아니라면, 으로 표현할 수 있고, 조건이 참/거짓일 경우 어떤 행동을 할지 표현해야 합니다.

자신이 평소에 하는 간단한 놀이나 게임을 조건으로 나타내보거나, 여러 가지 도형(직사각형, 정사각형, 마름모, 평행사변형)을 특정 조건으로 나누어보기, 재활용품을 특정 조건으로 나누어보는 활동들을 예로 들 수 있습니다.

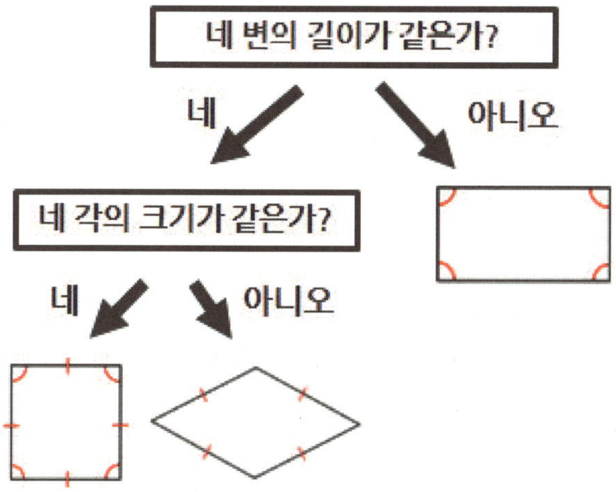

조건

소프트웨어야 놀자

그 외에도EBS 소프트웨어야 놀자 또는 소프트웨어야 놀자 교사용 지도서에 관련된 내용들이 있습니다. playsw.naver.com 사이트에서 필요한 자료를 찾아 보시면 되겠습니다.

1.2 언플러그드 활동의 장점

이런 언플러그드 활동의 장점은 흥미와 이해, 그리고 저비용'으로 설명할 수 있습니다. 흥미는 학생들이 놀이학습으로 컴퓨터과학의 개념을 재미있게 학습이 가능하다는 점이며, 학생들이 수업에 높은 몰입과 관심을 보이며 참여한다는 점, 그리고 선생님들이 어려운 내용을 쉬운 활동으로 흥미롭게 전달 가능하다는 점이 장점입니다. 이해는 직접 체험하는 놀이학습으로 학생들이 더욱 쉽게 이해한다는 점과 특별한 프로그래밍 언어에 종속되지 않는다는 점이며, 초등학교 저학년부터 수업이 가능하다는 것이 장점입니다. 저비용의 관점에서는 컴퓨팅 기기 없이 수업이 진행되므로 저비용으로 학습할 수 있다는 점과 간단한 도구만으로 수업을 진행하므로 비용이 적게 든다는 것, 그리고 기기 불평등 현상을 해결할 수 있다는 점이 장점입니다.

흥미	•놀이학습으로 컴퓨터과학의 개념을 재미있게 학습 가능. •어려운 내용을 쉬운 활동으로 흥미롭게 전달 가능. •학생들이 수업에 높은 몰입과 관심을 보이며 참여함.
이해	•직접 체험하는 놀이학습으로 학생들이 더욱 쉽게 이해함. •특별한 프로그래밍 언어에 종속되지 않음. •초등학교 저학년부터 수업이 가능함
저비용	•컴퓨팅 기기 없이 수업이 진행되므로 저비용으로 학습할 수 있음. •간단한 도구만으로 수업을 진행하므로 비용이 적게 듦. •기기 불평등 현상을 해결 할 수 있음.

하지만 이런 언플러그드 활동을 할 때 주의해야 할 점들이 있습니다.

첫째는 놀이로만 끝나지 않게 해야 한다는 점입니다. 언플러그드 활동으로 수업을 진행하면 학생들은 재미있어하며 수업에 적극적으로 참여합니다.

하지만 교사가 활동의 의미를 활동 전후에 정리하지 않으면 수업이 자칫 놀이로만 끝나버리고, 컴퓨터과학 개념 습득이나 알고리즘적 사고 향상이라는 수업목표에서 멀어질 수 있다는 것을 주의해야 합니다.

둘째는 언플러그드 활동이 그 활동 안에서 끝나지 않고 컴퓨터로 연결시켜야 한다는 점입니다.

순차, 반복, 조건을 언플러그드 활동으로 배웠으면 컴퓨터를 가지고 실제 컴퓨터상에서 그것들이 어떻게 표현되고 동작되는지 경험할 수 있도록 수업을 구성하는 것이 좋습니다.

2 언플러그드 활동체험

2.1 엔트리 보드게임

첫 번째로 엔트리 보드게임을 해 봅시다.

엔트리 보드게임은 재미있는 보드게임을 통해서 프로그래밍의 개념 중 순차, 반복, 함수등을 학습할 수 있는 교구 입니다. 최소 2명, 최대 4명의 인원으로 진행 할 수 있으며, 초등학교 3-4학년부터 적용이 가능합니다.

이제 본격적으로 엔트리 보드게임 규칙에 대해 알아 봅시다.

먼저 이렇게 구성품들을 다 꺼낸다음 카드를 종류별로 다 뜯어서 모아 봅시다. 엔트리 보드게임은 각자의 엔트리봇이 잃어버린 부품을 최대한 빨리 획득해야만 하는 게임입니다.

그 다음으로, 하늘색 작은 부품카드를 맵 위에 자유롭게 배치합니다. 작은 부품카드는 맵에서 아무런 표시가 없는 곳에만 올려놓을 수 있습니다.

엔트리 보드게임은 각자의 엔트리봇이 잃어버린 부품을 최대한 빨리 획득해야 이기는 게임 이므로 나중에 각자 부품을 찾으러 가야 하는데 어떤 부품을 고를지 모르기 때문에 최대한 공평하게 놓는 것이 좋습니다. 또 배관처럼 생긴것은 장애물 입니다. 이 장애물은 돌아가거나 뛰어넘어서 가야 합니다.

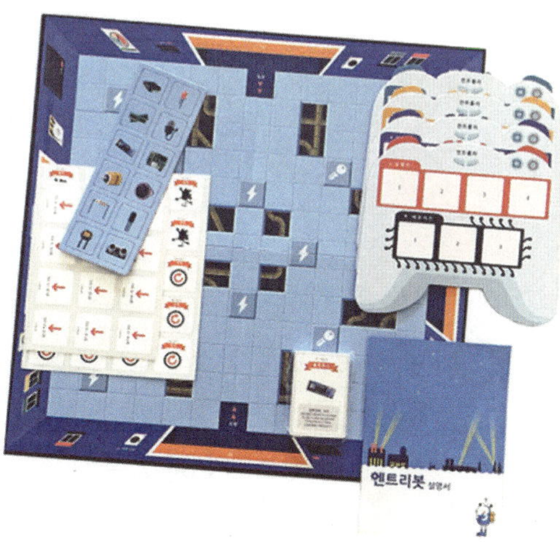

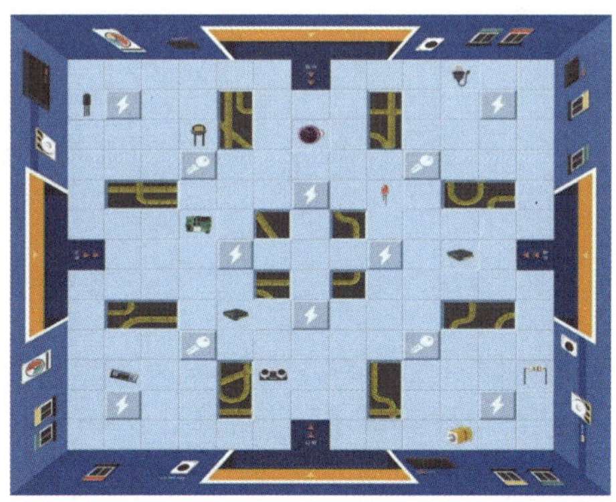

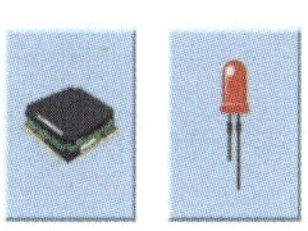

본인이 가진 큰 부품카드에 해당하는 부품을 획득하는 것이 게임의 주목적이다. 본인의 목표가 아닌 부품은 도달해도 획득할 수는 없지만 통과하여 지나갈 수는 있다.

5 작은 부품카드를 맵 위에 자유롭게 배치한다.
단, 출발지점, 장애물, 해킹카드존, 특수이동카드존에는 놓을 수 없다.

엔트리봇의 이동을 방해하는 장애물.
게임 진행 도중 장애물을 만나면 돌아가거나 점프 특수이동카드를 사용해 뛰어넘어야 한다.

엔트리봇과 홀더를 연결한 다음 아무 색깔이나 하나씩 가져갑니다. 그 다음, 가위바위보를 통해 순서를 정하고 4개의 시작점 중에서 원하는 시작점을 선택하여 엔트리봇이 시작 화살표 방향을 보도록 놓습니다.

가위바위보를 통해 순서를 정한다.

이긴 순서대로 네 곳의 출발 위치 중 원하는 곳을 선택하여 엔트리봇이 화살표 방향을 보도록 놓는다.

이제 큰 부품카드를 한 장씩 뽑습니다. 뽑은 부품카드는 각자가 처음으로 획득해야 하는 부품이 됩니다.

이제 엔트리봇을 그 부품까지 이동시켜서 최대한 빨리 획득을 해야 합니다. 만약, 부품을 하나 획득 했다면 새로 큰 부품카드를 뽑습니다.

이 게임에서는 정해진 수만큼 부품을 먼저 획득하면 이기게 됩니다.

(2인 : 5장, 3인 : 4장, 4인 : 3장)

〈앞〉 〈뒤〉

플레이어가 획득해야 하는 부품을 결정한다.
게임을 시작할 때 한 장을 뽑고 이후에 목표 부품 습득시 새로 한 장을 뽑는다.

9 큰 부품카드를 한장씩 나눠 갖는다.
이 때 받게되는 부품이 참가자가 처음으로 획득해야 하는 부품이 된다.

그 다음 엔트리봇의 색깔과 동일한 색의 컨트롤러를 하나씩 받습니다. 이 컨트롤러는 엔트리봇에 명령을 내리는 공간 입니다.

여기에 여러 가지 카드로 명령을 내려서 자신의 턴에 엔트리봇을 움직일 수 있습니다.

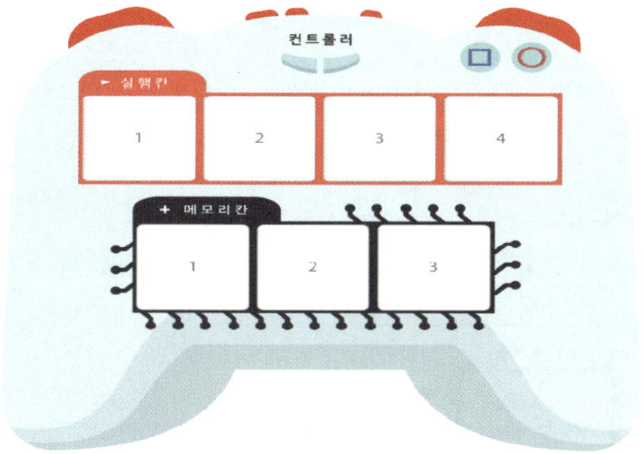

사용할 수 있는 카드를 살펴봅시다.

일단 기본이동카드라고 불리는 흰 카드를 6장씩 가져 갑니다. 이 카드는 앞 뒷면이 다릅니다. 앞면에는 앞으로 1칸 전진이라고 표시되어 있고, 뒷면에는 회전이라고 되어 있습니다.

이 카드는 게임이 진행되는 동안 계속해서 사용할 수 있습니다.

예를 들어서 살펴 봅시다. 시작 지점에서 부품 지점까지 이동을 하려면 앞으로 한 칸, 앞으로 한 칸, 왼쪽으로 90도 회전 그리고 앞으로 한 칸을 가야 합니다.

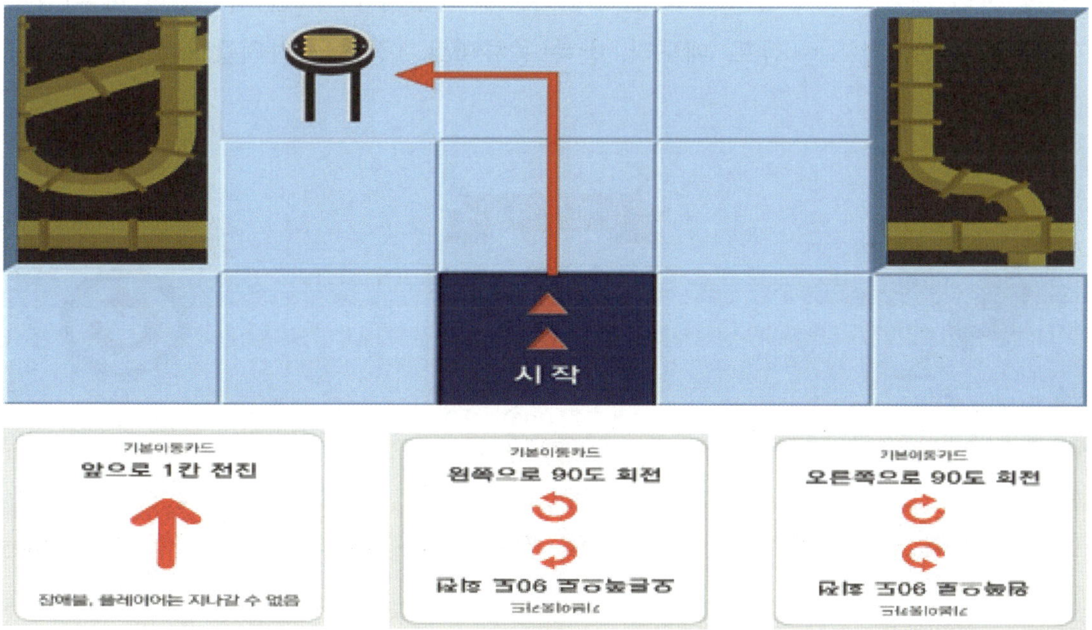

컨트롤러에 다음과 같이 카드를 올려 놓고,

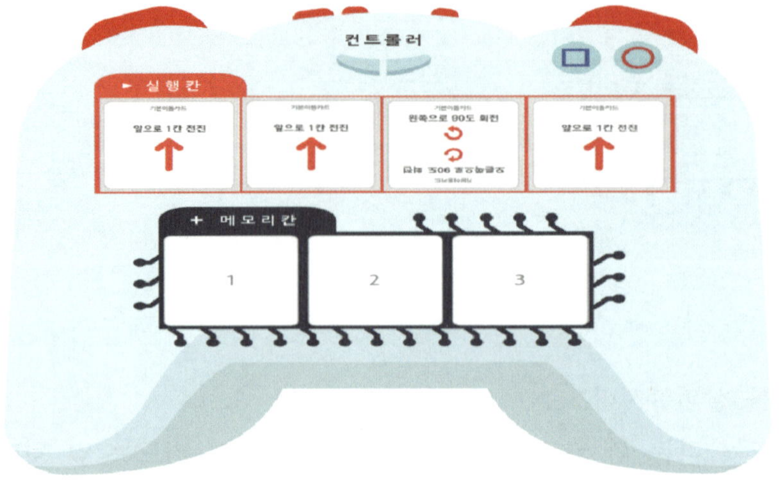

그리고 자신의 턴에 모두가 보는 앞에서 하나씩 차근차근 실행하며 엔트리봇을 옮깁니다.

턴 진행 방법 (컨트롤러)

1. 기본 및 특수이동카드 조합을 만들어
실행/메모리 칸에 놓는다.

2. 모두가 보는 앞에서 하나씩 차근차근 실행하여 말을 옮긴 뒤
실행이 모두 끝나면 사용했던 실행/메모리 칸의 특수이동카드는 모두 반납하고
기본이동카드는 다음 차례에도 재사용이 가능하다.

(!) 단, 한 번 실행/메모리 칸에 위치시킨 이동카드의 순서와 방향은
결정하면 그 뒤로 수정할 수 없다.

이렇게 게임을 하면 게임이 너무 단조로워 집니다. 이 때 특수이동카드를 사용하면 더 다양한 전략을 만들 수 있습니다. 특수이동 카드는 점프, 메모리, 반복 종류별로 1장씩을 가져갑니다.

점프 카드는 장애물을 뛰어 넘거나, 상대방의 말을 뛰어넘거나, 또는 앞으로 2칸을 갈 수 있는 카드입니다.

반복카드는 이전까지의 과정을 한 번 더 실행하는 카드입니다.

보시는 것처럼 카드를 놓으면 (앞으로, 점프, 앞으로 , 앞으로, 점프, 앞으로) 명령을 실행할 수 있습니다.

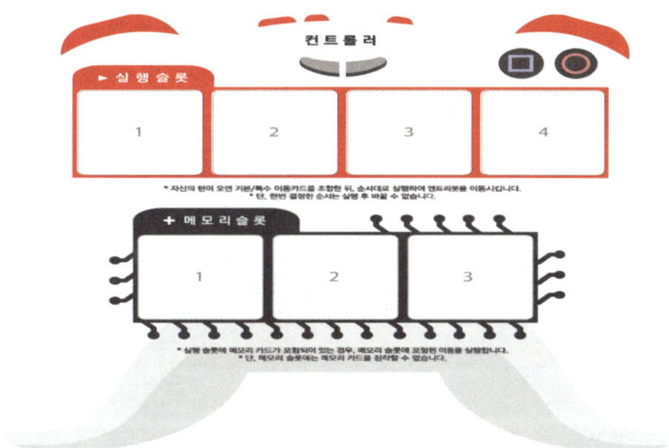

메모리 카드는 메모리 칸에 있는 명령을 실행시켜 줍니다.

보시는것처럼 카드를 놓으면 (앞으로, [앞으로, 왼쪽으로 회전, 앞으로], 앞으로, 왼쪽으로 회전) 명령을 실행할 수 있습니다.

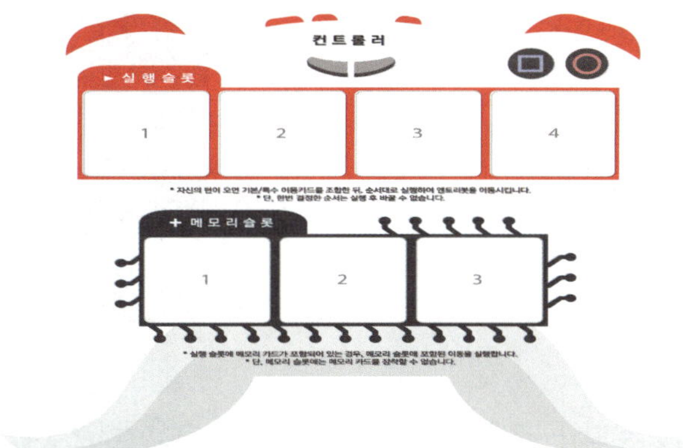

다음과 같이 카드를 놓으면 [메모리], [반복]을 다 사용할 수 있습니다.

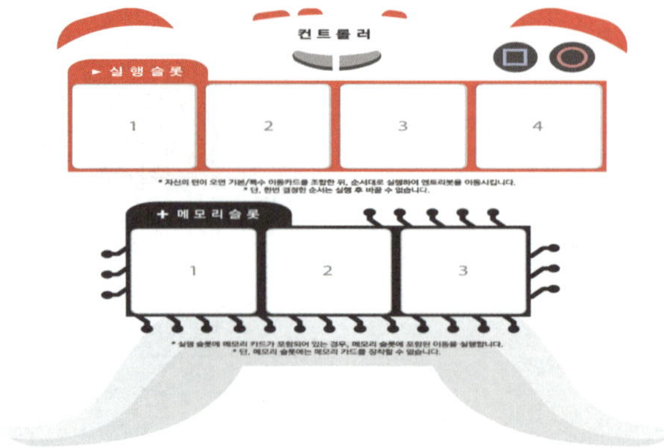

다음과 같이 메모리 안에서 반복카드를 놓으면, 메모리 안에서 반복을 하게 됩니다.

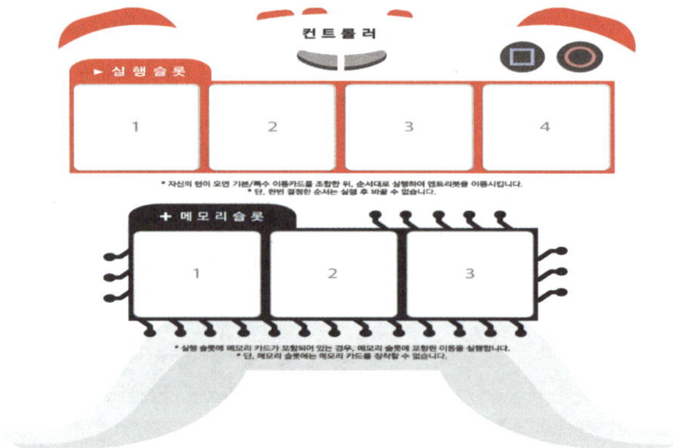

이런 특수이동 카드는 한 번 쓰면 반납을 해야 합니다. 대신에 특수 이동카드존에 도착하게 되면 특수이동 카드를 하나 획득할 수 있습니다.

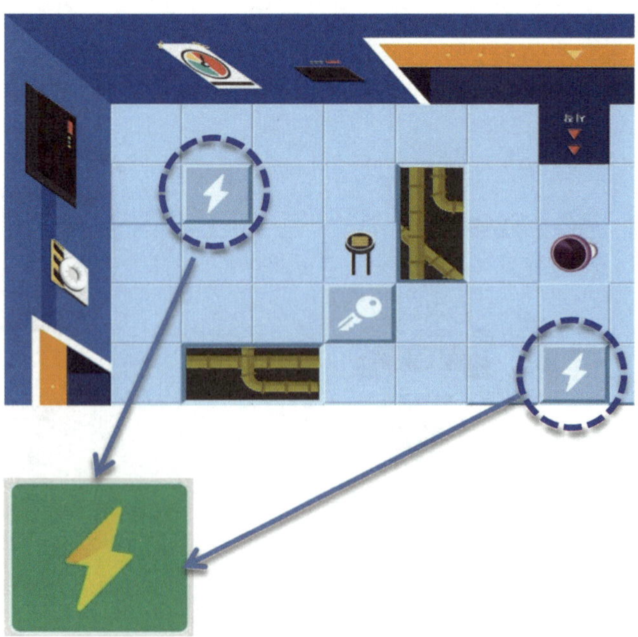

특수이동카드의 무늬와 같은 특수이동 카드존에 가게되면 특수이동카드를 한 장을 뽑을 수 있습니다

해킹카드존에 도착하면 다양한 해킹카드를 뽑을 수 있습니다. 해킹카드에는 다양한 능력이 있습니다. 한 턴 쉬기, 시작위치로 가기 등과 같은 안좋은 능력과 함께 한 번 더하기, 원하는 위치로 가기 등과 같은 좋은 능력이 골고루 섞여 있습니다.

해킹카드의 무늬와 같은 해킹카드존에 가게되면 해킹고드를 한장 뽑을 수 있습니다

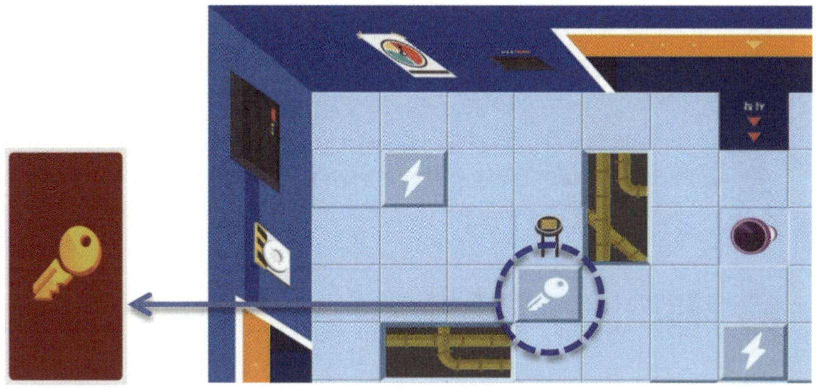

이렇게 게임을 진행 방법에 맞게 진행하시면 됩니다.

턴 진행 방법 (진행 및 종료)

3. 만약, 자신의 큰 부품카드에 해당하는 부품을 획득했다면 새로운 큰 부품카드를 한 장 뽑고 차례를 다음으로 넘기도록 한다.
4. 자신의 엔트리봇이 멈춘 곳이 해킹카드존 혹은 특수이동카드존일 경우에는 해당 카드를 한장 뽑는다.
5. 정해진 작은 부품카드의 장 수(2인: 5장, 3인: 4장, 4인: 3장) 만큼 먼저 획득하는 플레이어가 승리한다.

자주하는 질문

1 컨트롤러

Q 컨트롤러에 모든 카드를 채워야하나요?
A **아니요, 실행칸 내에서 자유롭게 채우면 됩니다.**

Q 메모리칸 안에 메모리 카드를 넣어도 되나요?
A **메모리칸 안에는 메모리 카드를 넣을 수 없습니다.**

2 해킹카드 / 특수카드

Q 해킹카드/특수이동카드존을 지나가기만 해도 카드를 획득할 수 있나요?
A **아니요, 해당 자리에 멈춰야 획득할 수 있습니다.**

Q 해킹카드는 언제 쓰면 되나요?
A **해킹카드를 획득하면 그 턴에 무조건 사용해야 합니다.**

Q 해킹카드존에 있는 플레이어가 다른 플레이어와 자리를 바꿀 때 바뀐 플레이어도 해킹카드를 획득할 수 있나요?
A **아니요, 그 턴에서는 효력을 발휘하지 않습니다.**

Q 특수이동/해킹카드존 위에 있는 플레이어가 회전만 해서 자신의 턴을 끝냈을 때 또 다시 특수이동/해킹카드를 획득할 수 있나요?
A **아니요, 2회 연속 획득할 수 없습니다.**

Q 두 칸이 장애물일 경우 점프 카드를 두 장 써도 되나요?
A **아니요, 한 칸 점프한 다음 공간에는 장애물이 없어야 합니다.**

3 장애물

Q 작은 부품 카드도 장애물인가요?
A **작은 부품카드는 장애물이 아닙니다. 본인의 목표가 아닌 부품은 도달해도 획득할 수는 없지만 통과하여 지나갈 수는 있습니다.**

Q 상대방의 엔트리봇도 장애물인가요?
A **네, 상대방의 엔트리봇도 장애물을 만났을 때와 같이 점프하여 넘어가거나 돌아가야 합니다.**

보통 15분에서 20분이면 게임을 한 번 진행할 수 있습니다. 30분동안 2번의 게임을 해 봅시다.

이제, 엔트리봇 보드게임의 활동을 정리해 봅시다.

엔트리봇이 필요한 부품까지 가는것이 문제가 되며, 학생들은 주어진 문제를 해결하기 위한 다양한 전략을 짜게 됩니다. 또한, 필요한 부품까지 한번에 가기 어려운 경우가 많아서 여러 번에 걸쳐서 목적지 까지 어떻게 갈 것인가를 고민하게 됩니다. 즉, 문제를 잘게 나누며 전략을 짜는 활동을 하는 것입니다.

또 각자의 턴에 순서대로 명령을 내려서 강아지를 움직이며(순차), 반복되는 행동을 반복카드로 명령하며(반복) 순차와 반복 개념에 대하여 학습할 수 있습니다.

학습자의 수준에 따라 다른 룰을 적용할 수 있습니다. 초등 저학년(1-2)일 경우 게임의 룰을 조금씩 변경하여(메모리 카드와 반복 카드를 빼고 진행) 학습자의 수준에 맞게 게임을 진행할 수 있습니다. 학습자들이 초등 고학년 (5-6) 또는 중학생일 경우 반복과, 메모리를 무제한으로 사용할 수 있도록 룰을 변경하면 복잡한 전략을 짜도록 유도할 수 있습니다.

이 보드게임은 엔트리 학습모드와 연결하면 더욱 효과적입니다. 엔트리 사이트(http://play-entry.com) 에 접속해서 문제해결 학습에 들어가면 보드게임을 컴퓨팅 환경에서 실습할 수 있습니다.

2.2 엔트리 카드게임

이제 엔트리 카드게임에 대해 알아 보겠습니다.

엔트리 카드게임은 재미있는 카드게임을 통해서 프로그래밍의 개념 중 순차와 반복, 그리고 조건을 학습할 수 있는 교구입니다. 엔트리와 같은 블록형 언어에 대한 이해도도 높일 수 있으며, 최소 2명, 최대 4명의 인원으로 진행 할 수 있습니다. 이 게임은 초등학교 3-4학년부터 적용이 가능합니다.

엔트리 카드게임에 대하여 설명하겠습니다.

내용물

- 폭탄 카드 48장 (주황, 초록, 파랑, 빨강 카드 각 12장씩)
- 성공 카드 1장, 실패 카드 1장
- 요약 카드 4장
- 설명서 1부

게임 목표

성공카드 칸에 자신의 카드가 가장 많이 들어간 사람이 이기는 게임입니다. 자신의 턴에 카드를 하나씩 내려 놓아야 하며, 내려놓은 카드의 능력에 따라 카드를 재배치 합니다. 성공카드와 실패카드 사이에 5장의 카드가 놓여지면 첫 번째와 두 번째 카드는 성공카드 칸으로 이동하고맨 뒤의 카드는 실패카드 칸으로 이동합니다. 남은 카드는 앞으로 당겨지고 12장의 카드를 다 내려놓으면 게임이 끝납니다.

게임 준비

1. 플레이어는 각자 카드의 색을 정하고 1부터 12까지의 숫자가 적힌 폭탄 카드를 갖습니다. 각 폭탄카드에는 고유의 능력이 있습니다.

2. 플레이어는 폭탄 카드를 잘 섞은 뒤 4장만 손에 들고 나머지 폭탄 카드는 앞이 보이지 않게 플레이어 앞에 뒤집어 놓습니다.

3. 성공카드와 실패카드는 테이블 위의 가운데 놓습니다.

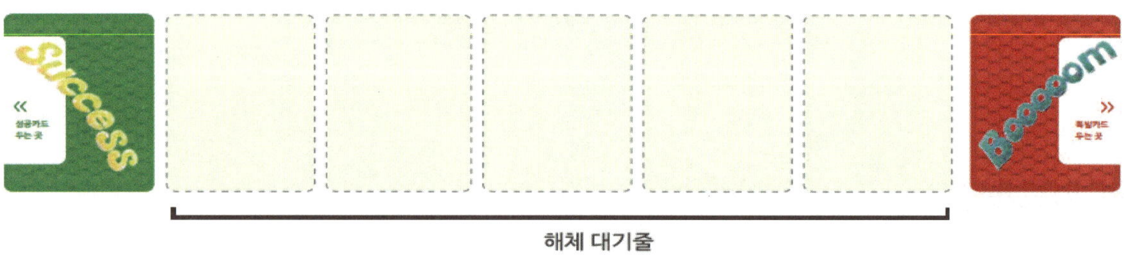

4. 처음으로 카드를 내려 놓을 사람을 정합니다.

게임 방법

1. 자기 차례가 되면 카드를 한 장씩 순서대로 내려놓습니다. 성공카드 옆에서부터 차례대로 오른쪽으로 놓습니다.

2. 반드시 폭탄 카드는 해체 대기 줄 옆으로 내려놓습니다.
3. 폭탄 카드의 능력에 따라 해체 대기 줄을 재배치합니다.

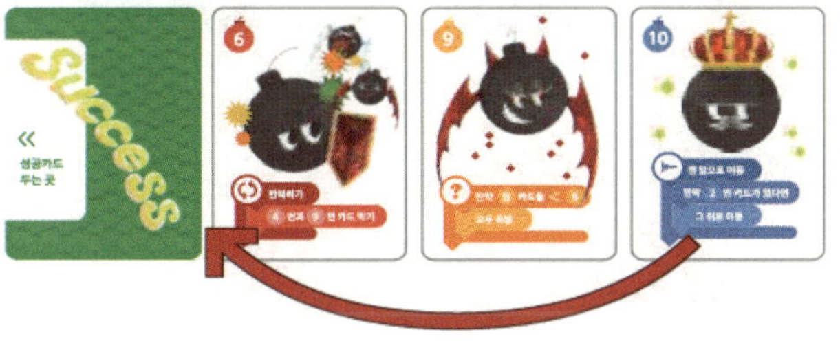

4. 폭탄 카드 한 장을 내려놓은 후에는 뒤집어 놓은 카드 한 장을 가지고 옵니다.

5. 플레이어의 손에는 항상 4장의 카드를 가지고 있어야 합니다.
6. 순서대로 내려놓는 도중 폭탄이 5개가 모이면 해체 과정이 시작됩니다.

7. 왼쪽부터 2번째 카드까지의 폭탄은 해체가 되고 가장 끝에 있는 5번째 폭탄은 폭발합니다.
8. 해체에 성공한 폭탄 카드는 "성공 카드"에 쌓이고 폭발한 폭탄 카드는 "폭발 카드"에 쌓입니다.

9. 12장의 카드를 모두 다 사용하면 게임이 종료되고 "성공카드"에 가장 많이 쌓인 카드 색깔의 플레이어가 승리합니다.

카드 능력 설명

폭탄 카드를 내려 놓는다. ❯
그 폭탄 카드의 능력을 수행한다. ❯
놓여있는 카드 중 반복하기 능력이 있는 카드는 해당 능력을 수행 한다.

폭탄 1번 : 반복하기, 앞으로 한 칸 이동하기, 같은 카드 2장이면 모든 카드 폭발

1번 폭탄은 앞으로 한 칸 가기를 반복합니다. 반복하기 블록을 사용하기 때문에 다음 사람 차례가 끝날 때마다 계속해서 한 칸을 앞으로 이동합니다. 하지만 1번 폭탄이 2개가 나올 시에 놓여있는 모든 폭탄들은 다 폭발하게 됩니다. 아무도 살아남지 못하게 됩니다.

폭탄 2번 : 한 칸 또는 두 칸 뛰어넘기

2번 폭탄은 한 칸 또는 두 칸을 앞으로 갈 수 있습니다.

폭탄 3번 : 다른 카드의 능력 복제하기

3번 폭탄은 놓여있는 카드 중 하나의 폭탄카드를 복제합니다.
그러나 복제를 하고 능력을 발휘한 후에는 그 즉시 평범한 숫자 3번 폭탄으로 돌아오게 됩니다. 반복을 하는 카드를 복제하더라도 한 번 능력을 발휘하면 숫자 3번 폭탄으로 다시 돌아옵니다.

폭탄 4번 : 만약 앞 카드들 > 4, 모두 뛰어넘기

4번 폭탄은 만약 앞에 자신보다 숫자가 큰 폭탄들이 있다면 모두 뛰어넘을 수 있습니다. 뛰어넘는 도중 자신보다 작거나 같은 숫자가 앞에 나온다면 그 자리에 멈춥니다.

폭탄 5번 : 만약 앞 카드들 ≠ 색, 모두 뛰어넘기

5번 폭탄은 만약 자신과 같은 색이 아니라면 모두 뛰어 넘을 수 있는 능력을 가지고 있습니다. 자신과 같은 색깔의 폭탄이 있다면 그 다음 자리에 놓여 집니다.

폭탄 6번 : 반복하기, 4번과 9번 카드 막기

6번 폭탄은 4번과 9번 폭탄을 앞으로 지나가지 못하게 하는 능력을 가지고 있습니다. 따라서 6번 폭탄 앞에 있는 카드들은 4번과 9번 폭탄의 능력에 영향을 받지 않습니다. 반복하기 능력을 사용하고 있기 때문에 차례가 지나가도 계속해서 능력을 수행합니다.

폭탄 7번 : 만약 같은 카드 2장이면 둘 다 성공

7번 폭탄은 별다른 능력을 가지고 있지 않은 것처럼 보입니다. 하지만 7번 폭탄이 2개가 나올 시에 그 두 개의 7번 폭탄은 즉시 해체에 성공하여 성공 카드 위에 쌓이게 됩니다.

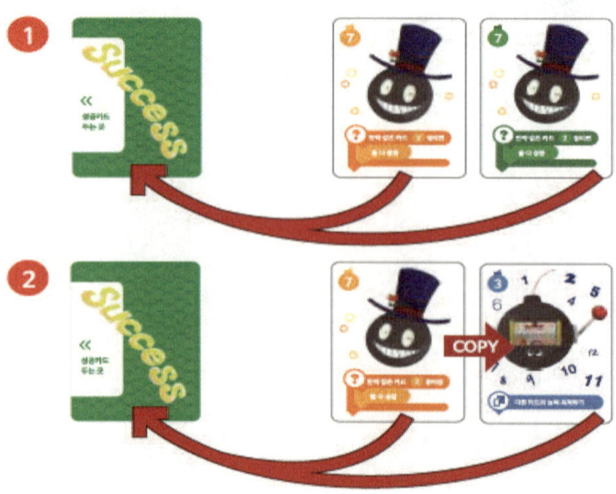

폭탄 8번 : 숫자가 큰 순서대로 재배치

8번 폭탄은 숫자가 큰 폭탄 순서대로 나열하는 능력을 가지고 있습니다. 같은 숫자의 폭탄이 있을 때는 앞에 있는 폭탄이 먼저 나열됩니다.

폭탄 9번 : 만약 앞 카드들 < 9, 모두 폭발

9번 폭탄은 만약 앞에 자신보다 숫자가 작은 폭탄들이 있다면 모두 폭발시키는 능력을 가지고 있습니다. 폭발시키는 도중 자신보다 크거나 같은 숫자가 앞에 나온다면 그 자리에 멈춥니다.

7

폭탄 10번 : 맨 앞으로 이동, 만약 2번 카드가 있다면 그 뒤로 이동

10번 폭탄은 맨 앞으로 이동할 수 있는 능력을 가지고 있습니다. 하지만 2번 폭탄이 해체를 기다리고 있다면 2번 폭탄 뒤로 이동합니다. 2번 폭탄이 2개가 있다면 가장 앞에 있는 2번 뒤에 놓여지게 됩니다.

폭탄 11번 : 모든 짝수 폭발

11번 폭탄 카드를 놓게 되면 그 즉시 짝수가 적힌 폭탄들은 폭발하여 폭발 카드 위에 쌓이게 됩니다.

폭탄 12번 : 지목한 폭탄 1개 폭발 시키기

12번 폭탄은 해체를 기다리고 있는 폭탄들 중 하나를 지목하여 폭발시킬 수 있습니다.

보통 15분 정도면 게임을 한 번 진행할 수 있습니다. 30분동안 2번의 게임을 해 봅시다.

엔트리봇 보드게임의 활동을 정리해 봅시다.

카드게임을 통해 학생들은 블록형 언어 프로그래밍을 체험 할 수 있습니다. 각 카드에 쓰인 명령어들은 엔트리 블록과 비슷한 형태로 이루어져 있습니다. 각 카드에는 블록형 언어로 명령어들이 제시되어 있고, 학생들은 최선의 전략을 찾아 카드를 내려놓아야 합니다.

순서대로 실행하는 카드, 반복해서 실행되는 카드, 특정 조건에서 실행되는 카드로 순차, 반복, 조건의 개념을 가르칠 수 있습니다.

엔트리봇 보드게임 활동은 보통 엔트리 프로그래밍을 하기 전 단계에서 진행합니다.

엔트리 프로그리밍 언어 또는 엔트리봇 보드게임에 대하여 추가적으로 알기를 원하면 아래의 사이트를 방문하시면 도움이 될 것입니다.

- 소프트웨어야 놀자(playsw.naver.com)
- CS Unplugged (csunplugged.org)
- CS Unplugged 번역자료 (xwmooc.net/computationalthinking/unplugged/)
- 언플러그드 관련 강의 자료 (slideshare.net/gisikin/unplugged-activity-computing-47802083)
- 언플러그드 관련 동영상 (youtube.com/user/neda82100/videos)

엄마와 선생님이 함께하는

엔트리

연수프로그램

PART 3

미션으로 배우는 엔트리 학습모드 활동

1 엔트리 학습모드 소개

이번에는 게임 형식으로 프로그래밍의 기초적인 원리들(순차, 조건, 반복, 함수)을 학습할 수 있는 엔트리 학습모드 활동을 체험해 보도록 하겠습니다.

엔트리 학습모드에 대한 간단한 소개를 듣고 엔트리 학습모드의 미션을 직접 해결해 봅시다.

1.1 엔트리 학습모드란?

엔트리 학습모드는 미션을 해결해 가면서 소프트웨어를 만드는 기본원리를 배울 수 있는 게임 입니다. 학생들은 게임을 하면서 순차, 반복, 조건, 함수와 같은 개념을 학습할 수 있습니다.

학습모드는 크게 미션을 확인하고 → 블록을 조립한 다음 → 시작하기를 눌러서 미션해결을 해결하는 구조로 되어 있습니다.

학습모드에 들어가면 가장 먼저 아래의 왼쪽 그림과 같이 미션창이 등장합니다. 미션창에서는 이번 단계에서는 어떤 미션을 수행해야 하는지 알 수 있습니다.

[시작하기]를 누르면 미션창이 사라지며, 엔트리봇이 부품이 있는 곳까지 가는것이 미션입니다. 부품은 엔트리봇이 앞으로 3칸을 가면 얻을 수 있습니다.

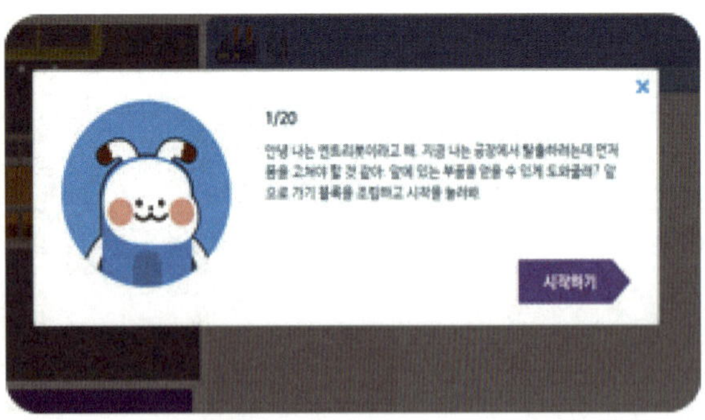

1.2 학습모드 사용법

엔트리봇을 이동시키기 위해서는 블록 꾸리미와 블록 조립소를 살펴 보아야 합니다. 블록 꾸러미는 엔트리봇을 움직일 수 있는 명령어들이 있는 창이며, 블록 조립소는 블록 꾸러미에서 명령을 가져와서 명령을 내리는 공간입니다.

여기에 사용블록/목표블록 창이 있는데 사용블록은 현재 사용한 블록의 개수를, 목표블록은 미션해결을 위해 필요한 블록의 개수를 보여 줍니다.

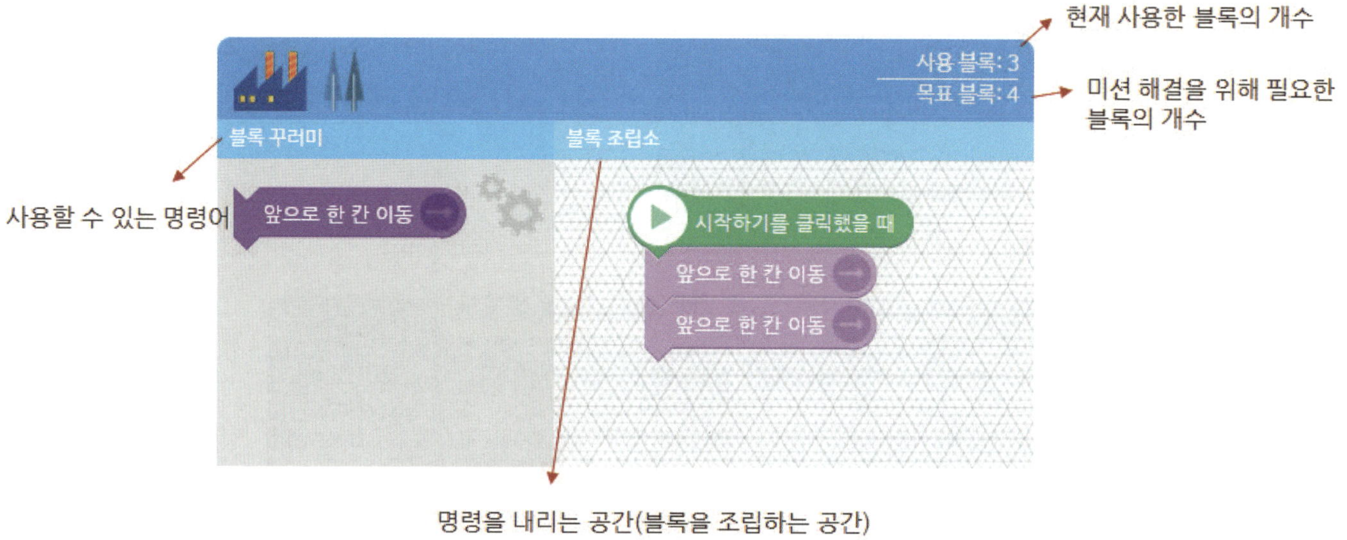

블록 조립소를 보면 현재 시작하기를 클릭했을 때 앞으로 한 칸 이동을 2번 실행하도록 블록이 조립되어 있습니다. 우리는 엔트리봇이 앞으로 3칸을 가게 해야 합니다. 그렇기 때문에 블록 꾸러미에서 앞으로 한 칸 이동 블록을 가지고 와서 블록을 조립해 줍니다.

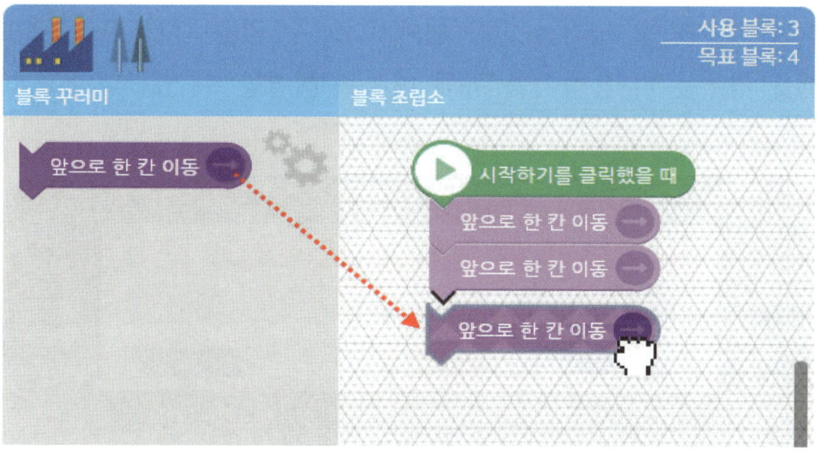

그 다음 '시작하기' 버튼을 클릭합니다

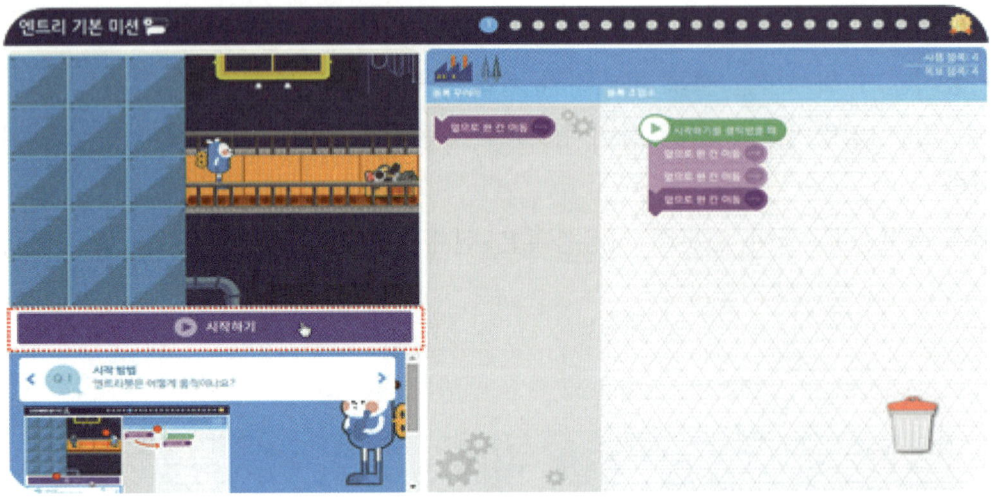

그러면 엔트리봇이 조립된 블록에 맞게 움직입니다.

미션을 해결하면 다음단계 가기를 눌러서 다음 단계로 갈 수 있습니다. 또는 목표블록 보다 블록을 많이 썼을 경우나 잘못했을 경우는 다시 하기를 통해 미션을 해결할 수 있습니다.

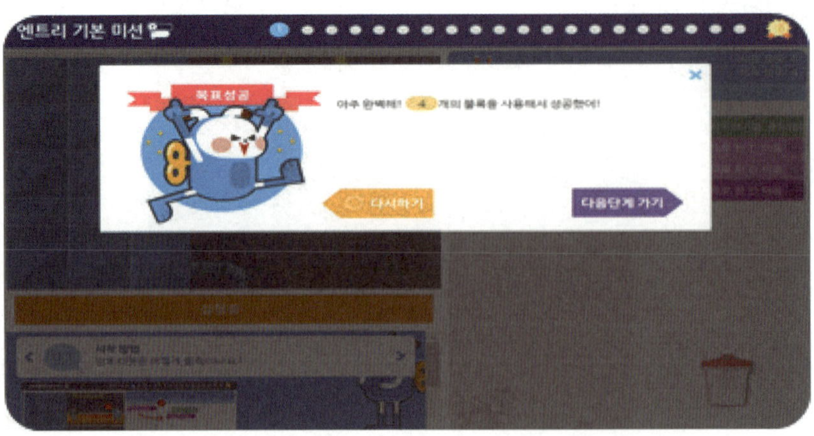

이런 학습모드는 크게 2가지가 있습니다.

기본미션에서는 총 20단계가 있으며 초등학교 3~6학년 학생들이 하기에 알맞으며, 응용미션에서는 총 10단계가 있으며 중학교 1~3학년 학생들이 하기에 알맞습니다.

기본미션

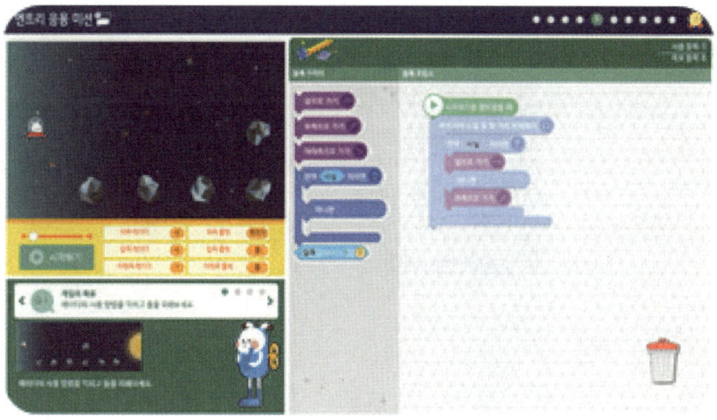

응용미션

1.3 교수 학습시 주의할 점

엔트리 학습모드로 수업을 할때 주의해야 할 점들이 있습니다.

먼저 학생들이 아무렇게나 블록을 나열해서 우연히 미션을 해결하지 않도록 생각을 하면서 풀 수 있게 유도해야 합니다.

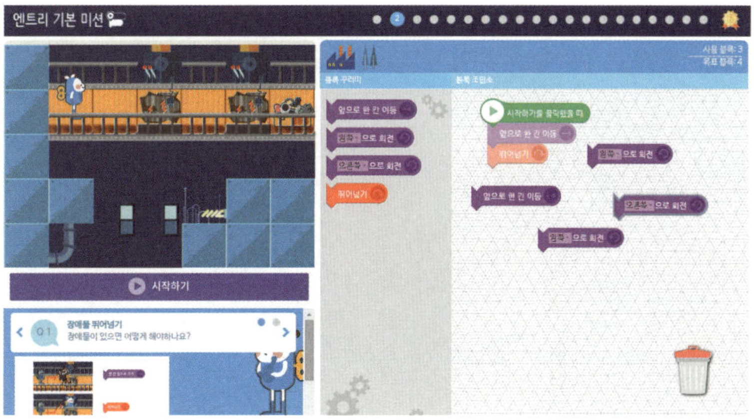

간단한 문제들은 학생들이 쉽게 풀 수 있습니다만, 문제가 조금만 복잡해져도 학생들은 문제 해결에 어려움을 겪습니다. 이 수업을 통해서 학생들에게 문제를 해결하는 원리에 대해 가르쳐야 합니다.

보시는 그림과 같이, 앞으로 한 칸 이동 5개는, 5번 반복하기로 묶일 수 있다는 사실을 미션을 통해 익혔으면 그 다음 단계에서도 이 반복하기를 사용하여 문제를 해결할 수 있게 지도해야 합니다.

또한, 학생들이 일의 해결책을 순서대로 나열하기(순차), 반복되는 작업 묶기(반복), 상황에 따라 다른 일하게 하기(조건), 같은 명령어 약속하기(함수)를 항상 생각하면서 문제를 해결할 수 있게 지도해야 합니다.

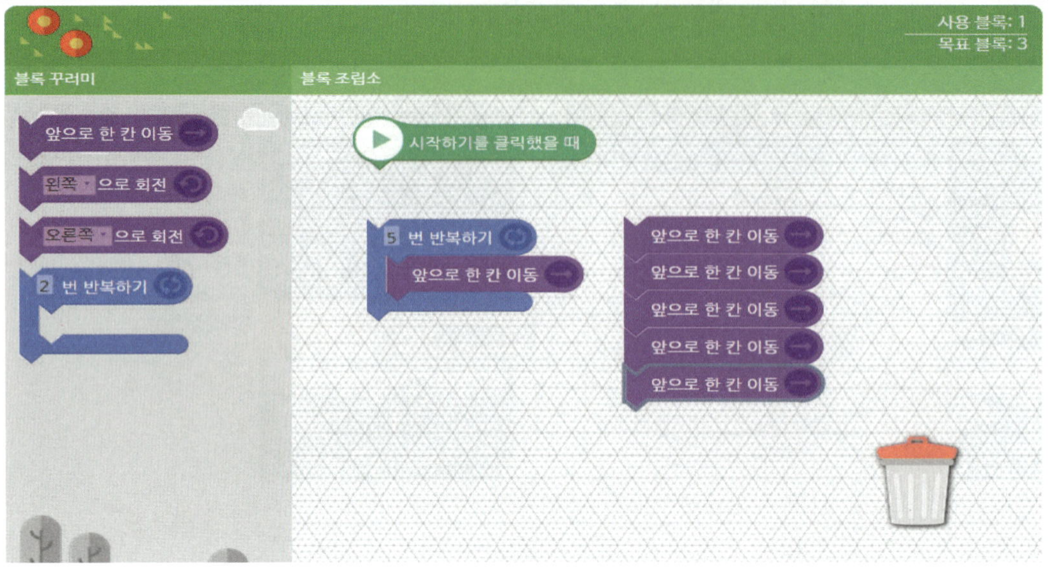

2 엔트리 학습모드 체험

2.1 기본 미션

먼저 크롬 브라우저를 설치하고, http://play-entry.org/ (엔트리 사이트)에 접속합니다.

크롬 브라우저를 (설치 후) 실행한 다음

↓

play-entry.org 에 접속

상단의 메뉴 중에서 [학습하기] - [문제해결하기]를 클릭합니다.

문제해결하기 페이지가 나오면 [기본] - [시작하기]를 클릭합니다.

START 단계를 클릭하거나, 원하는 단계를 클릭합니다.

기본미션의 1~6단계는 순차의 개념을, 7~9단계는 반복의 개념을, 10-14단계에서는 조건의 개념을, 그리고 15~20단계에서는 함수의 개념을 다룹니다.

수업할때 시간이 부족하다면, 심화 단계로 표시된 스테이지를 건너 뛰어도 위의 개념 학습에 문제가 없습니다.

	1~6단계	7~9단계	10~14단계	15~20단계
	• 순차	• 반복	• 조건	• 함수
심화 단계	5,6	9	13,14	18,19,20

미션을 읽고 [시작하기]를 클릭합니다. 이제 각자 1단계부터 20단계까지 문제를 풀어 봅시다.

1~6단계에서는 순차 즉, 순서대로 명령을 내리는 것을 가르칠 수 있습니다.

1단계(목표블록 4개)

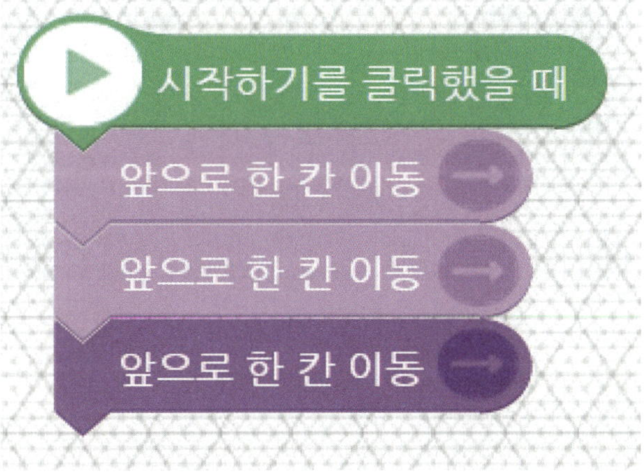

2단계(목표블록 4개)

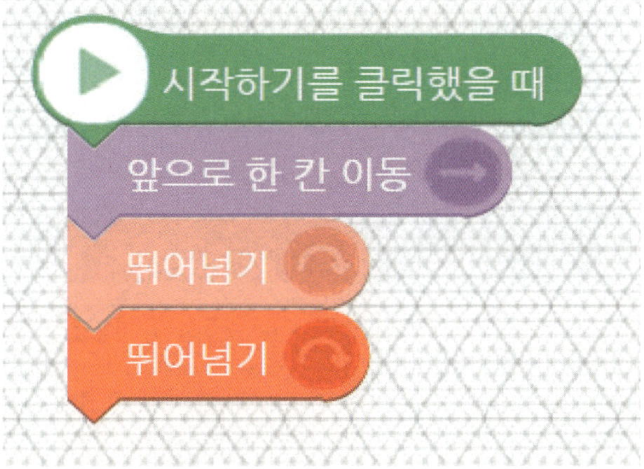

3단계(목표블록 6개)

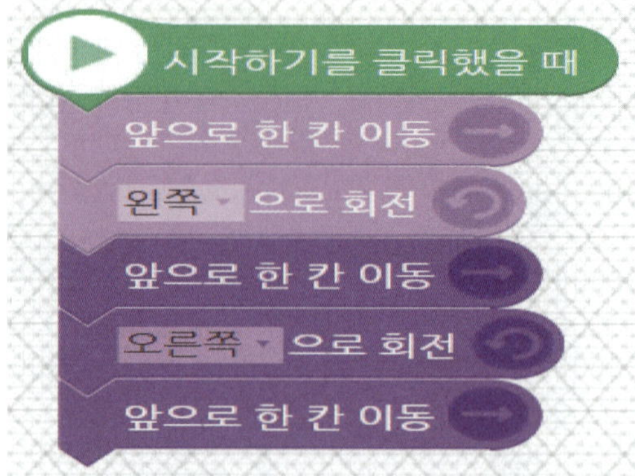

4단계(목표블록 6개)

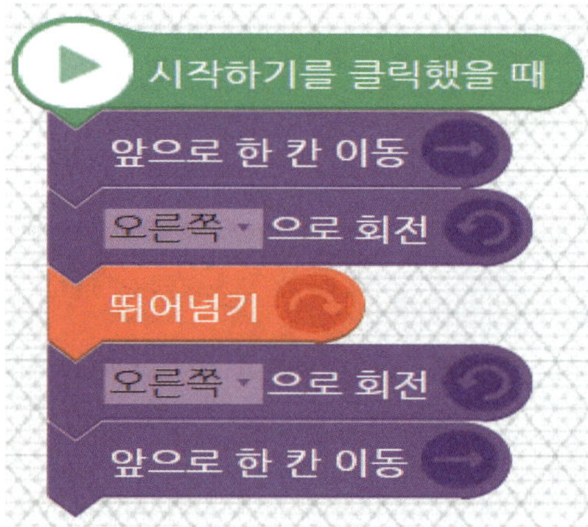

5단계(목표블록 9개)

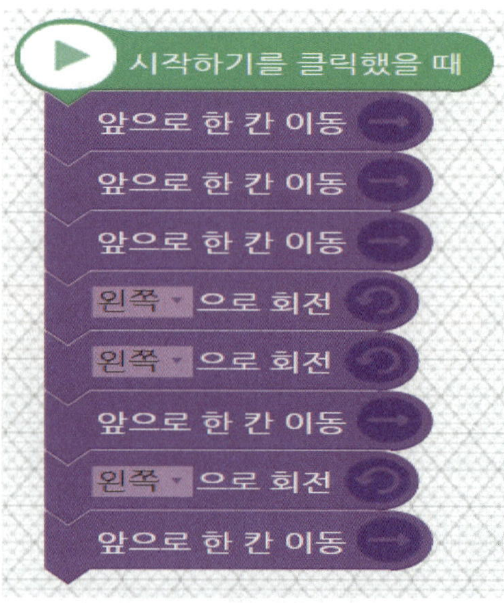

6단계(목표블록 6개)

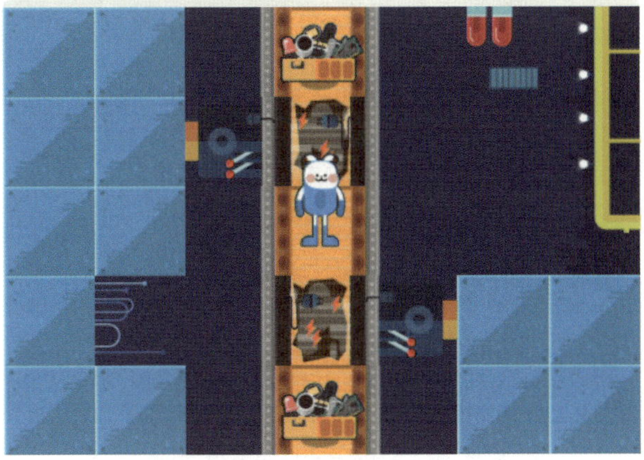

7단계(목표블록 3개)

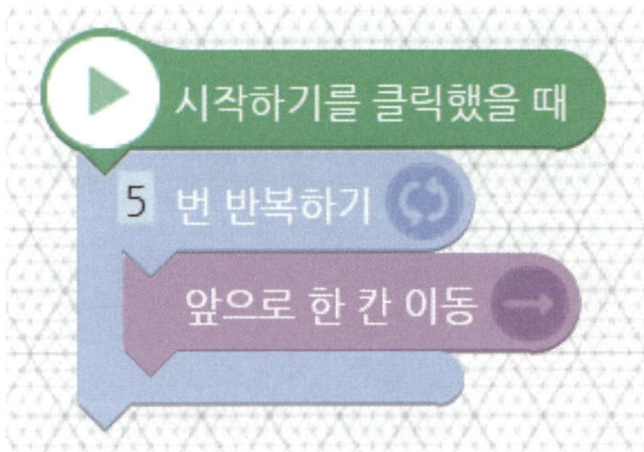

8단계(목표블록 5개)

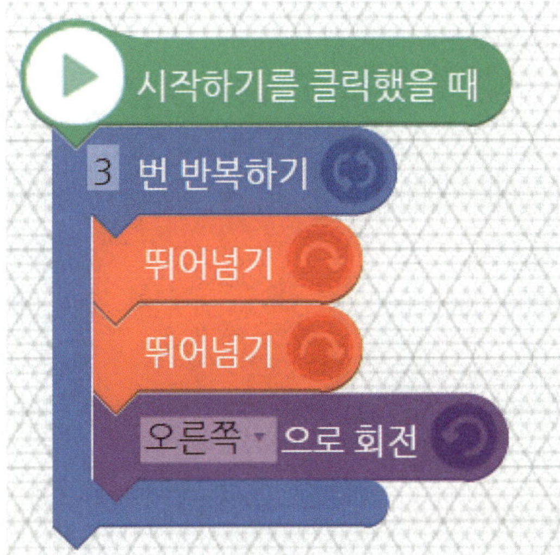

9단계(목표블록 7개)

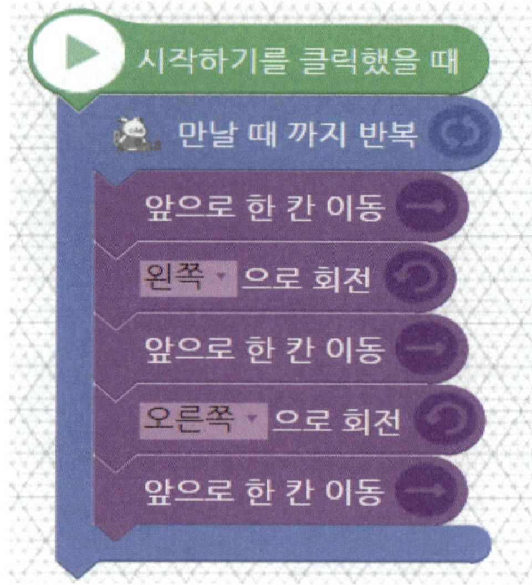

10단계(목표블록 5개)

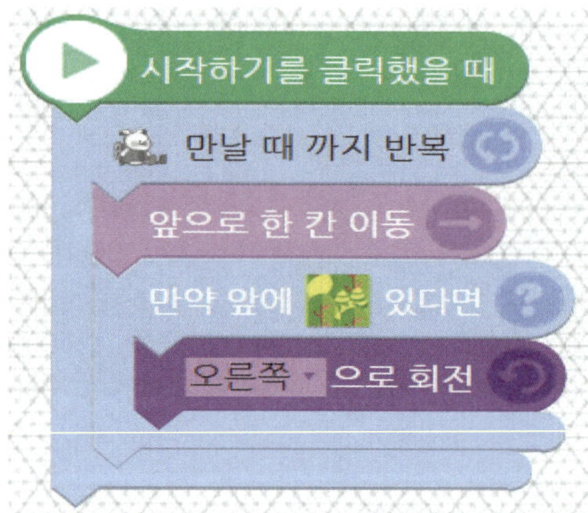

11단계(목표블록 5개)

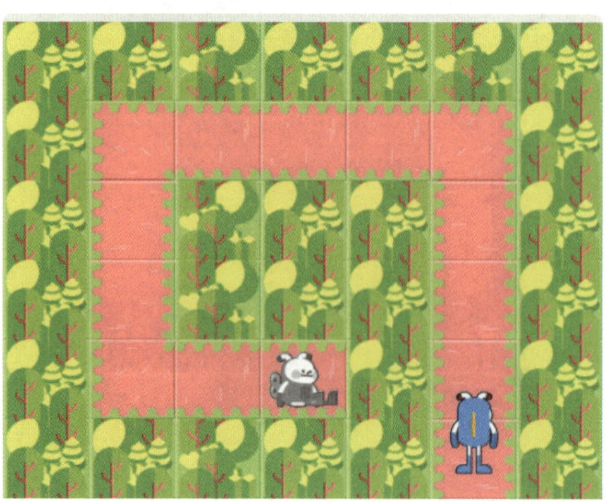

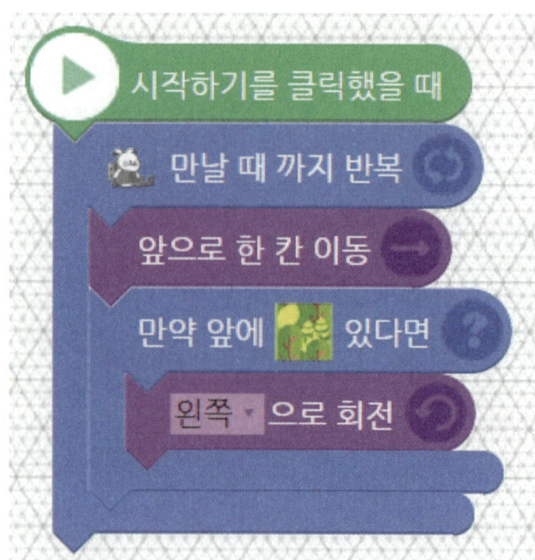

12단계(목표블록 7개)

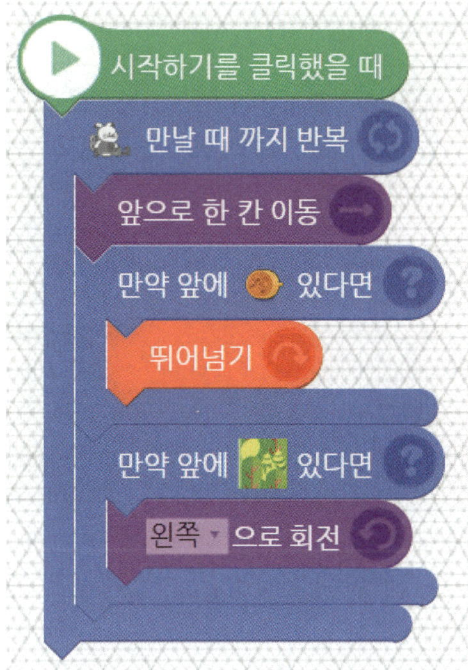

13단계(목표블록 8개)

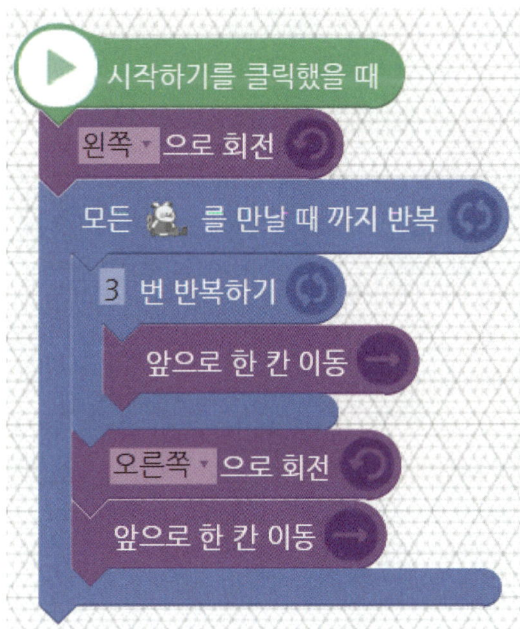

13단계(목표블록 8개)

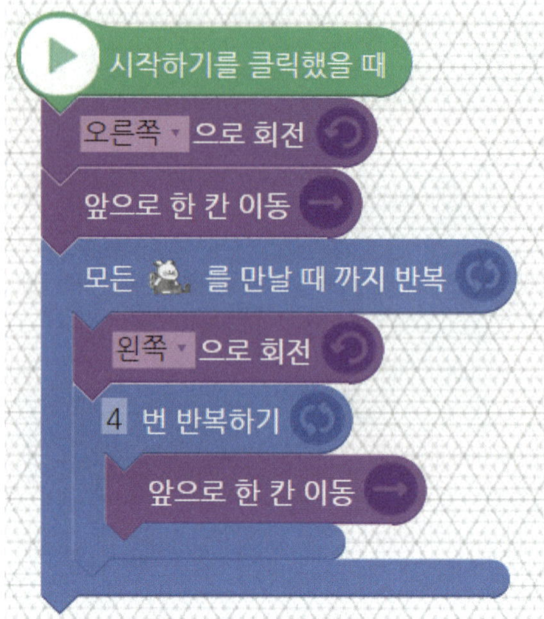

14단계(목표블록 9개)

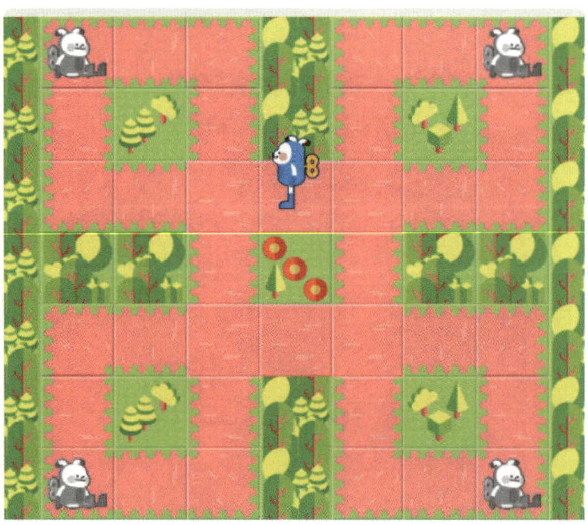

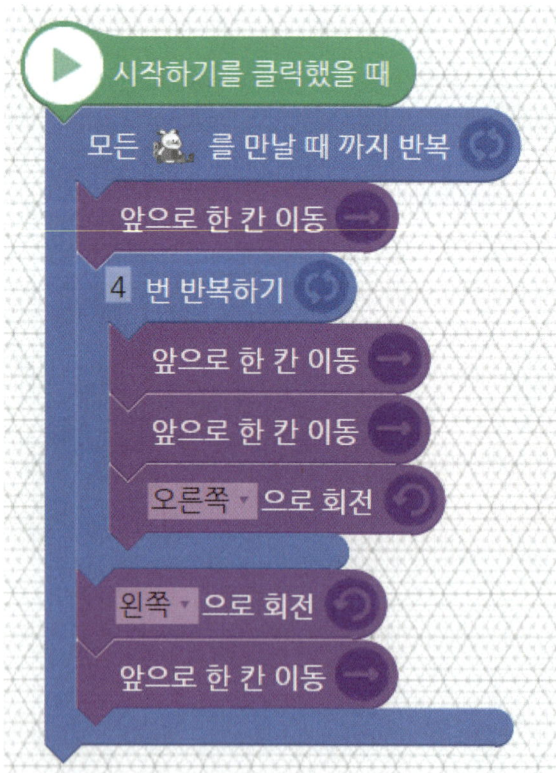

15단계(목표블록 8개)

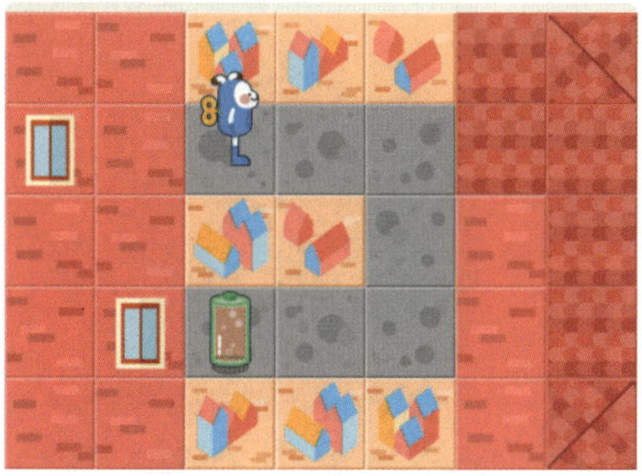

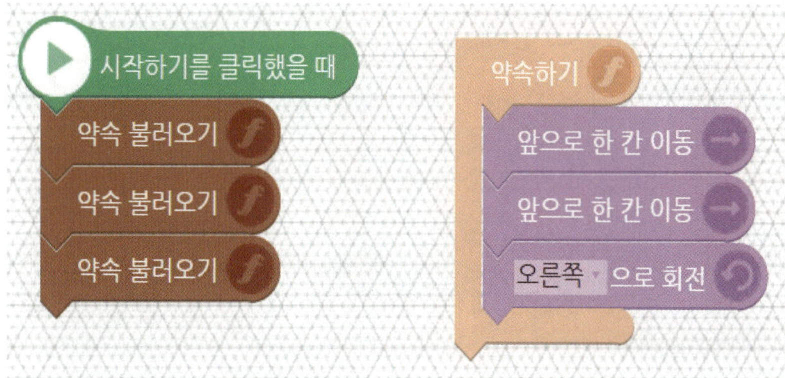

16단계(목표블록 9개)

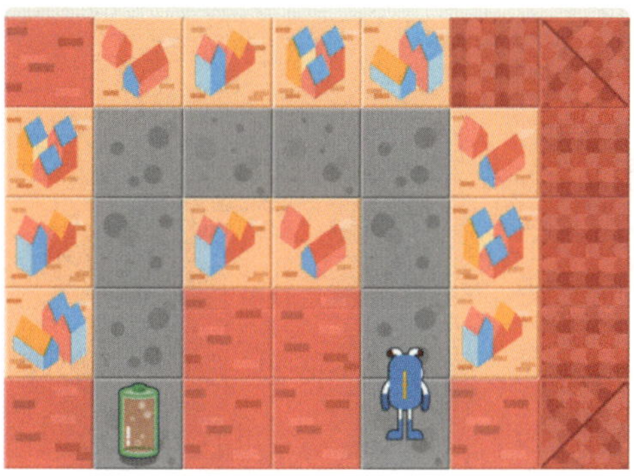

17단계(목표블록 9개)

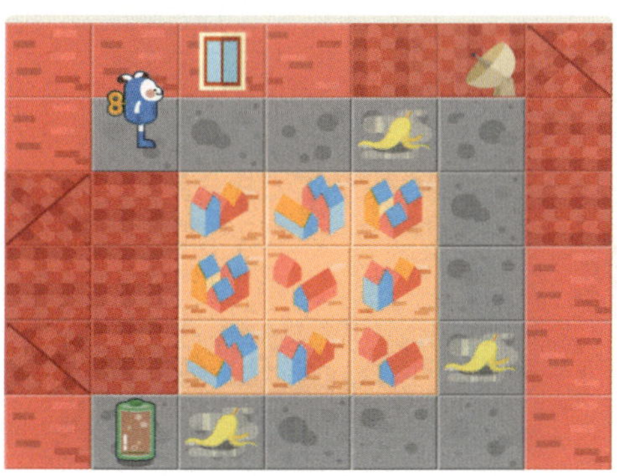

18단계(목표블록 13개)

19단계(목표블록 14개)

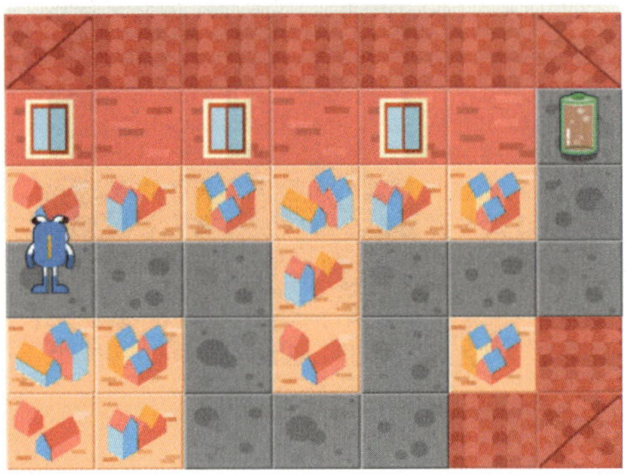

20단계(목표블록 14개)

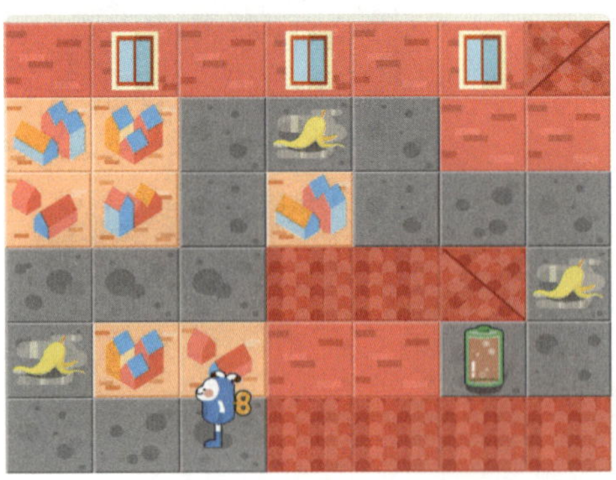

2.2 응용미션

이번에는 응용미션을 수행해 보겠습니다. 접속하는 방식은 기본미션과 동일 합니다.

엔트리 사이트 http://play-entry.com 접속 (크롬 브라우저 사용 권장)

▼

http://play-entry.com/ 에 접속

학습하기 - 문제해결하기 클릭

응용 - 시작하기 클릭

START를 클릭하거나 원하는 단계를 클릭

응용미션에서 1~2단계는 순차의 개념을, 3~4단계는 반복과 조건의 개념을, 그리고 5~10단계에서는 비교연산과 중첩조건의 개념을 다룹니다.

1~2단계	3~4단계	5~10단계
• 순차	• 반복 • 조건	• 비교연산 • 중첩조건

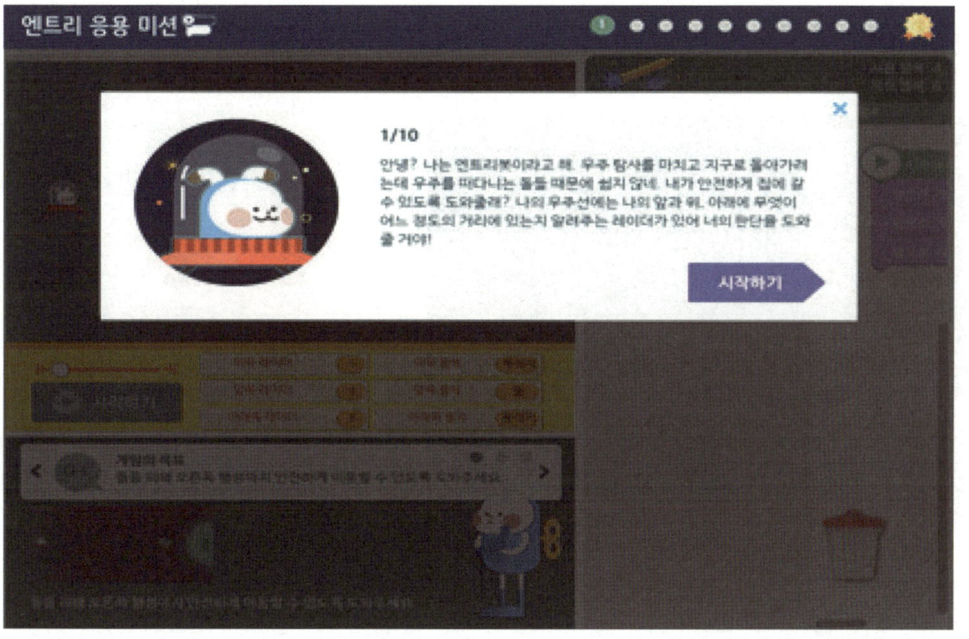

미션을 읽고 시작하기 클릭

• 응용미션에는 여러 가지 정보가 더 담겨 있습니다. 이 정보들을 사용하여 미션을 해결할 수 있습니다.

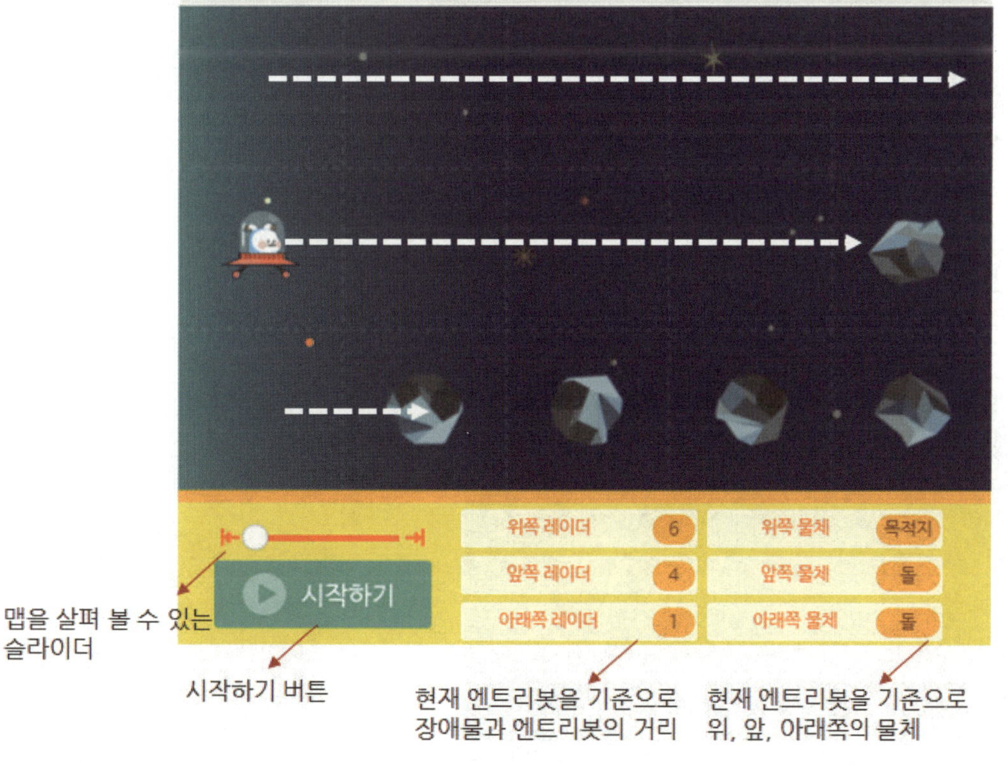

1단계(목표블록 6개)

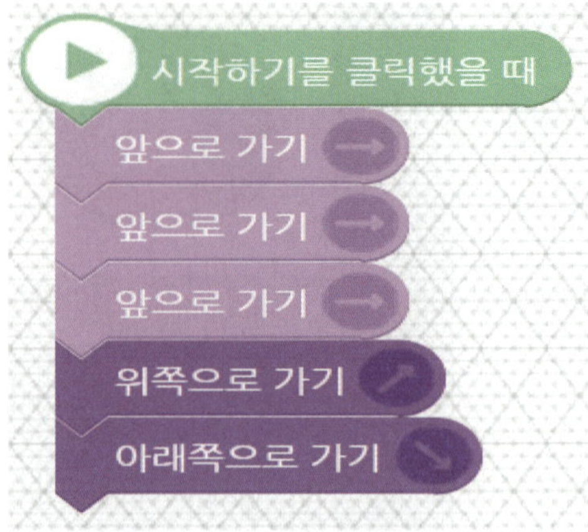

2단계(목표블록 8개)

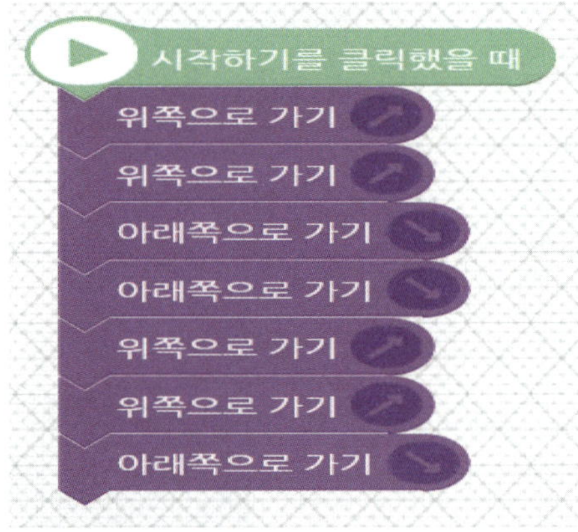

3단계(목표블록 6개)

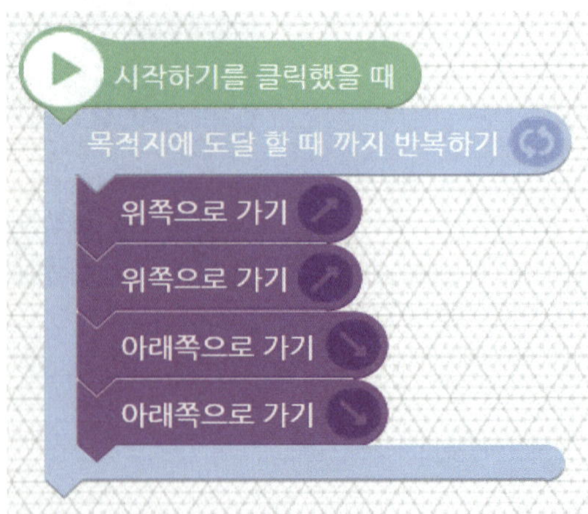

4단계(목표블록 5개)

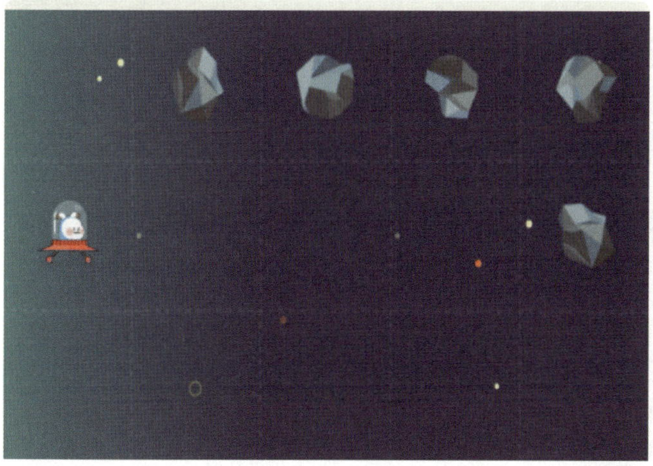

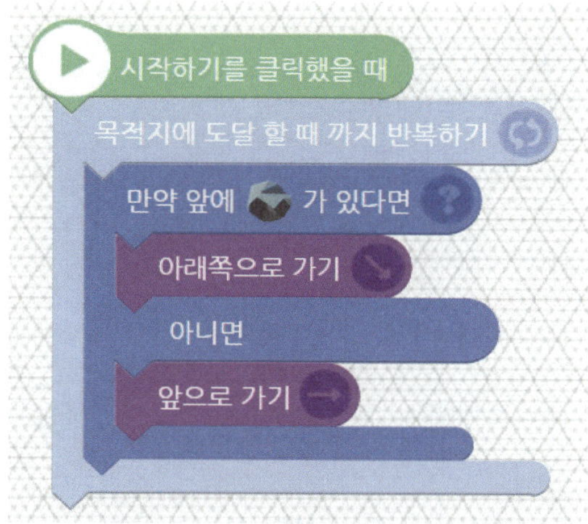

5단계(목표블록 6개)

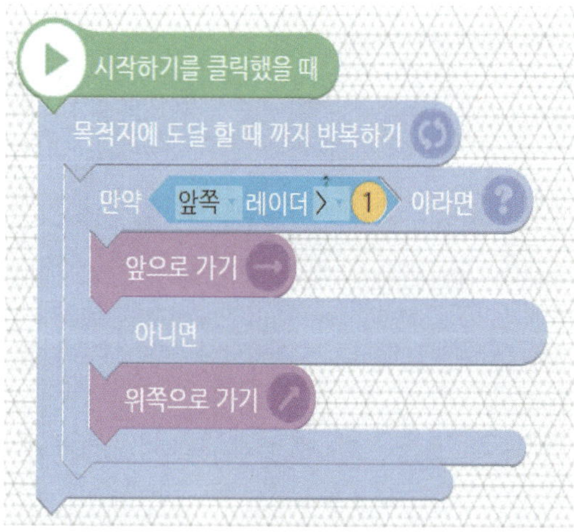

6단계(목표블록 9개)

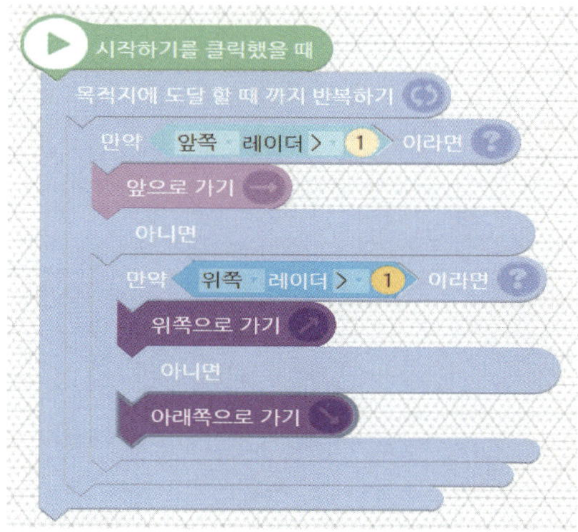

7단계(목표블록 10개)

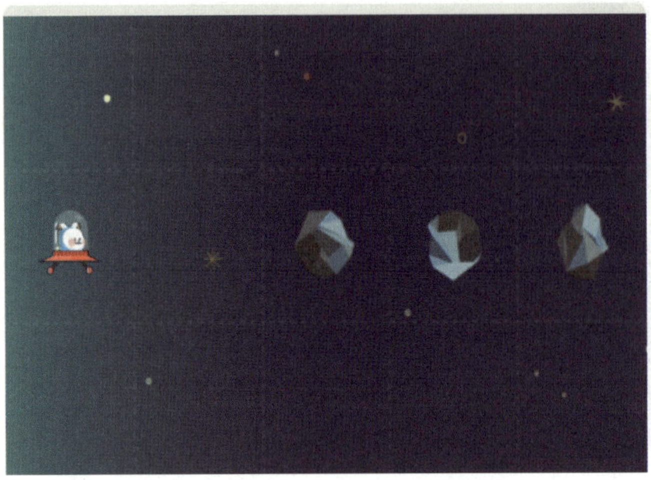

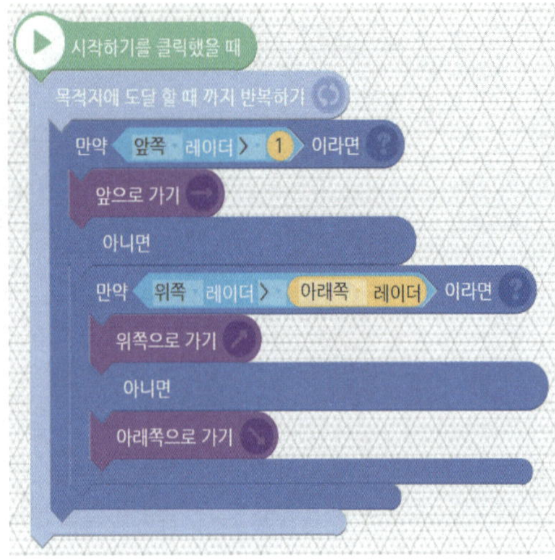

8단계(목표블록 12개)

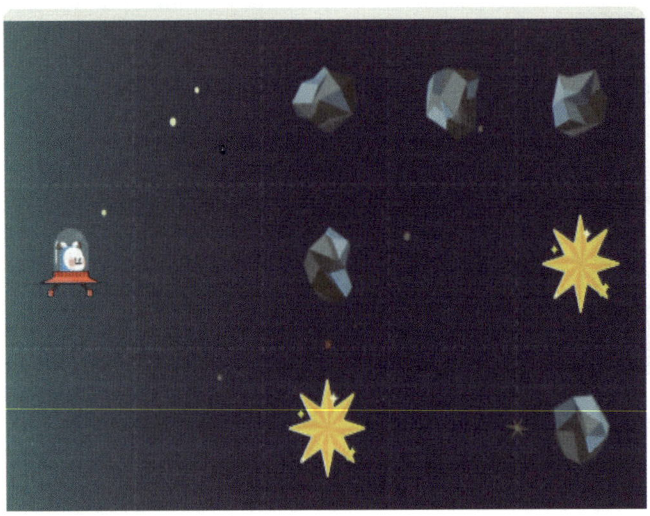

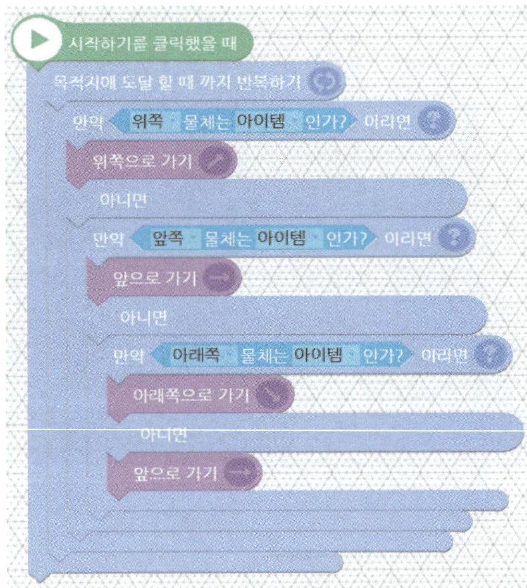

9단계(목표블록 16개)

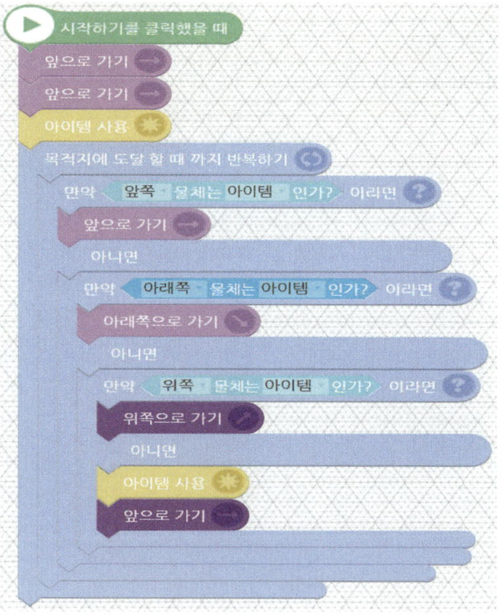

10단계(목표블록 32개)

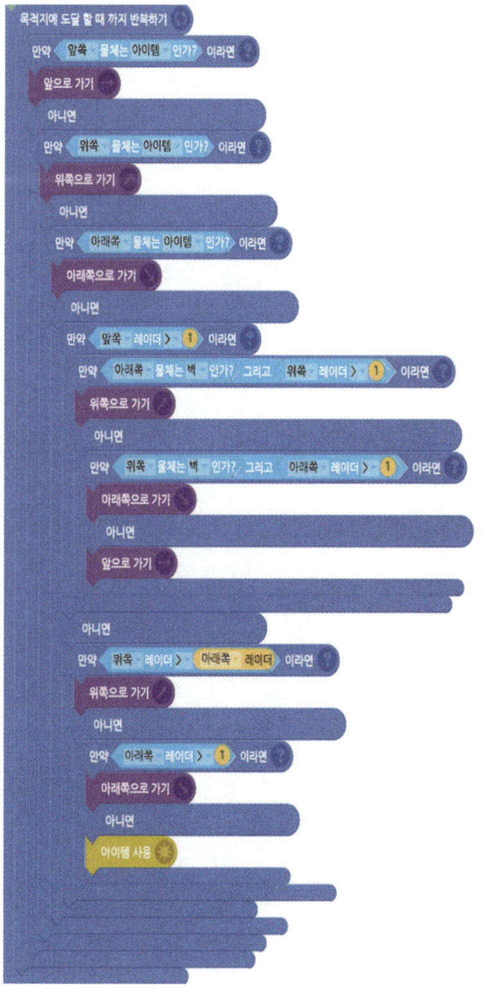

응용미션에 대하여 추가적으로 알아 보기를 원하시면 아래의 사이트 방문해 보세요.

- Code.org
- Light-bot.com

entry

엄마와 선생님이 함께하는

엔트리

연수프로그램

PART 4

생활 속 문제해결을 위한 엔트리 프로그래밍

1 엔트리 시작하기

1.1 엔트리 접속하기

- 웹사이트 주소 / play-entry.org (크롬 부라우저에 최적화 되어있음)
- 3단계로 간단하게 엔트리에 회원으로 가입해 보세요.
  부모님 동의나 이메일 주소 없이도 누구나 간편하게 가입할 수 있습니다

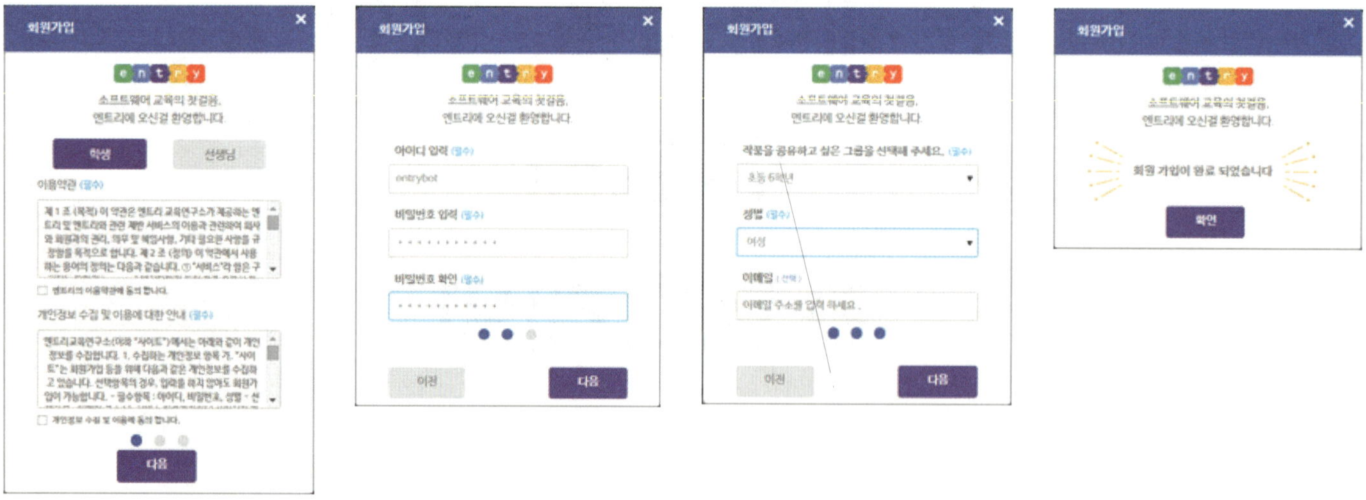

- 로그인을 하면 우측 상단에 자신의 아이디가 보여집니다. 그리고, 메뉴에서 [만들기] - [새로 만들기]로 들어갑니다.

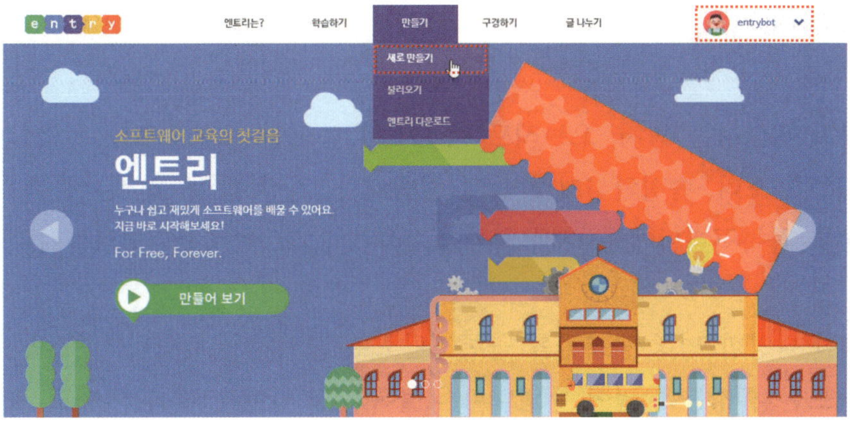

• 엔트리 소개영상을 통하여 엔트리에 대하여 간단하게 알아 보세요.
영상 주소: http://tvcast.naver.com/v/547886

명령어를 통해 움직일 수 있는 모든 캐릭터, 사물, 글상자, 배경 등을 오브젝트라고 합니다. 오브젝트 추가하기를 누르면 다양한 오브젝트를 추가할 수 있습니다.

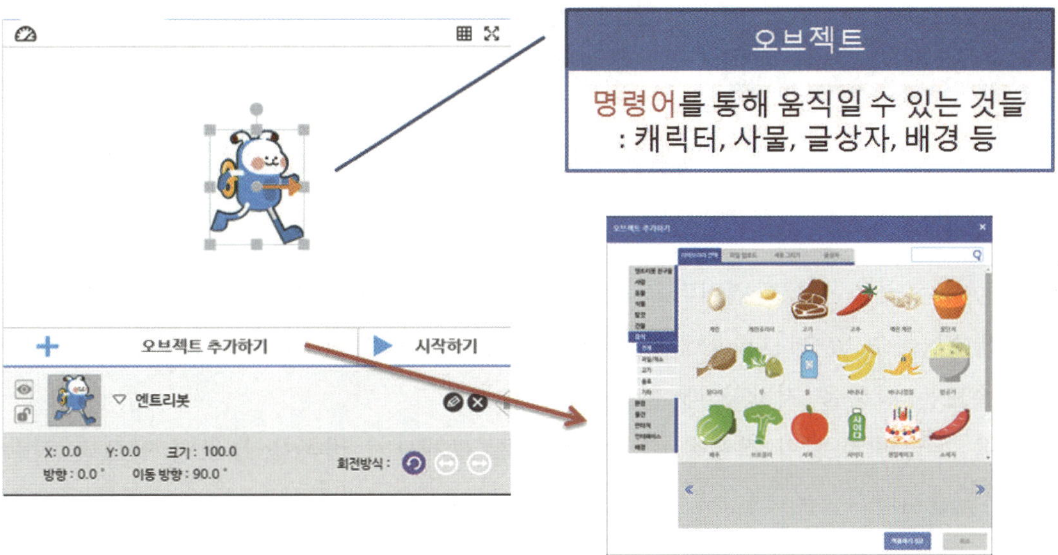

1.2 엔트리 화면 살펴보기

오브젝트를 움직이기 위해서는 먼저, 오브젝트 목록에서 움직일 오브젝트를 선택합니다.

중앙에는의 블록, 모양, 소리, 속성의 4개의 탭이 있습니다. 가장 많이 쓰이는 블록 탭에는 블록꾸러미와 블록조립소가 있습니다. 블록꾸러미에는 11개의 카테고리가 있고, 카테고리별로 다른 색의 블록이 들어 있습니다.

일상언어로 이루어진 다양한 명령 블록들을 블록조립소로 끌어와 조립합니다. 조립한 블록들을 코드라고 합니다. 필요 없는 코드는 휴지통에 넣어 버립니다. 블록 꾸러미에는 블록 외에도 모양, 소리, 신호, 변수 등 다양한 기능들을 이용할 수 있는 탭이 있습니다.

시작하기 버튼을 클릭하면 블록조립소의 코드에 따라 오브젝트가 명령을 수행합니다. 화면을 크게 보거나, 모눈종이로 좌표를 보거나, 실행 속도를 조절할 수도 있습니다.

장면 탭을 추가하면 여러 장면으로 이루어진 작품을 만들 수도 있으며, 나머지 탭에 대해서는 실습을 하면서 필요할 때 설명하도록 하겠습니다.

오브젝트가 활동하는 곳을 실행화면이라고 합니다. 엔트리 작품은 장면 탭을 이용하여 여러 가지 장면으로 된 작품을 쉽게 만들 수 있습니다. 속도조절 버튼을 누르면 작품의 실행 속도를 조절할 수 있으며, 여기서 설정한 실행 속도는 작품을 저장할 때 함께 저장됩니다.

모눈종이 버튼을 누르면 화면의 좌표를 볼 수 있으며, 크게보기 버튼을 누르면 엔트리 작품을 전체화면에 가깝게 볼 수 있습니다.

모눈종이 버튼을 누르면 실행화면의 좌표를 볼 수 있고, 실행화면의 상단에는 마우스포인터의 좌표가 실시간으로 표기되고, 오브젝트의 좌표는 오브젝트 정보창에서 확인할 수 있습니다.

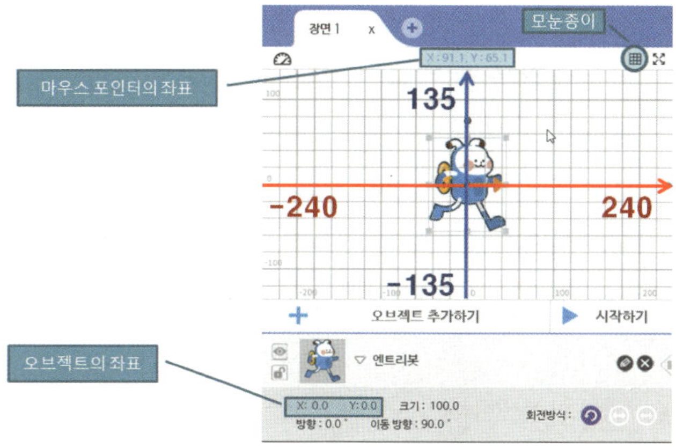

이번에는 상단메뉴에 대하여 설명하겠습니다.

1. **[엔트리 로고]** 엔트리 메인페이지로 이동합니다.
2. **[작품 이름]** 작품의 이름입니다. 클릭하여 다른 이름으로 변경할 수 있습니다.
3. **[새로 만들기]** 작품을 새로 만들거나 저장한 작품을 불러옵니다.
4. **[작품 저장]** 현재 작품을 저장하거나 다른 이름으로 저장합니다.
5. **[도움말]** 도움말을 볼 수 있습니다. '블록설명'을 선택하면 오브젝트 목록의 영역에 '블록도움말'이 나타나고 내가 선택하는 블록에 대한 설명을 볼 수 있습니다.
6. **[이전 작업 & 다음 작업]** 작업을 바로 이전 또는 이후로 되돌릴 수 있습니다.
7. **[계정]** 로그인 한 경우, 자신의 아이디를 클릭하면 내가 저장한 작품을 조회할 수 있습니다.
8. **[언어]** 언어를 변경할 수 있습니다. 사용 가능한 언어는 한국어, 영어, 베트남어입니다.
9. **[버그 리포트]** 이용 시 발생하는 오류를 신고할 때 사용합니다.

1.3 오브젝트 움직이기

오브젝트의 중앙에 있는 붉은 점은 중심점 입니다. 오브젝트의 좌표의 기준이 되며, 오브젝트 방향 회전 시 이 점을 기준으로 회전합니다.

크기조절점, 방향점, 위치조절 영역을 끌어 오브젝트의 위치와 크기, 방향을 조절할 수 있습니다. 이동방향 화살표를 돌리면 이동방향이 바뀝니다. 이동방향이란 오브젝트의 방향점으로부터 떨어진 각도라고 볼 수 있습니다. 이동방향이 있어, 오브젝트를 쉽게 비스듬하게 이동시킬 수 있습니다.

오브젝트의 정보는 연필모양의 수정버튼을 클릭하여 직접 입력해 바꿀 수도 있으며, 오브젝트는 세 가지 회전방식을 가질 수 있습니다.

1. 전방향회전을 선택하면, 오브젝트가 모든 방향으로 자유롭게 회전할 수 있습니다.
2. 좌우회전을 선택하면, 오브젝트가 회전할 수 없고 좌우로 움직이는 모습만 볼 수 있습니다. 이 때, 오브젝트의 방향이 사라지며,'이동방향만 남습니다. 이동방향이 0~180 사이일 때, 오브젝트는 자동으로 오른쪽을 보게 되며, 180~360 사이일 때, 오브젝트는 왼쪽을 보게 됩니다.
3. 회전없음을 선택하면, 오브젝트가 회전할 수 없습니다. 마찬가지로, 오브젝트의 방향이 사라지며, 이동방향만 남습니다. 이동방향이 무엇이든 오브젝트의 모습에는 변화가 없습니다.

■ 오브젝트 관련 요소들

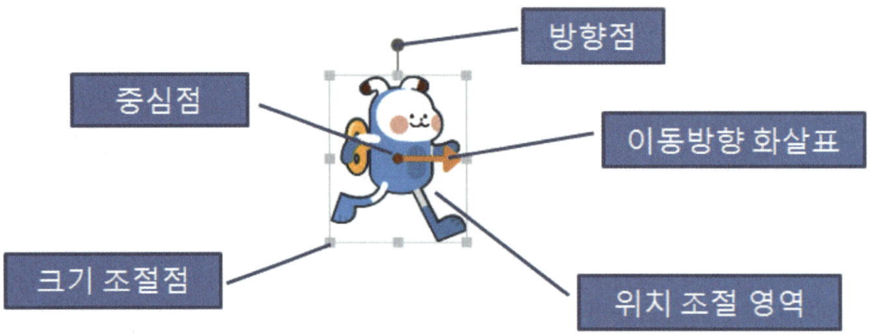

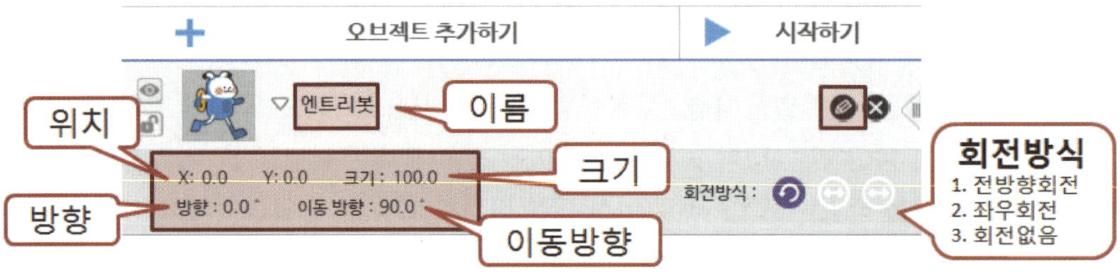

[시작하기] 버튼을 눌러 이미 조립되어 있는 코드를 실행시켜 봅시다. 오브젝트가 오른쪽으로 이동합니다. 오브젝트가 얼마나 이동했다고 할 수 있을까요?

이동방향 화살표가 가리키는 방향으로 10만큼 움직이는 것을 10번 했으니, 100만큼 이동했다고 할 수 있습니다.

■ 기본 코드 실행하기

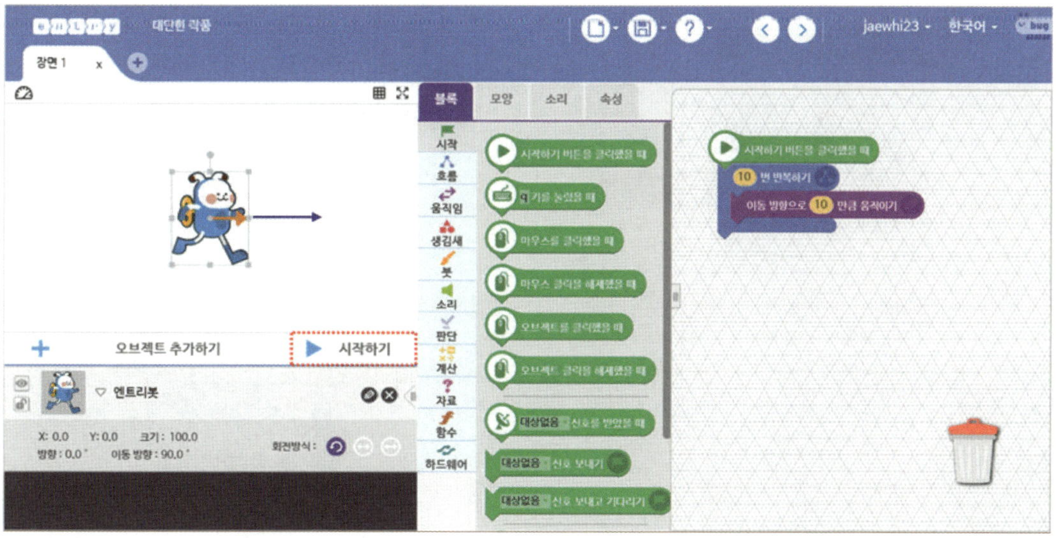

오브젝트의 이동방향 화살표를 돌려 움직이는 방향을 다르게 해 봅시다.

■ 이동방향 바꾸기

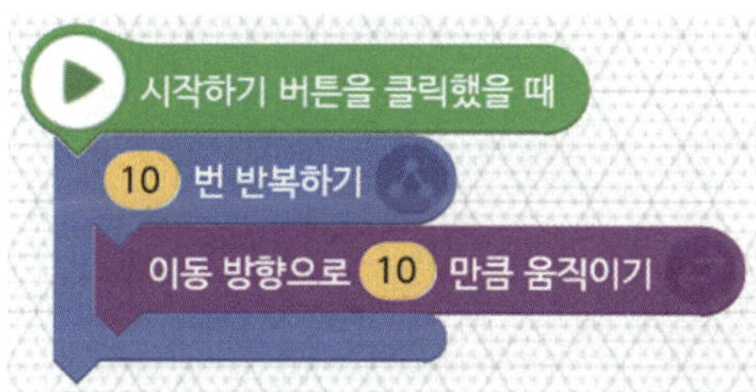

엔트리봇을 계속 움직이게 하기 위해서 10번 반복하기 블록을 계속반복하기 블록으로 바꾸어 봅시다. 시작하기 버튼을 클릭했을 때 아래 10번 반복하기 블록을 분리하고, 또, 그 안에 있는 움직임 블록을 분리합니다.

10번 반복하기 블록은 휴지통으로 가져가 삭제해 줍니다.

■ 코드 삭제하기

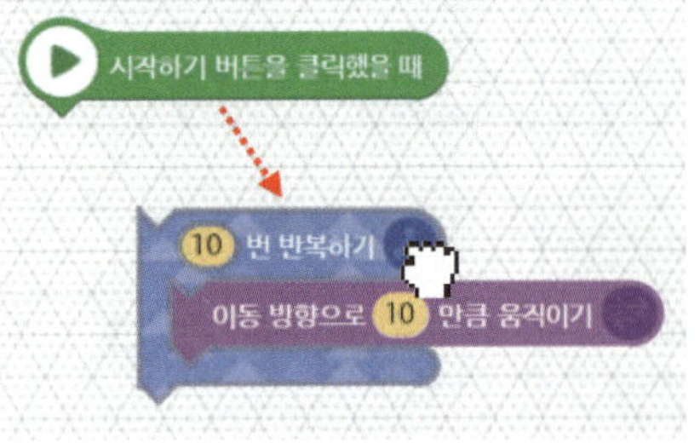

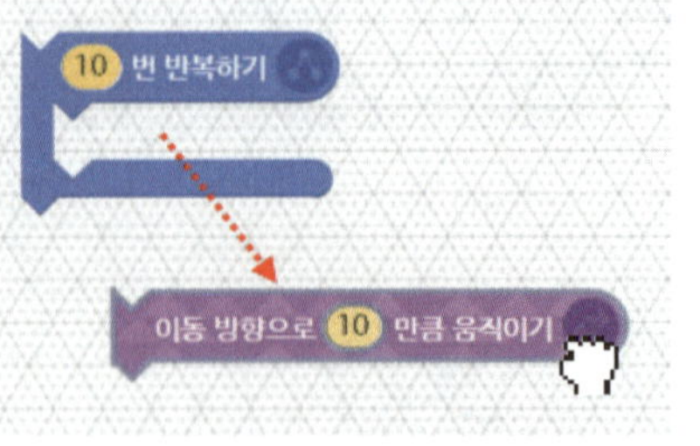

[흐름] 카테고리에서 계속 반복하기 블록을 가져와 조립합니다. 어느 블록이 어느 카테고리에 있는지는 블록의 색깔을 보면 쉽게 찾을 수 있습니다. 이동방향으로 10만큼 움직이기 블록을 계속 반복하기 블록 안에 조립해 줍니다.

[시작하기]를 눌러보면 엔트리봇이 오른쪽 화면 밖으로 사라지는 것을 볼 수 있습니다.

■ 코드 조립하기

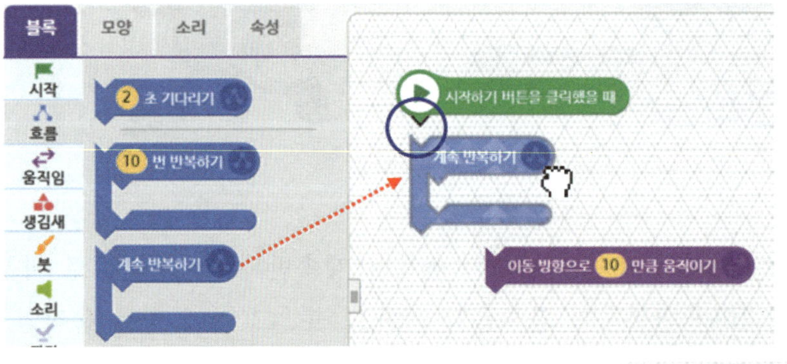

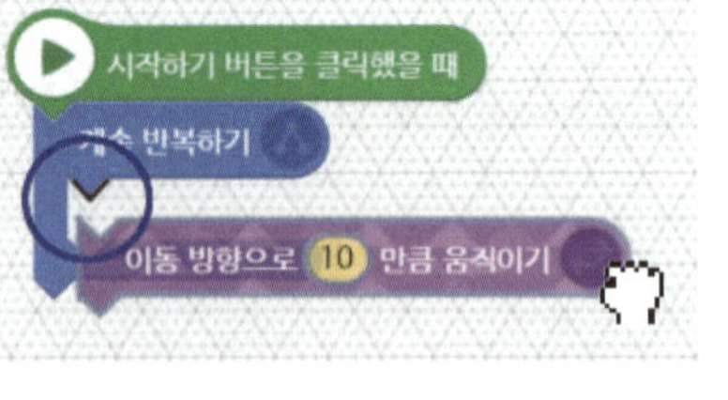

엔트리봇이 화면 밖으로 나가지 않도록 화면 끝에 닿으면 튕기기 블록을 계속 반복하기 블록 안에 넣어 봅시다.

이제 [시작하기]를 눌러보면 엔트리봇이 화면을 벗어나지 않고 계속 돌아다니는 것을 볼 수 있습니다. 엔트리봇이 더 자유롭게 화면을 돌아다니도록 하기 위해서 방향점을 돌려 방향을 조금 기울이고, 크기조절점을 끌어 크기도 줄여 봅시다.

이동방향으로 10만큼 움직이기 안의 숫자를 바꾸면 엔트리봇의 속도도 조절할 수 있습니다.

화면을 자유롭게 돌아 다니는 엔트리봇

엔트리봇의 친구를 만들어 봅시다. [오브젝트 추가하기]를 눌러 원하는 친구 오브젝트를 하나 추가합니다.

추가한 오브젝트를 마우스를 따라 움직이도록 만들어 봅시다. 이 때, 가장 중요한 것은 블록을 조립하기 전에 내가 명령 하고자 하는 오브젝트를 선택해야 한다는 것입니다.

꿀벌을 움직이고 싶을 때에는 오브젝트 목록에서 꿀벌을 선택하고, 엔트리봇을 움직이고 싶을 때에는 엔트리봇을 선택합니다. [움직임] 카테고리에 '~위치로 이동하기' 블록을 가져와서 목록에서 마우스포인터를 선택해 줍니다. 이 블록을 계속 반복하기 블록 안에 넣어 코드를 만듭니다. [시작하기]를 누르면 꿀벌을 마우스로 움직일 수 있습니다.

■ 마우스를 따라 움직이는 꿀벌

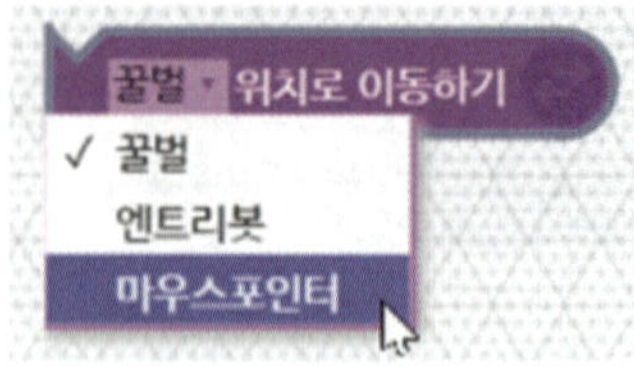

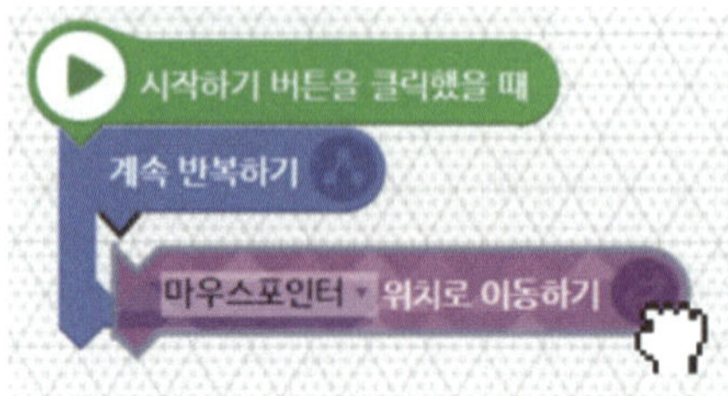

꿀벌이 엔트리봇을 만나면 안녕 이라고 인사하도록 만들어 봅시다. [흐름] 카테고리에서 만일 ~이라면 블록을 가져오고, [판단] 카테고리에서 마우스포인터에 닿았는가? 블록을 가져와서 <사실> 안에 넣어 줍니다. 판단블록을 끼워 넣을 때에는 육각 블록의 왼쪽 끝이 구멍 안으로 들어가도록 하고 마우스를 놓아야 합니다. 마우스 포인터 대신 목록에서 엔트리봇을 선택합니다.

만든 [만일] 블록 안에 안녕을 4초 동안 말하기 블록을 넣고, 4초를 1초로 바꾸어 줍니다.

■ 엔트리봇을 만나면 인사하기

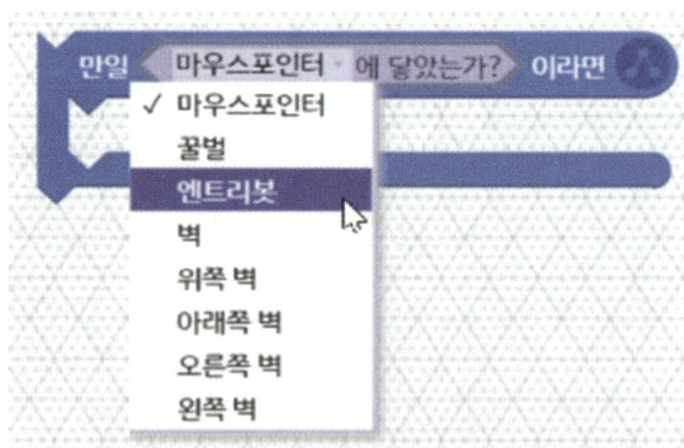

하나의 오브젝트는 두 가지 코드를 병렬적으로 동시에 실행시킬 수 있습니다. 엔트리봇에 닿았는지 확인하는 일도 계속 반복해야 하는 일이므로, 계속 반복하기 블록 안에 넣고 분리된 코드를 조립해 봅니다.

[시작하기]를 눌러보면, 꿀벌이 엔트리봇을 만날 때마다 1초씩 안녕!을 말하게 됩니다.

■ 엔트리봇을 만나면 인사하기

1.4 작품 저장하고 공유하기

상단메뉴에서 작품의 이름을 변경하고 저장 버튼을 눌러 저장합니다. 자신의 아이디를 클릭하여 작품조회를 누르면 저장한 작품을 마이 페이지에서 확인할 수 있습니다.

■ 저장하기

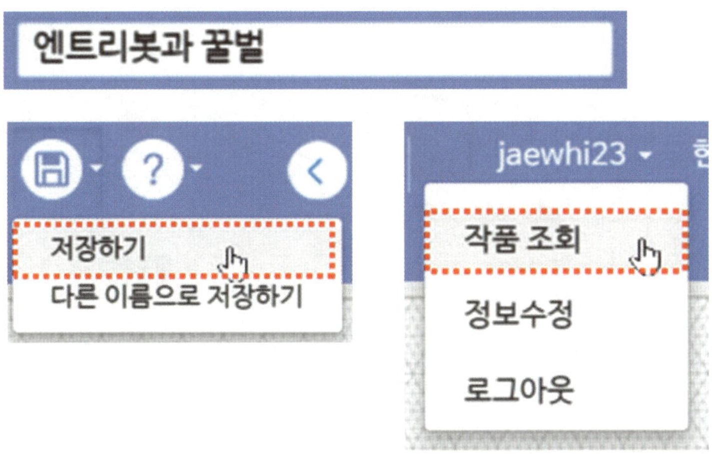

■ 공유하기

작품의 자물쇠를 눌러 열면 내 작품이
'구경하기'에 올라갑니다.

작품 페이지 에서 [수정]을 누르면 작품
종류, 이름, 설명을 수정할 수 있습니다.

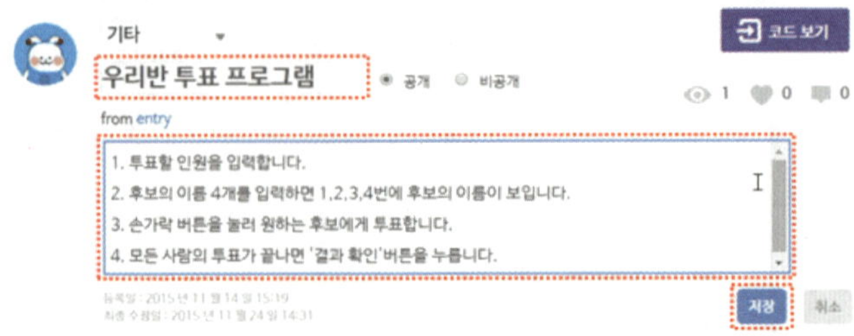

다른 친구들의 작품에 '좋아요'와 댓글로 의견을 표현하도록 합니다. [관심작품]을 누르면 내 블로그의 [관심작품] 탭에서 해당 작품을 확인할 수 있습니다. [공유] 탭의 주소를 클릭하면 해당 주소가 복사되어 게시판 또는 이메일 등으로 외부에 공유할 수 있습니다.

■ 친구들과 작품 공유하기

■ 작품 발전 시키기

- 작품의 [코드보기]를 누르면 공개된 작품의 코드를 볼 수 있습니다.
- 다른 사람의 작품을 발전시켜 나만의 작품으로 만들어 보세요.

2 로봇 청소기 프로그래밍

2.1 로봇 청소기 원리 알아보기

소프트웨어야 놀자 시즌1에서 다루고 있는 내용입니다.

1. 실제 로봇청소기의 움직임을 살펴 봅시다. 앞으로 가다가 벽에 부딪히면 회전합니다.
2. 주어진 명령어들을 배열하여 로봇청소기의 알고리즘을 만들어봅니다.
3. 로봇청소기가 되어 친구의 명령에 따라 움직여 방을 청소합니다.
4. 언플러그드활동 및 알고리즘 활동을 바탕으로 프로그램을 만들어 봅니다.

제시된 명령어들을 사용하여 로봇청소기 알고리즘을 직접 만들어 보고, 간단하게 로봇청소기의 움직임을 손으로 그려가며 생각해 봅시다.

제시된 명령어를 사용하여 로봇 청소기의 알고리즘 적어보기

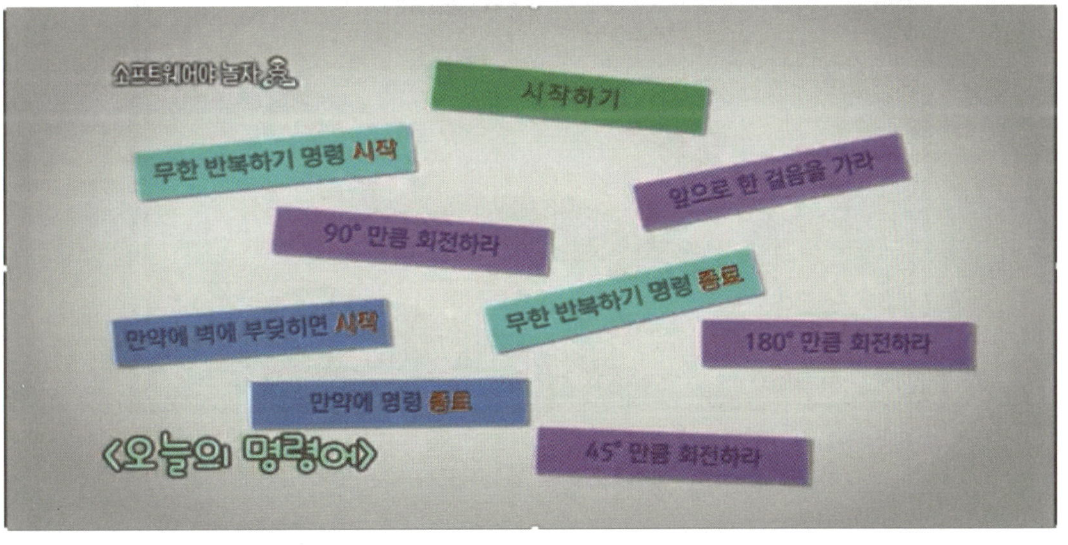

2.2 로봇 청소기 프로그램 만들기

우선, 엔트리 홈페이지(play-entry.org) 메뉴에서 [학습하기] - [소프트웨어야 놀자]를 클릭하고, [시즌1 보러가기]를 클릭한 다음, 제 1화: 쓱싹쓱싹 로봇청소기를 클릭합니다.

여기서, EBS 방송 영상을 볼 수 있으며, [온라인 특별영상 보기]를 누르면 실습용 특별영상이 나오면, 엔트리 학습하기를 눌러 실습페이지로 들어갑니다.

소프트웨어야 놀자 시즌 1, 실습페이지 가기

우리가 만들 작품을 먼저 살펴 봅시다.

작품 주소: http://goo.gl/Zx40sT

화면에 로봇청소기 오브젝트와 미리 만들어진 코드가 있습니다.

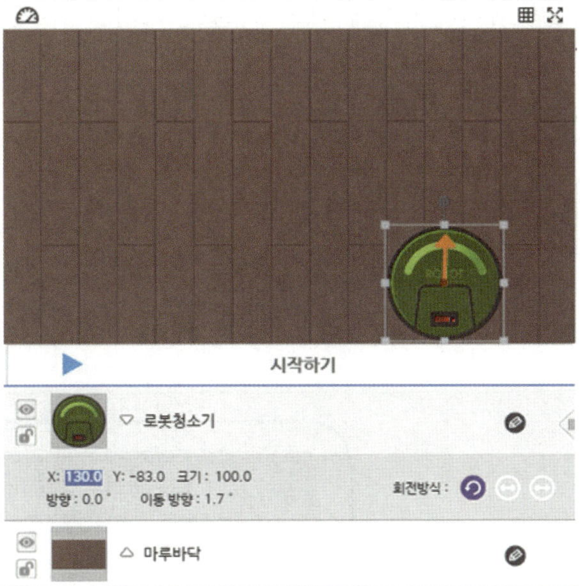

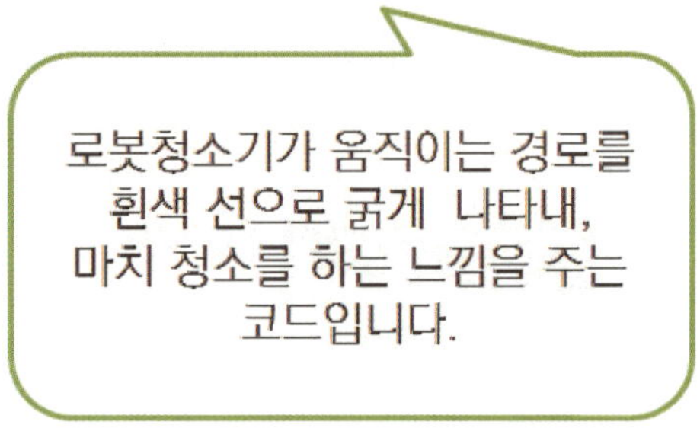

아래와 같이 코드를 조립하고, 로봇청소기가 계속 이동하다가 벽이나 장애물을 만나면 어떻게 해야 할지 생각해 봅시다.

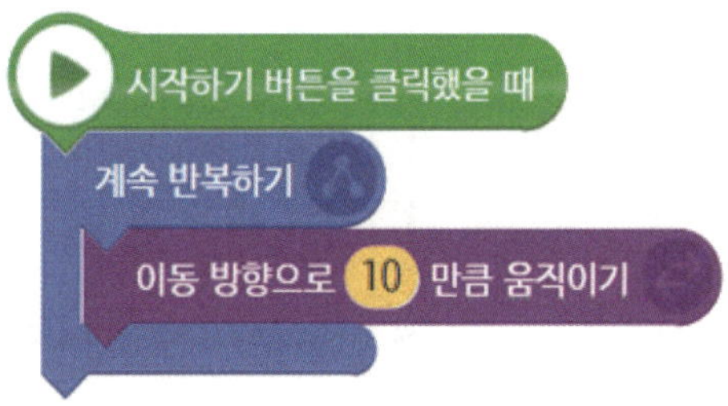

벽에 닿았다라는 블록을 사용하여 벽에 닿으면 로봇청소기가 회전하도록 만들어 봅시다.
회전각도를 몇도로 하면 로봇청소기가 효율적으로 모든 방을 돌아다니게 될지 찾아 봅시다.

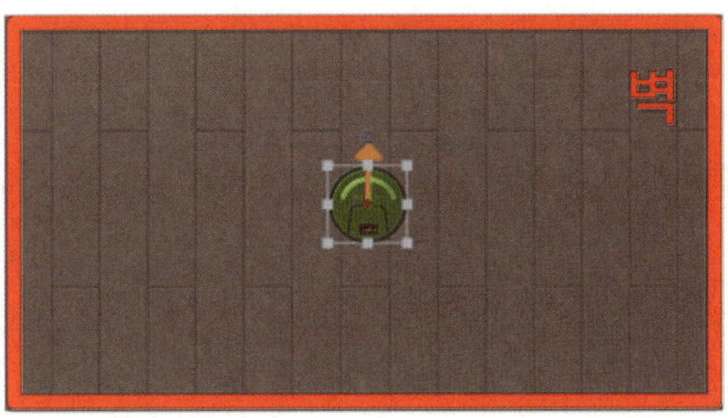

로봇청소기를 움직이는 코드 두 가지가 동시에 실행되고 있습니다. 이처럼, 하나의 오브젝트는 두 가지 이상의 코드를 동시에 실행시킬 수 있다는 것도 알아 두세요.

저장 버튼을 누르고 내 작품으로 저장하기를 누르면 마이페이지에 나의 작품을 저장할 수 있습니다. 학습내용 저장하기는 현재 페이지에 조립한 코드를 저장하는 기능입니다.

콘텐츠 주소: http://goo.gl/Zx40sT

프로그램을 실행시켜 로봇청소기에 청소를 시켜 봅시다.

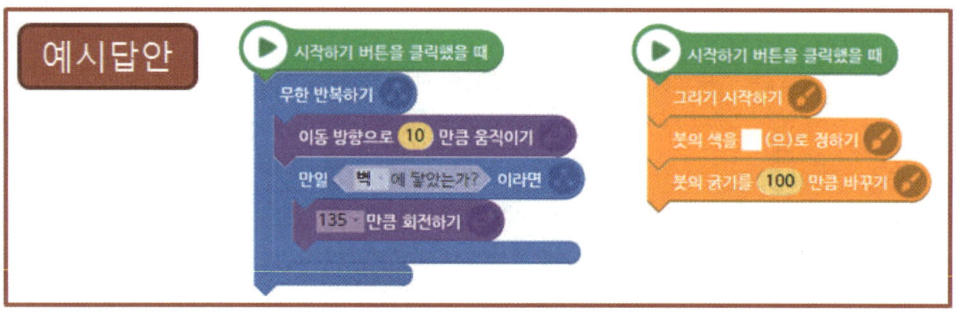

로봇청소기 프로그램을 발전시켜 봅시다.

마이 페이지에서 저장한 작품의 [코드보기]를 하면 엔트리의 모든 블록을 사용하여 프로그램을 발전시켜 볼 수 있습니다.

미션 1	로봇청소기가 벽에 닿으면 뒤로 살짝 튕긴 후 방향을 바꾸기
미션 2	하나 이상의 장애물 오브젝트를 배치하여 장애물을 만나면 벽에 닿는 것과 같이 회전 후 청소하기
미션 3	충전기 오브젝트를 만들어 충전기에 닿으면 청소 멈추기 Hint! 반복 중단하기 블록을 사용하세요.

3 전자 도어락 프로그래밍

3.1 전자 도어락 원리 알아보기

소프트웨어야 놀자 시즌1에서 다루고 있는 내용입니다.

1. 실제 전자 도어락에 여러 가지 비밀번호로 열어보는 체험을 합니다.
2. 변수에 대해 배우고, 전자 도어락을 만들 때 필요한 변수에 대해 생각해 봅니다.
3. 로봇청소기가 되어 친구의 명령에 따라 움직여 방을 청소합니다.
4. 주어진 명령어를 가지고 전자 도어락 알고리즘을 짜봅니다.
5. 언플러그드활동 및 알고리즘 활동을 바탕으로 프로그램을 만들어 봅니다.

3.2 전자 도어락 알고리즘

제시된 명령어들을 사용하여 전자 도어락의 알고리즘을 만들어 봅시다. 전자 도어락을 열어본 경험을 떠올리며 적어 봅시다.

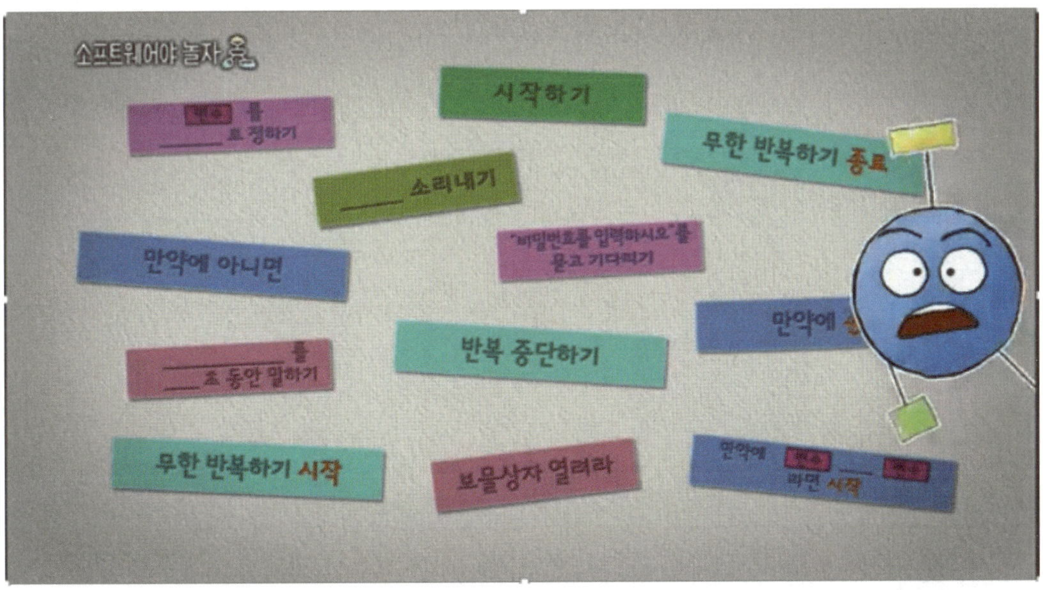

3.3 전자 도어락 프로그램 만들기

엔트리 홈페이지(play-entry.org) 메뉴에서 [학습하기] - [소프트웨어야 놀자]를 클릭하고, [시즌1 보러가기]를 클릭한 다음, 제 6화: 보물상자를 획득하라!를 클릭합니다.

여기서 EBS 방송 영상을 볼 수 있으며, [온라인 특별영상 보기]를 누르면 실습용 특별영상이 나옵니다. 엔트리 학습하기를 눌러 실습 페이지로 들어 갑니다.

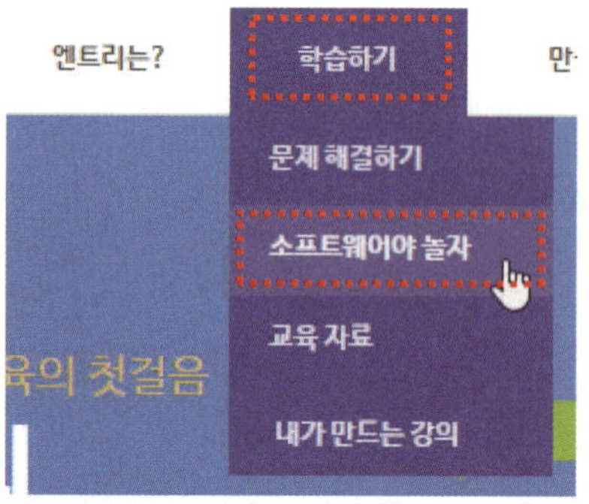

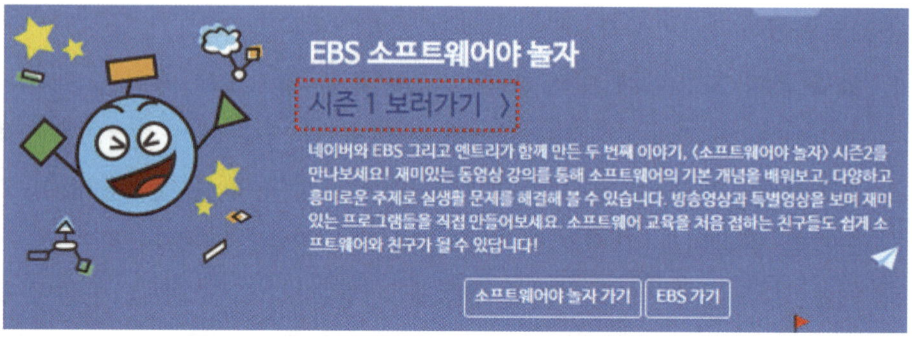

아래의 화면에 사막과 보물상자 오브젝트가 있습니다.

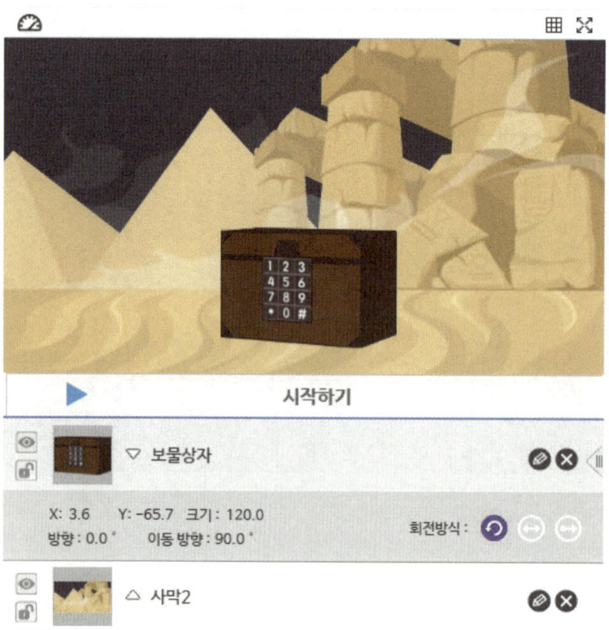

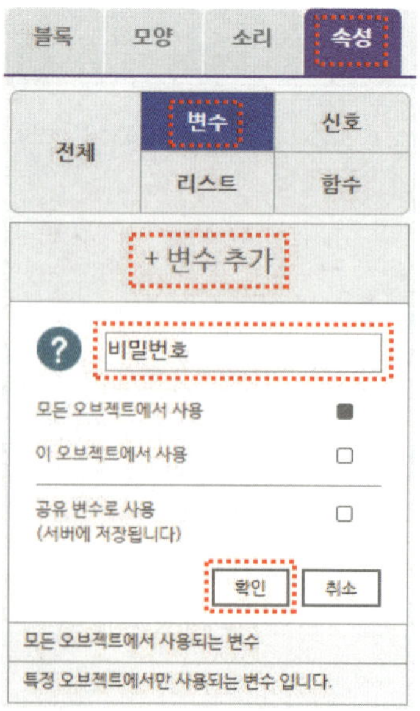

모든 오브젝트에서 사용하는 변수로 만들어주면 됩니다. 그리고, 컴퓨터에서 어떤 정보를 저장하기 위해서 "변수"라는 공간이 필요합니다.

- 비밀번호를 저장하기 위해 [속성]탭에서 "비밀번호"라는 변수를 만듭니다.

미리 설정되어 있는 암호나 내가 입력하는 값이 화면에 드러나면 안되므로 숨겨 줍니다.
그리고, 비밀번호를 원하는 수로 정해 줍니다.

- 변수에는 문자도 저장할 수도 있으며, 비밀번호 대신 "열려라 참깨"와 같은 암호로 저장해도 좋습니다.

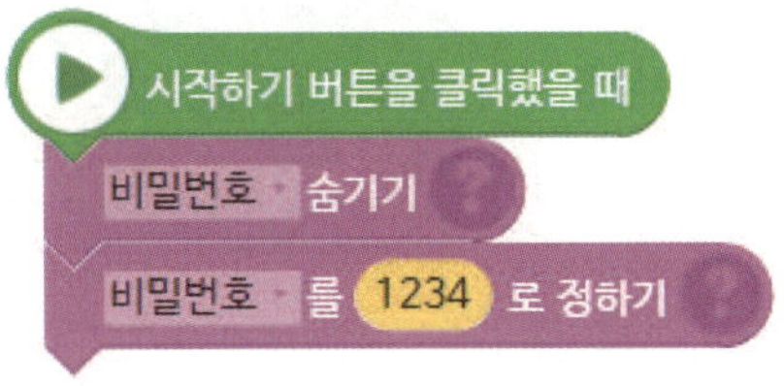

'대답'은 "~를 묻고 대답 기다리기" 블록을 쓰면 자동으로 생성되는 변수와 같습니다. 기본적으로 변수와 비슷하게 작동합니다.

- "비밀번호를 입력하세요"를 묻고 대답을 기다랍니다. 이 코드를 실행시키면 화면에 입력창이 나타나며, 입력한 값은 (대답)이라는 둥근 블록안에 저장됩니다.
- (대답)이 변수 "비밀번호"값에 저장된 값과 같은지 또는 다른지를 판단하는 코드를 만들어 봅시다.

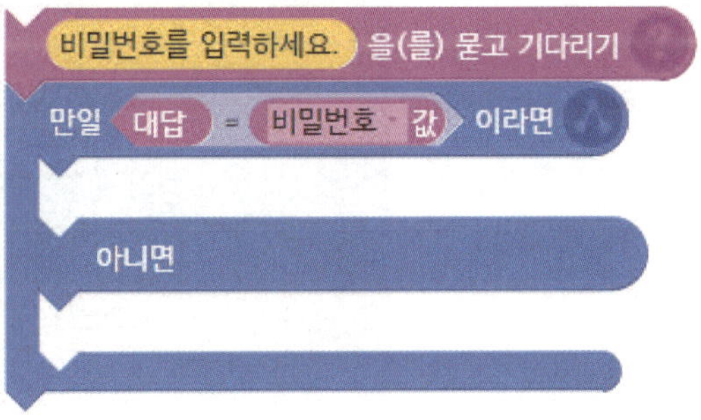

- 암호가 맞을때는 "보물획득"이라고 말하며, 틀렸을때는 "비밀번호가 틀렸습니다"라고 말하도록 만들어 봅시다.

- [모양]탭을 보면 보물상자 오브젝트가 두 가지 모양을 가지고 있는 것을 볼 수 있습니다. 이 모양을 활용하여 암호를 맞춘 경우에는 열린 모양으로 바뀌도록 만들어 봅시다. "~ 몇초 동안 말하기" 블록 보다 위에서 조립하여야만, 두 가지 명령이 동시에 실행되는 것처럼 보이게 됩니다.

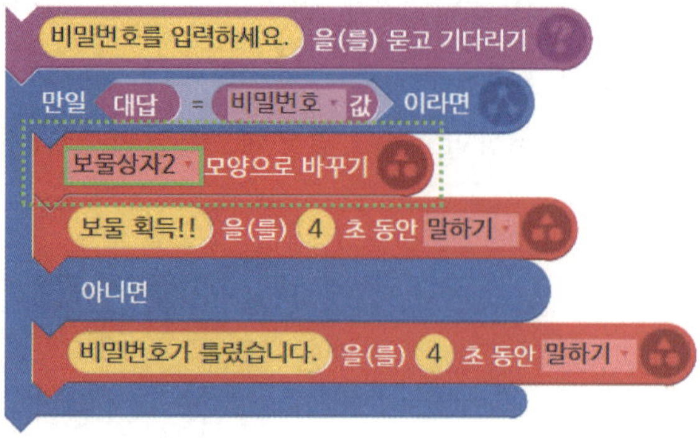

- [소리]탭을 보면 박수갈채와 경고음 소리가 있는 것을 볼 수 있습니다. 비밀번호를 맞춘 경우에는 박수갈채를, 틀린 경우에는 경고음 소리가 재생되도록 해 봅시다. 마찬가지로, " ~ 초 동안 말하기" 블록보다 위에서 조립하여야 합니다.

로봇청소기를 움직이는 코드 두 가지가 동시에 실행되고 있습니다. 이처럼, 하나의 오브젝트는 두 가지 이상의 코드를 동시에 실행시킬 수 있다는 것도 알아 두시기 바랍니다.

저장 버튼을 누르고 내 작품으로 저장하기를 누르면 마이페이지에 내 작품을 저장할 수 있습니다. 학습 내용 저장하기는 현재 페이지에 조립한 코드를 저장하는 기능입니다.

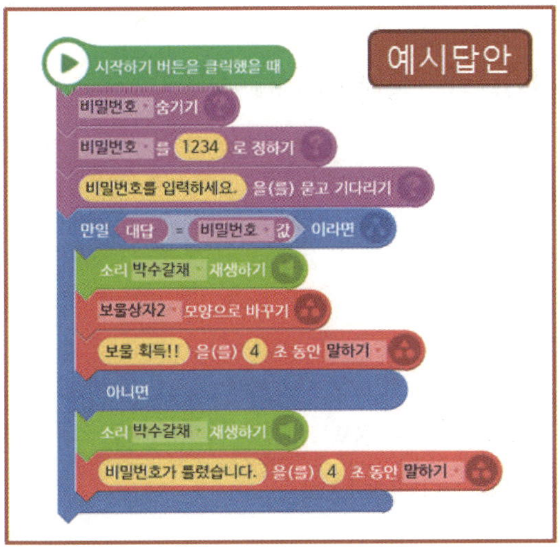

3.4 프로그램 발전 시키기 `

전자 도어락 프로그램을 발전시켜 봅시다.

마이 페이지에서 저장한 작품의 [코드보기]를 하면 엔트리의 모든 블록을 사용하여 프로그램을 발전시켜 볼 수 있습니다.

미션 1	비밀번호를 틀렸을 때 계속해서 다시 비밀번호를 물어보도록 만들어 봅시다.
미션 2	비밀번호를 5번 잘못 입력한 경우 10초간 입력을 못하도록 만들어봅시다.

미션1 예시답안

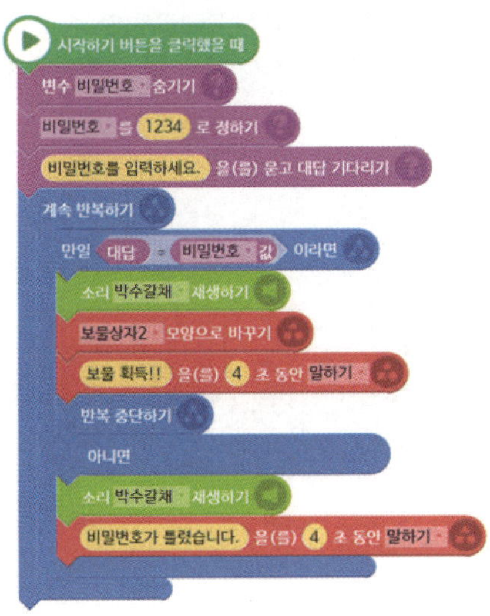

미션2 예시답안

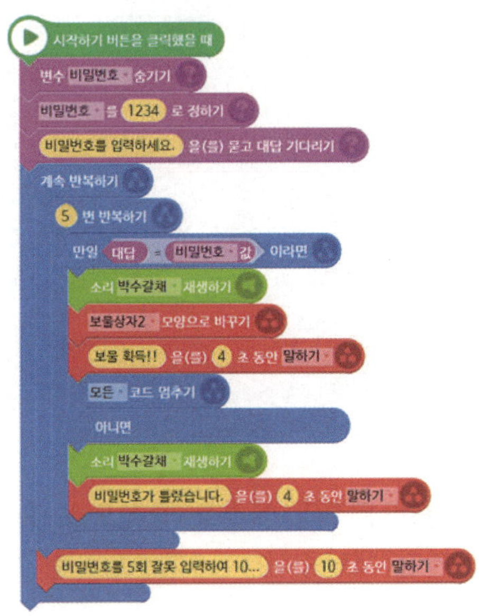

4 EBS 소프트웨어야 놀자 100배 활용하기

4.1 소프트웨어야 놀자 만나기

EBS 소프트웨어야 놀자 프로그램을 활용하면 누구나 쉽게 SW 교육을 시작할 수 있습니다. 엔트리의 [학습하기] 메뉴에서 [소프트웨어야 놀자]를 선택합니다.

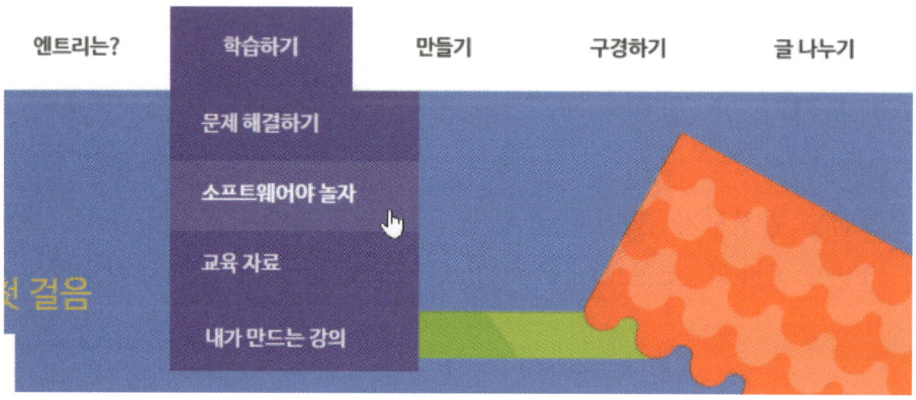

EBS 소프트웨어야 놀자는 2014년 시즌 1을 방영하고, 2015년 시즌2를 방영하였습니다.

시즌 1에서는 주제 중심으로 로봇청소기, 자동판매기와 같은 컨텐츠 등 26개의 주제를 다루었습니다.

시즌 2에서는 1~10회까지 개념중심으로 순차, 반복, 조건 등등 배워야 하는 개념을 계열별로 다루며 복불복 돌림판, 자동계산 로봇 등을 만들어 보았고, 11~20회까지는 주제를 중심으로 10회까지 배웠던 개념들을 적용하여 다양한 실생활 관련 프로그램을 만들어보는 것으로 구성되어 있습니다.

- 시즌 1/ 실생활 문제의 해결을 중심으로 총 26회
- 시즌 2/ 컴퓨팅 개념중심(1~10회), 컴퓨팅 개념적용(11~20회)

4.2 특별 페이지 활용하기

목록 중에서 원하는 강의를 클릭 합니다.

EBS 방송 영상(20분)을 통해 개념을 익힐 수 있으며, 수업을 위한 교사용 지도안을 다운받으실 수 있습니다. 교사용 지도안은 총 2차시 분량이며 1차시는 교실에서 진행할 수 있는 언플러그드 활동으로, 2차시는 컴퓨터실에서 진행할 수 있는 코딩 활동으로 이루어져 있습니다.

■ EBS 방송영상과 교사용 지도안 활용하기

[학습하기] 버튼을 누르면 방송에 나왔던 코딩을 실습해 볼 수 있습니다. '반복'을 배우기 위한 4가지 단계의 미로찾기가 있습니다. 이 부분을 건너 뛰고 [더 나아가기] 버튼을 눌러 봅시다.

■ EBS 코딩 실습하기(1)

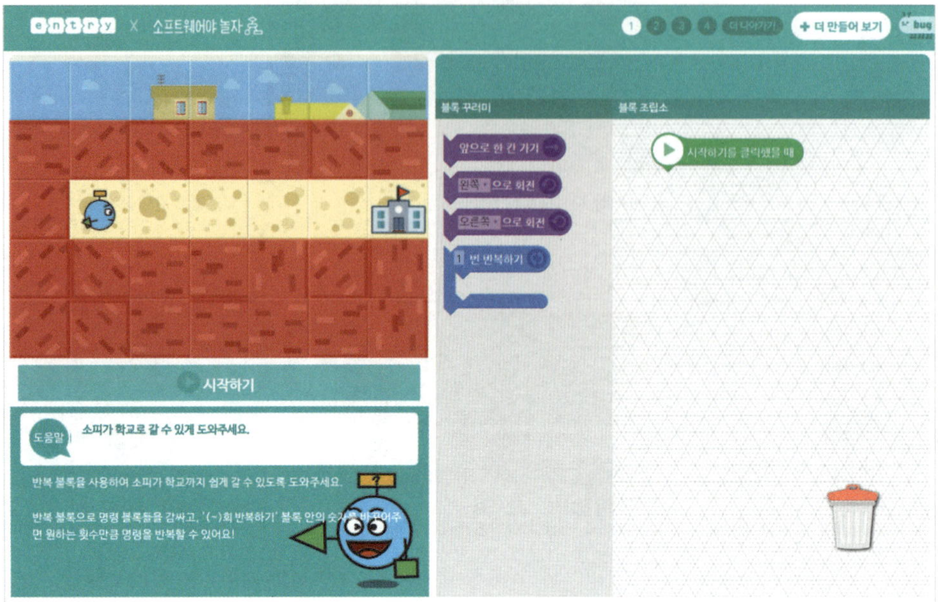

엔트리에서는 이렇게 방송에 나왔던 코딩을 직접 실습해 볼 수 있습니다.

■ EBS 코딩 실습하기(2)

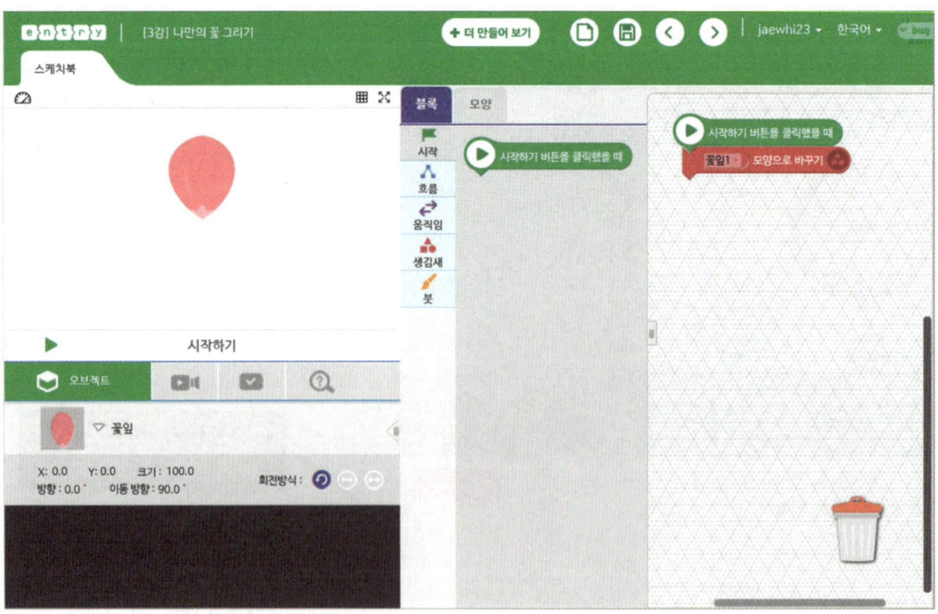

'오브젝트 목록'이 있는 영역에서 [강의동영상] 탭을 클릭하면, 코딩 특별 강의영상을 보면서 선생님의 도움 없이 코딩을 배울 수 있습니다

■ 강의 동영상 보며 코딩하기

또한 [완성된 작품] 탭을 클릭하면 내가 만든 작품의 결과를 실시간으로 보며 블록을 조립할 수 있습니다.

■ 완성된 작품보며 코딩하기

또한 [완성된 작품] 탭을 클릭하면 내가 만든 작품의 결과를 실시간으로 보며 블록을 조립할 수 있습니다.

특별영상과 완성된 작품을 참고하여 작품을 만들어 봅시다

• 내가 만든 작품을 저장해 봅시다

학습내용 저장하기

'소프트웨어야 놀자' 특별페이지에서 학생이 조립하고 있던 블록의 상태를 그대로 저장해줍니다.

내 작품으로 저장하기

현재 만든 작품을 마이페이지에 저장해줍니다. 내 작품으로 저장하면 엔트리의 다른 모든 블록들을 활용하여 더 멋진 작품으로 발전시킬 수도 있고, 내 작품을 '구경하기'에 올려 다른 친구들과 공유할 수도 있습니다.

더 자세하게 엔트리 프로그램과 EBS의 소프트웨어야 놀자를 확인하시려면 아래의 사이트를 방문하여 확인하시기 바랍니다.

- 엔트리 공식 사이트: play-entry.org
  1. [메인] – [추천코스]
  2. [학습하기] – [소프트웨어야 놀자]
- 엔트리 공식 블로그: blog.naver.com/entrylabs [SW 교육 자료]
- 소프트웨어야 놀자: http://playsw.naver.com/main
  [학습콘텐츠] – [영상으로 살펴보는 SW] – [브랜드별 영상] - [EBS]

entry

엄마와 선생님이 함께하는

엔트리 연수프로그램

PART 5

엔트리로 시작하는 교과연계 SW 교육 (미술, 국어, 수학)

1 교과연계 SW 교육실습(미술)

1.1 반복을 활용한 나만의 꽃 만들기

분홍꽃잎, 빨간꽃잎, 노란꽃잎 중 원하는 꽃잎을 하나 추가합니다

완성 작품 주소: http://goo.gl/PHJI0s

- 오브젝트 추가하기

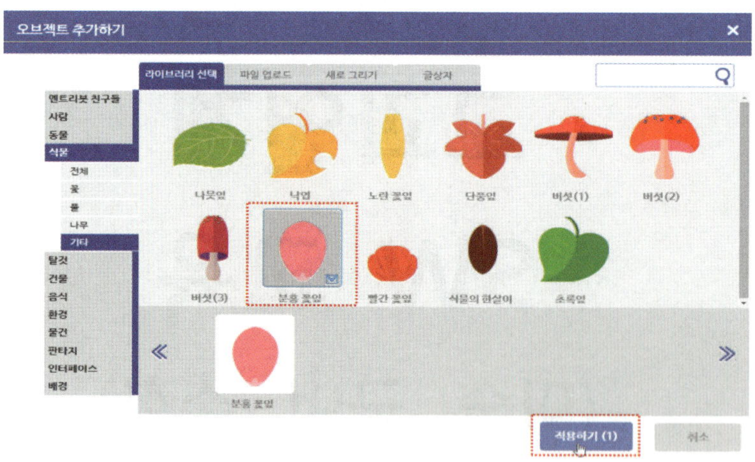

꽃잎을 화면에 도장처럼 찍으며 회전하여 꽃을 만들려고 합니다. 코드를 조립하고 실행하기를 눌러 봅시다.

꽃잎의 회전 중심을 꽃잎 뿌리부분으로 옮겨 줍니다.

- 회전중심 변경하기

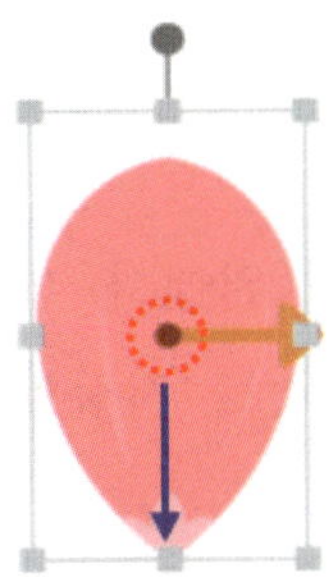

60도씩 회전하여 꽃을 만들려면 꽃잎이 몇 장 필요할까요? ~번 반복하기 블록에 그 숫자를 넣어 봅시다. 꽃잎이 8장인 꽃을 만들려면, 어떤 숫자를 어떻게 바꾸어 주어야 할까요?

- 반목블록을 사용하여 꽃 그리기

효과블록을 사용하여 꽃잎 한장 한장을 더 예쁘게 그려 봅시다. 색깔/밝기/투명도의 효과를 어떻게 주는가에 따라 나만의 예쁜 꽃이 만들어 집니다.

(실제로는 6번 반복하기 블록을 사용하면 꽃잎도장 6개와 원래 꽃잎 오브젝트까지 7장의 꽃잎이 됩니다. 첫번째 찍은 도장과 마지막 꽃잎 오브젝트가 겹쳐져서 6장으로 보이지만요. 이런 것을 발견하고 질문이 나온다면, 마지막에 '모양숨기기' 블록을 넣어주어 꽃잎 오브젝트의 모양을 숨기고 찍힌 도장만 보여주면 됩니다.)

블록 안의 숫자와 효과를 바꾸어 나만의 꽃을 만들어 봅시다. 실행화면 위에서 마우스 오른쪽 버튼을 클릭하여 이미지를 다른 이름으로 저장을 누르면 내가 만든 꽃을 그림 파일로 저장할 수 있습니다.

- 완성작품 주소: http://goo.gl/PHJI0s

꽃잎의 개수, 효과등을 바꾸어 나만의 꽃 만들기

1.2 신호를 활용한 그림판 만들기

아래의 그림판을 살펴 봅시다.

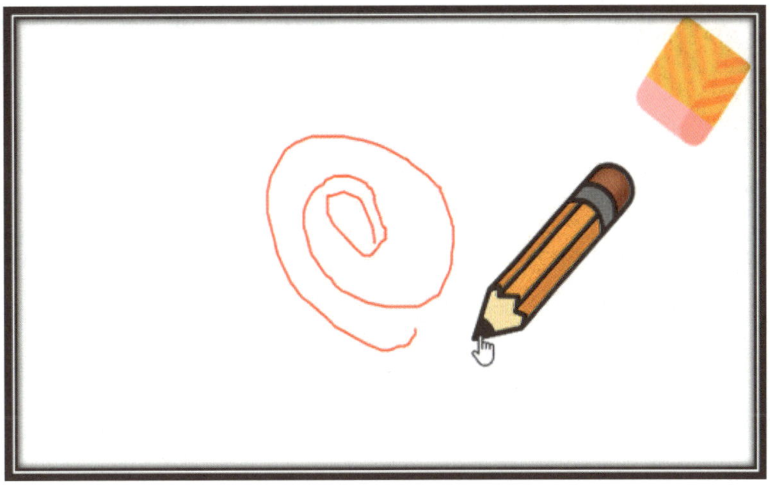

완성 작품 주소: http://goo.gl/YZ7Wyi

연필과 지우개 오브젝트를 추가합니다. 오브젝트 검색기능을 이용하면 더 빠르게 오브젝트를 찾을 수 있습니다.

- 연필과 지우개 오브젝트를 추가하고 화면에 적절히 배치합니다.

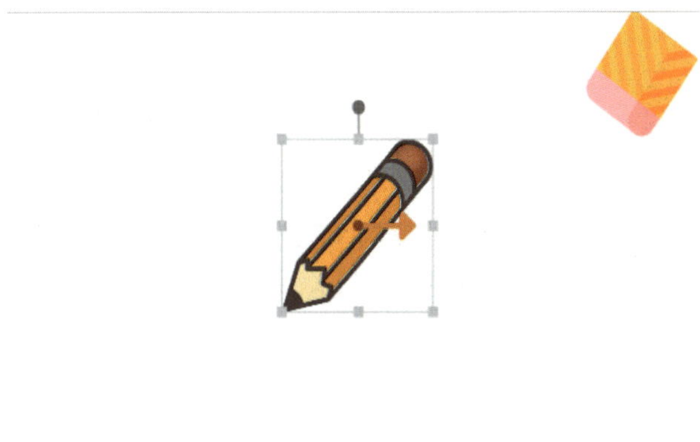

오브젝트의 중심점은 오브젝트의 위치와 회전의 기준이 됩니다. 연필이 마우스 포인터를 따라다닐 때와 그림을 그릴 때, 연필 심 부분을 기준으로 하려면 오브젝트의 중심을 연필심 쪽으로 옮겨야 합니다.

- 연필심의 중심이 연필심 끝이 되도록 중심점을 옮깁니다. 그리고, 연필이 마우스 포인터를 계속해서 따라 다니도록 하는 코드를 만듭니다.

그리기 시작하기 블록은 해당 오브젝트의 경로(오브젝트의 중심점이 기준)를 따라 그림을 화면에 선을 그리기 시작하는 코드입니다.

이 코드는 '그리기 멈추기' 블록이 실행될 때까지 지속됩니다. 따라서, 마우스를 눌렀을 때 연필 오브젝트가 그림을 그리고, 해제했을 때 그리기를 멈출 수 있도록 다음과 같이 블록을 조립합니다.

신호는 오브젝트간 상호작용을 위해 필요합니다.

- 지우개를 눌러서 연필로 그린 그림을 지워 봅시다. 내가 누른 것은 지우개인데, 반응하는 것은 연필이므로, 이 두개의 오브젝트 사이에서 신호를 주고 받아야 합니다.
- [속성]탭에서 "지워라"라는 신호를 만들어 봅시다

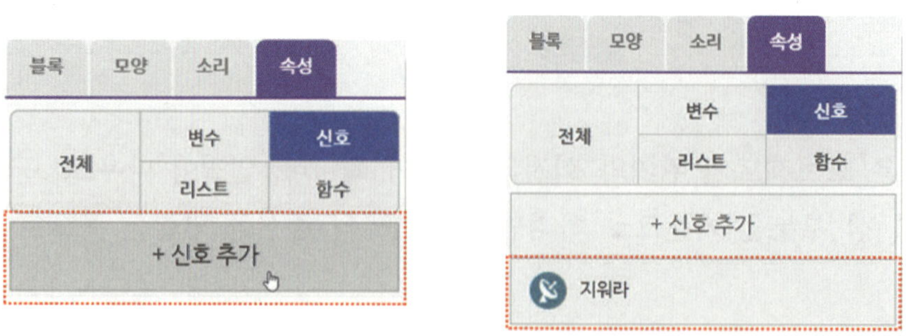

신호는 오브젝트간 상호작용을 위해 필요합니다.

- 지우개 오브젝트가 "지워라"라는 신호를 보내면 연필로 그린 그림이 지워지도록 코드를

만들어 봅시다.

그림이 지워지지 않는 경우의 해결책

• 그림이 지워지지 않는 경우는 마우스 포인터가 지우개를 누르는 대신 연필을 누르기 때문입니다. 이러한 경우, 2가지의 해결방법이 있습니다.

❶ 연필의 중심을 연필심보다 조금 더 앞쪽으로 빼주어 지우개를 누를 수 있는 상태로 만들어줍니다.

❷ 오브젝트 목록에서 지우개를 연필보다 상위에 있는 상태로 만들어줍니다.

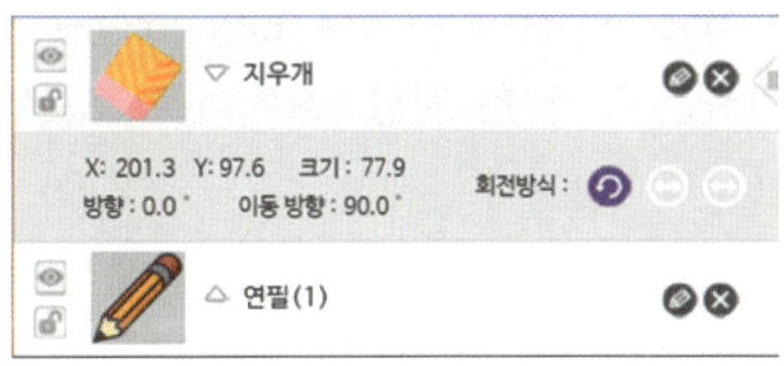

지금까지 배운 내용과 붓 카테고리의 블록들을 사용하면, 더 많은 기능이 있는 그림판을 만들 수 있습니다. 붓의 색깔, 굵기, 투명도를 바꿀 수 있는 그림판을 만드는 방법에 대해 생각해 봅시다.

• 완성 작품 주소: http://goo.gl/YZ7Wyj
• 심화 작품 주소: http://bit.ly/1CgAeKi

2 교과연계 SW 교육실습(국어)

SK 5: 3 롯데

OOO 기자 2015년 5월 6일

린드블럼이 선발로 등판한 롯데는 박종훈이 나선 SK에게 3:5로 패하며 안방에서 승리를 내주었다. 경기의 승패에 결정적인 영향을 미친 키 플레이어는 브라운이었다. 브라운은 5회초 롯데 린드블럼을 상대로 3점을 뽑아내어 팀의 승리에 결정적으로 기여했다. 롯데는 윤길현을 끝까지 공략하지 못하며 안방에서 SK에 2점차 승리를 내주었다.

삼성 9: 5 넥센

OOO 기자 2015년 5월 6일

피어밴드가 선발로 등판한 넥센은 클로이드가 나선 삼성에게 9:5로 패하며 안방에서 승리를 내주었다. 경기의 승패에 결정적인 영향을 미친 키 플레이어는 최형우였다. 최형우는 1회초 넥센 피어밴드를 상대로 3점을 뽑아내어 팀의 승리에 결정적으로 기여했다. 넥센은 임창용을 끝까지 공략하지 못하며 안방에서 삼성에 4점차 승리를 내주었다.

위에 있는 두 가지 기사를 읽어 봅시다. 어떤 특징을 찾아 볼 수 있나요?

이 기사는 누가 쓴 것일까요? 바로 로봇입니다. 물론, 터미네이터 같은 로봇을 말하는 것은 아니고 소프트웨어를 의미합니다.

실제로 이렇게 경기 내용을 간략하게 써주는 로봇에게 스포츠에 관련된 몇 가지 데이터를 수집하여 입력하면 쉽게 할 수 있는 일이기 때문에 점차 로봇이 대체하고 있습니다.

이렇게 내용의 질보다는 신속성이 더 중요한 기사들은 로봇이 대신 쓰게 하고, 대신 기자들은 선수 인터뷰 등 더욱 중요한 일에 집중할 수 있게 됩니다.

얼마 전 LA에서 강도 4.4의 지진이 발생하였는데, 미국 서부언론사 가운데 가장 먼저 지진 소식을 알린 기자가 로봇이었다고 합니다(퀘이크봇, LA타임즈).

- 참고자료1: http://www.ictstory.com/894
- 참고자료2: http://www.venturesquare.net/531637
- 참고자료3: http://blog.naver.com/no1_hanafax/220390885931

2.1 문제 상황 만나기와 계획하기

학습목표

1. 자동으로 **기사**를 써주는 프로그램을 설계할 수 있다 / 컴퓨팅 사고력
2. **변수**를 활용하여 자동 기사 작성 프로그램을 만들 수 있다 / 핵심개념
3. 만든 프로그램으로 다양한 자동 기사를 쓸 수 있다 / 적용 및 태도

학생들에게 신문, 인터넷 등에서 관심 있는 다양한 기사들에 관한 자료를 수집하도록 합니다.

여러 가지 기사를 읽어 보고 비슷한 패턴이 있는지 찾아보고 또한 기사에서 핵심이 되는 정보들이 무엇인지 찾아 봅니다

울산은 7일 오후 울산문수축구경기장에서 열린 현대오일뱅크 K리그 2015 15라운드 제주와의 경기에서 2-0으로 이겼다.

황선홍 감독이 이끌고 있는 포항 스틸러스가 7일 오후 5시 탄천종합운동장에서 열린 2015 K리그 클래식 15라운드 성남 FC와의 원정 경기에서 공격형 미드필더 고무열의 멀티 골 맹활약에 힘입어 2-0으로 완승을 거두고 3위까지 뛰어올랐다. 본격적으로 선두권 경쟁에 끼어든 것이다.

- 여러가지 기사를 읽어보고 비슷한 패턴이 발견되는 찾아보기
- 기사의 내용중 가장 핵심이 되는 단어에 표시하기

자동기사 작성의 로봇 예시 프로그램을 실행해 봅시다(교실 수업중인 1차시 내용이므로 교사가 학생들에게 프로그램 실행 과정을 보여줍니다).

주어진 단어를 사용하여 프로그램의 실행 절차를 정리해 봅시다.

❶ 핵심단어 입력 받기
❷ 핵심단어를 변수에 저장하기
❸ 변수와 꾸며주는 말을 결합하여 자동기사 쓰기

❶ (   ) 입력 받기
❷ 핵심단어를 (   )에 저장하기
❸ 변수와 (   ) 결합하기

기사 / 핵심 단어 / 이름 / 꾸며주는 말 / 날짜 / 로봇 / 변수

내가 쓰고 싶은 기사의 종류를 결정하고, 쓰고 싶은 기사에서 핵심이 되는 정보들은 무엇인지 확인해 봅시다. 해당 정보를 저장하기 위해 어떠한 변수들이 필요할까요?

<축구 기사일 때>

ex) 경기장, 이긴 팀 , 진 팀, 점수, 우수 선수 등

<자연 재해 기사일 때>

ex) 재해 종류, 사망자, 부상자, 위치, 기자 이름 등

자동기사 로봇 예시 작품을 참고하여 내가 만들고 싶은 자동기사 로봇 프로그램의 화면을 구상해 봅시다. 주어진 사항들을 생각하며 화면을 구상하고 프로그램의 실행절차를 생각해 봅시다.

- 필요한 오브젝트
- 필요한 변수
- 화면의 구성
- 각각의 오브젝트가 수행해야 하는 명령
- 컴퓨터가 자료를 처리하는 과정

- 강의 주소: http://goo.gl/3DZff1

2.2 만들기

엔트리에 로그인 한 후, 학습하기- 내가 만드는 강의를 클릭합니다.

코스 탭을 선택하고 교과서를 검색하면 5학년/6학년용 교과연계 교재와 관련된 코스가 나옵니다. [6학년] 교과서와 "함께 키우는 컴퓨팅 사고력"을 클릭합니다.

아래의 강의 목록에서 '[국어] 자동기사 작성 프로그램'을 클릭합니다

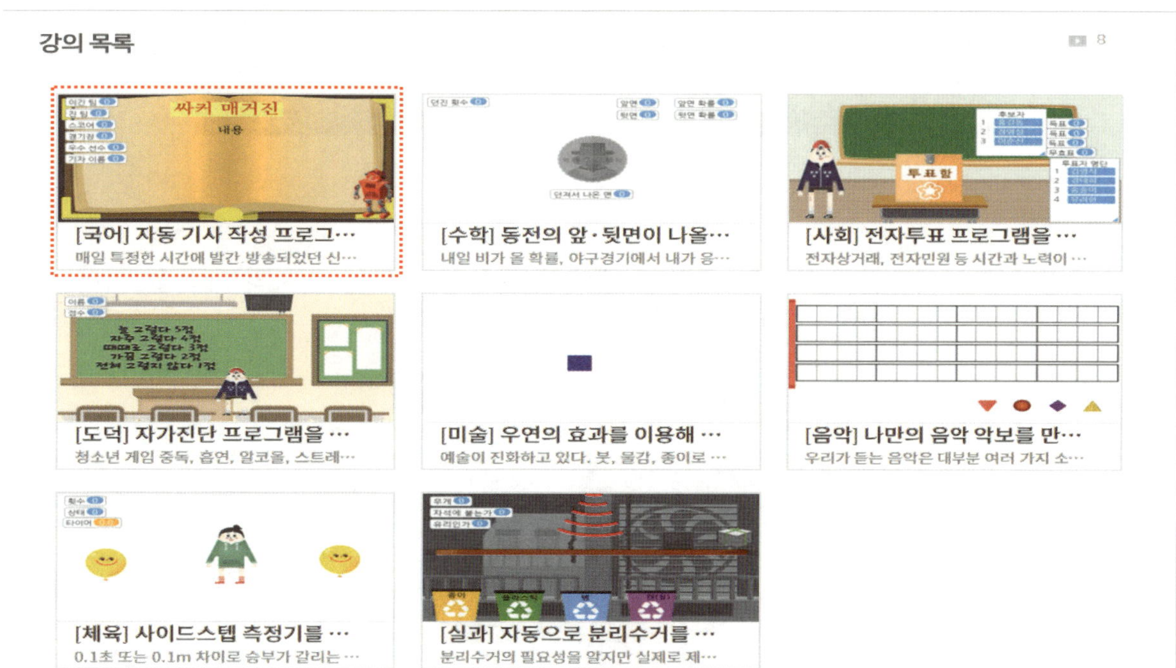

예시 프로그램을 실행시켜보고, 학습하기를 누릅니다. 자동기사 작성 프로그램에 필요한 블록들만 제공된 상태에서 자동기사 작성 프로그램을 만들어 봅시다. (상급 수준의 학생들은 해당 강의를 '저장하기-내 작품으로 저장하기'를 눌러 저장하면, [코드보기]를 통해 엔트리의 모든 블록들을 사용하여 다양한 기능을 추가한 자신만의 프로그램으로 만들어 볼 수 있습니다).

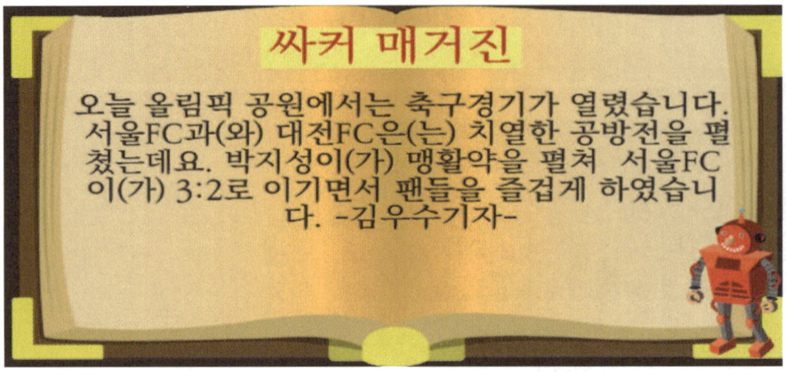

오브젝트 목록이 있는 영역의 '완성된 작품' 탭을 클릭하면, 예시 프로젝트를 계속해서 실행시켜보며 프로그램을 만들 수 있습니다.

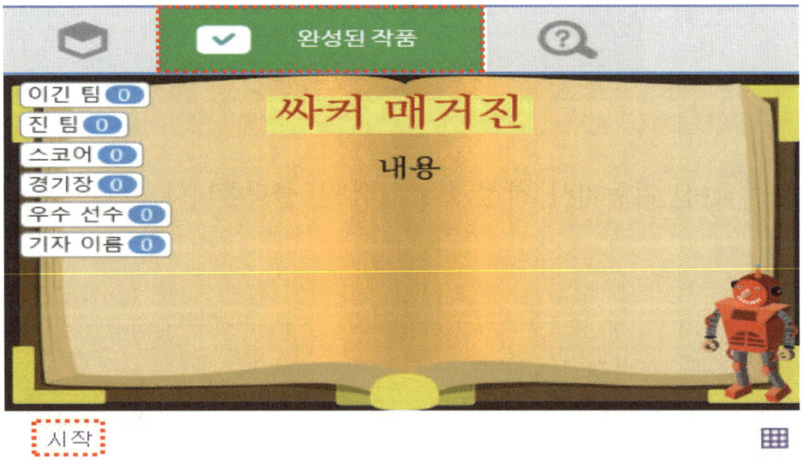

먼저, 제목 글상자 오브젝트를 선택하고 글상자 탭에서 신문이름 또는 기사의 제목을 적어 봅시다.

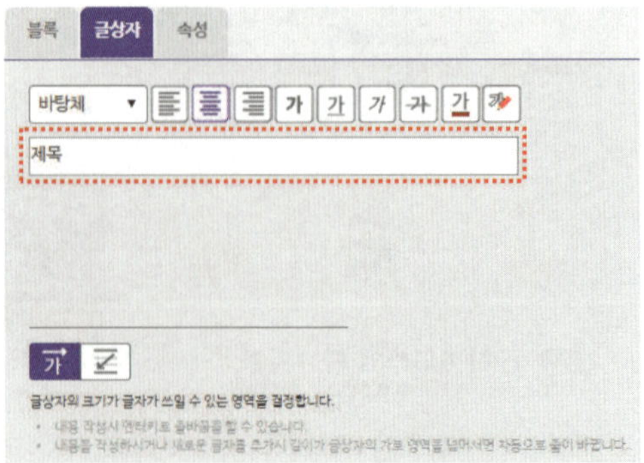

내가 쓰고 싶은 기사의 핵심단어들을 저장하기 위한 변수들을 추가해 봅시다.

❶ 핵심 단어 입력받기

- 핵심 단어들을 저장하기 위해 변수를 만든다.

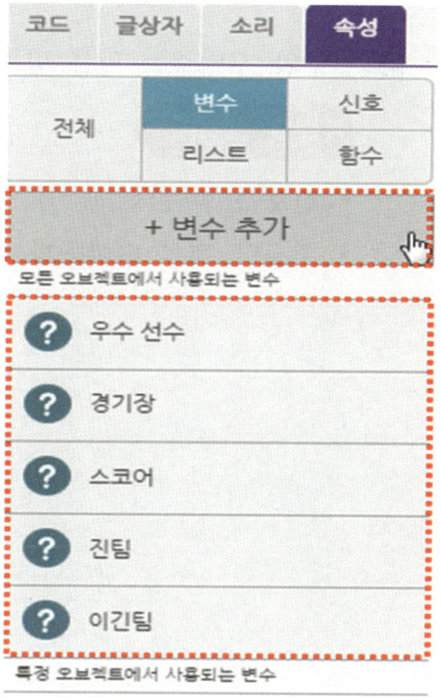

로봇이 모든 핵심단어를 입력할 수 있도록 질문과 대답을 각각의 변수에 저장합니다.

모든 변수에 핵심단어가 저장되면 '내용' 글상자에게 기사를 쓰도록 신호를 보냅니다(속성 탭에서 신호를 만들 수 있습니다).

❷ 입력한 핵심 단어를 변수에 저장하기

로봇 오브젝트

- 핵심 단어를 입력하여 각각의 변수에 저장을 한다.
- '내용' 글상자에 기사를 쓰도록 신호를 보낸다.

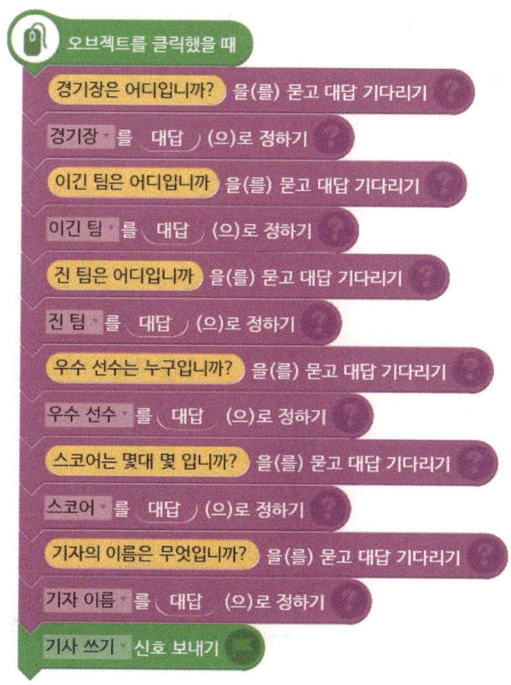

<내용> 글상자를 클릭하여 변수와 꾸며주는 말을 합쳐 기사를 쓰는 코드를 만듭니다.

'~와 ~를 합치기' 블록을 여러 번 겹쳐쓰면 한 문장씩 만들어주는 코드를 만들 수도 있습니다.

학생들이 '합치기' 블록을 어려워하는 경우에는 위의 예시처럼 순차적으로 문장을 만들어 나가도록 합니다. 이 때, 띄어쓰기를 해주기 위해서는 꾸며주는 말 안에 띄어쓰기를 포함하여야 합니다.

❸ 변수와 꾸며주는 말을 합쳐 기사쓰기

내용 글상자

- 신호를 받는다.
- 저장한 핵심 단어들과 미리 꾸며주는 말을 이어 글을 쓴다.

2.3 해보기

만든 프로그램을 활용하여 다양한 기사를 써 봅시다. 실행화면 위에 마우스 오른쪽 버튼을 클릭하면 이미지를 다른 이름으로 저장할 수 있습니다. 컴퓨터에 내가 쓴 기사를 이미지로 저장하고 친구들과 공유해 봅시다.

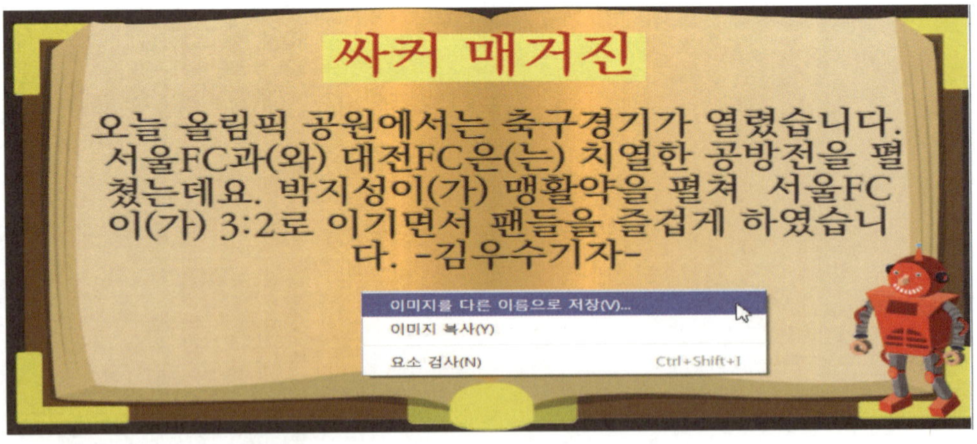

내가 만든 작품을 저장하는 방법에는 2가지가 있습니다.

프로그램을 완성했다면 내 작품으로 저장하기를 클릭하면, 엔트리의 만들기에서 만든 것과 똑같이 수정/발전/공유를 할 수 있게 됩니다.

학습내용 저장하기

현재 강의에 내가 조립하던 블록들을 그대로 저장합니다.수업시간 내에 프로그램을 완성하지 못한 경우 활용하면 편리합니다.

내 작품으로 저장하기

만든 프로그램을 '내 작품'으로 저장합니다. 엔트리의 다른 블록들을 활용하여 더 좋은 프로그램으로 발전시키거나,내 작품을 '구경하기'에 올려 친구들과 공유할 수 있게 됩니다.

3 교과연계 SW 교육실습(수학)

3.1 문제상황 만나기

우리는 일상 생활에서 때때로 동전을 던져 일들을 결정하기도 합니다. 누가 심부름을 할 지, 누가 하나 남은 소시지를 먹을지, 그리고 공식적인 축구 경기에서도 동전을 던져 공격권을 결정합니다. 지금까지 10번의 경기에서 앞면이 6번, 뒷면이 4번 나왔다면 어느 면을 선택하는 것이 유리할까요?

- 동전의 앞면과 뒷면이 나올 확률을 구해 보세요.

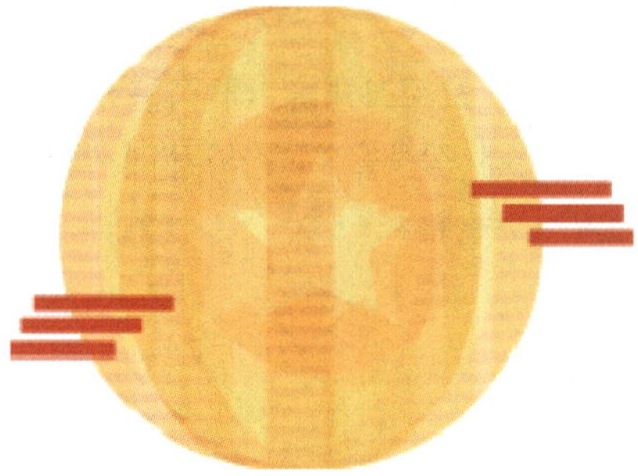

실제로 동전을 던지며 문제를 해결하기 위한 일반적인 절차를 체험하는 과정입니다.

- 동전을 던져서 앞면과 뒷면이 나올 확률을 계산해 봅시다.

횟수	나온 면	앞면의 확률(%)	뒷면의 확률(%)
1	앞면	100	0
2	앞면	100	0
3	뒷면	66.7	33.3
4	앞면	75	25
…	…	…	…
10	뒷면	60	40

동전의 앞/뒷면이 나올 확률은 몇 %일까요? 동전을 10번 던져보는 것으로는 부족할 것입니다.

동전을 적어도 100번, 1000번은 던져봐야 확률에 대해 이야기 할 수 있지 않을까요? 동전을 1000번 던지는 일, 어떻게 하면 쉽고 정확하게 할 수 있을까요? 문제를 컴퓨터로 해결하면 어떤 점이 좋을 지 생각해 봅니다.

3.1 문제상황 만나기와 계획하기

학습목표

1. **확률**과 관련된 문제를 해결할 수 있는 프로그램을 설계할 수 있다.
2. **무작위 수**와 **변수**를 활용하여 확률 계산 프로그램을 만들 수 있다.
3. 만든 프로그램을 활용하여 **생활 속 확률 문제를 해결**할 수 있다.

사람이 하는 행동을 컴퓨터가 하게 하기 위해서는 절차를 작은 단계로 나누어 보아야 합니다. 이것을 문제 분해라고 하는데, 실제로 동전을 던지며 동전의 확률을 구해봤던 경험을 되살려 문제해결과정을 작은 단계로 나누어 적어 봅니다.

각각의 단계를 사람이 아닌 컴퓨터가 하게 하려면 어떻게 해야 할까요? 실행화면에 보여 질 내용과 내가 조작할 것 그리고, 컴퓨터가 자동으로 처리할 일 등을 생각해 봅시다.

- 동전을 던지며 확률을 구하는 과정을 작은 단계로 나누기
  ❶ 동전 던지기
  ❷ 동전이 떨어지며 앞/뒷면이 결정됨
  ❸ 동전의 면이 나온 결과에 따라 확률 계산하기

동전을 던져 확률을 구하는 프로그램을 만들기 위해 어떠한 오브젝트들이 필요할까요? 오브젝트들은 어떠한 배치와 모습으로 보여지면 좋을까요? 그리고, 만든 변수들 중에 화면에 보여지는 것이 좋은 변수들은 무엇이고, 변수들의 배치는 어떻게 할지 생각하며 화면을 그려 봅시다.

학생들이 예시 프로그램을 보지 않고 스스로 화면을 구상해 보도록 합니다. 친구들과 토의를 통해 어떤 것들이 반드시 필요하고, 어떤 것들이 필요하지 않은지 결정하도록 합니다.

예를 들어, 어떤 학생은 동전을 던져 떨어지는 애니메이션을 구현하는 것에 초점을 둘 수 있지만, 이는 확률을 구하는 과정에 핵심적인 부분은 아닙니다.

프로그램을 만들기 위해 핵심적인 부분만 남기고 나머지를 쳐내는 것이 컴퓨팅 사고력에서 추상화에 해당하므로 이러한 과정을 생각하고 경험할 수 있도록 합니다.

- 어떤 오브젝트들이 필요한가요?
- 화면에는 어떠한 숫자들이 보여지면 좋을까요?
- 프로그램 실행 중 내가 해야 하는 동작은 무엇인가요?
- 컴퓨터는 어떤 과정을 자동으로 처리해야 하나요?

동전을 던지면 앞/뒷면 중 하나가 무작위로 결정됩니다. 이것을 컴퓨터가 하게 하려면 어떻게 해야 할까요? 컴퓨터는 모든 데이터를 숫자로 처리합니다.

따라서, 동전의 앞/뒷면을 무작위로 결정할 수는 없지만, 일정한 범위의 숫자 중 하나를 무작위로 결정할 수는 있습니다. 따라서 '1~2 사이의 무작위 수'를 컴퓨터가 결정하게 하고, 1은 앞면, 2는 뒷면이라고 정하는 것은 우리가 해야 할 일이겠죠?

동전이 나온 면이라는 변수를 만들어 1이 나오면 앞면, 2가 나오면 뒷면으로 정해 주도록 합니다.

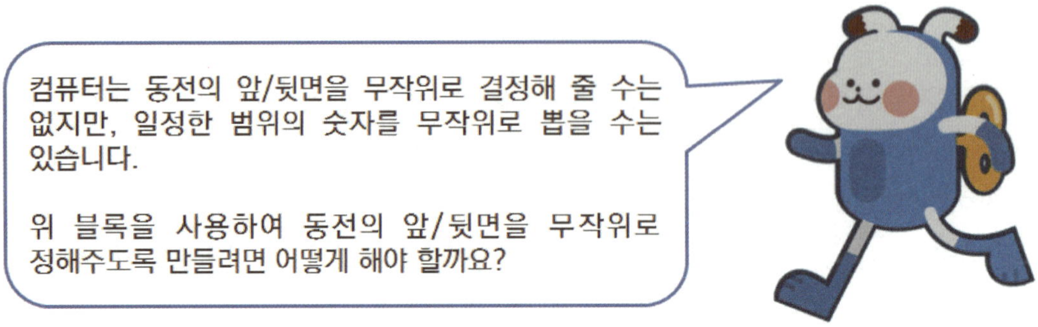

우리가 동전의 확률을 계산하기 위해 필요한 데이터들을 표에 적어두었듯이, 컴퓨터도 확률을 계산하기 위해서는 관련 정보들을 담아 둘 변수가 필요합니다. 동전의 확률을 구하는 식을 보고 확률의 계산을 위해 어떠한 변수들이 필요할 지 생각해 봅시다.

던진횟수, 앞면, 뒷면, 앞면확률, 뒷면확률, 이 외에도 '1부터 2사이의 수를 무작위로 뽑아낸 값'을 저장할 동전이 나온 면이라는 변수도 만들어 주어야 합니다.

$$\text{앞면이 나온 확률} = \frac{\text{앞면이 나온 횟수}}{\text{던진 횟수}} \times 100$$

엔트리에 로그인 한 후, 학습하기-내가만드는 강의를 클릭한 다음, 커리큘럼을 클릭하고 교과서를 검색하면 5학년/ 6학년용 교과연계 교재와 관련된 커리큘럼이 나옵니다.

[6학년] 교과서와 함께 키우는 컴퓨팅 사고력을 클릭합니다.

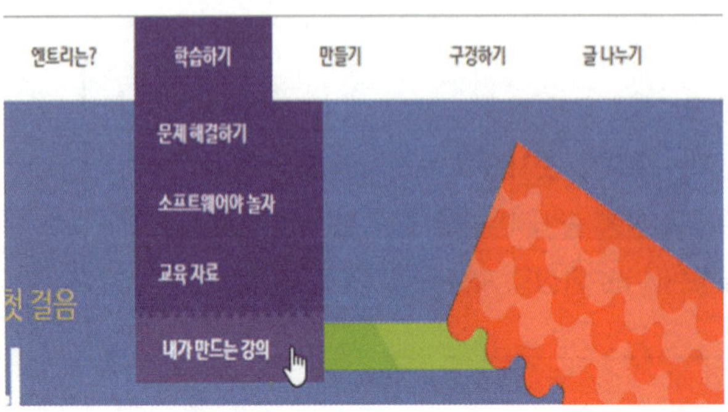

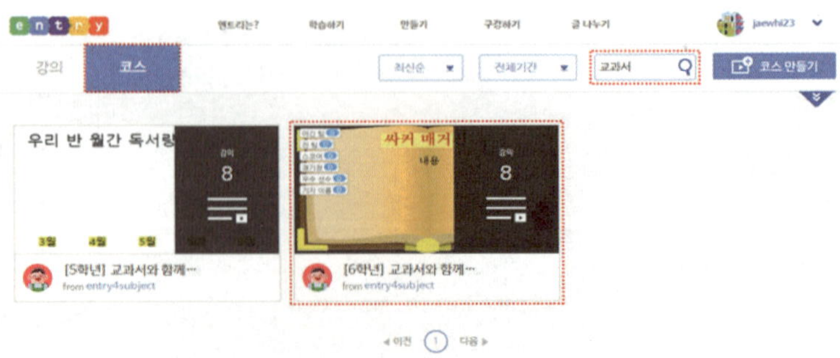

3.2 만들기

[수학] “동전의 앞면과 뒷면이 나올 확률을 구해요” 프로젝트를 클릭합니다.

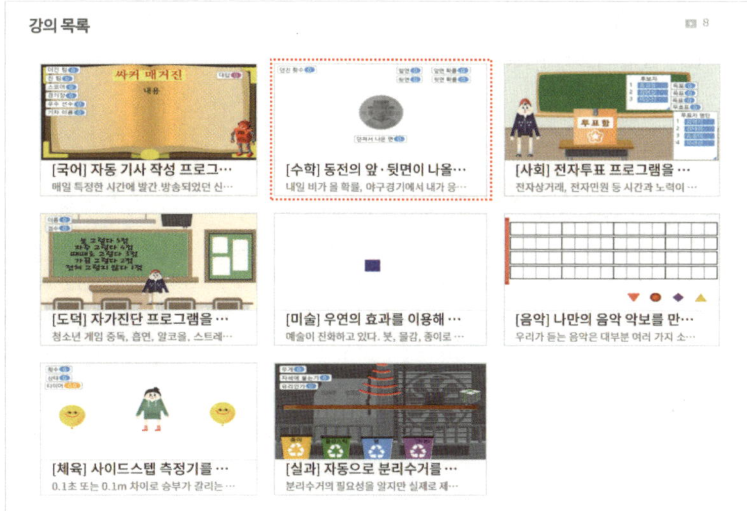

예시 프로그램을 실행시켜보고, 학습하기를 누릅니다. 동전의 확률을 계산하는데 필요한 블록들만 제공된 상태에서 프로그램을 만들어 봅시다. (상급 수준의 학생들은 해당 강의를 저장하기-내 작품으로 저장하기를 눌러 저장하면, [코드보기]를 통해 엔트리의 모든 블록들을 사용하여 다양한 기능을 추가한 자신만의 프로그램으로 만들어볼 수 있습니다.)

던진 횟수, 앞면, 뒷면, 앞면확률, 뒷면확률, 동전이 나온 면의 변수가 필요합니다. 변수는 필요할 때마다 생성할 수도 있고, 미리 모두 생성한 후 만들어도 좋습니다.

변수 생성하기 (데이터)

- 동전의 확률 프로그램을 만들기 위해 필요한 변수들을 생성해봅시다.
- 블록꾸러미의 [속성]-[변수]-[변수추가]를 통해 변수를 생성할 수 있습니다.

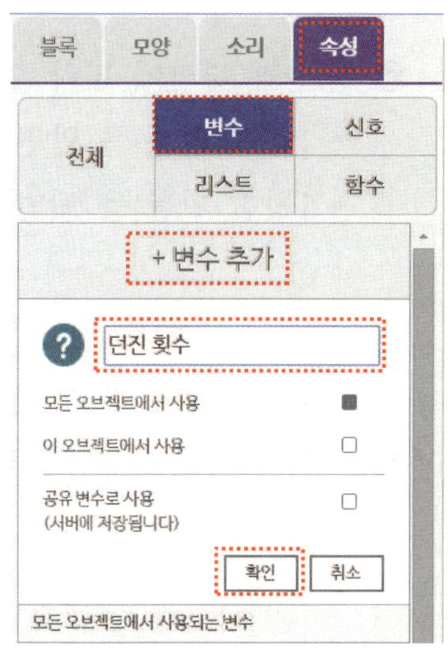

동전을 클릭하여 던지는 과정을 조립해 봅시다. 동전이 던져지는 모습을 보여주는 애니메이션을 [동전 돌아가는 모양 보이기] 함수 블록을 사용하여 간단하게 표현해 봅시다.(이렇게 필수적이지 않거나 학생들의 수준에 너무 어려운 부분은 함수로 묶어 쉽게 접근할 수 있도록 하였습니다. 동전을 던질 때마다 [던진횟수] 변수에 1씩 더해주어야 합니다).

❶ 동전 던지기 이벤트 데이터

- 마우스로 동전을 클릭한다.
- 앞/뒷면이 10번 번갈아 보인다.
- [던진 횟수]에 1을 더한다.

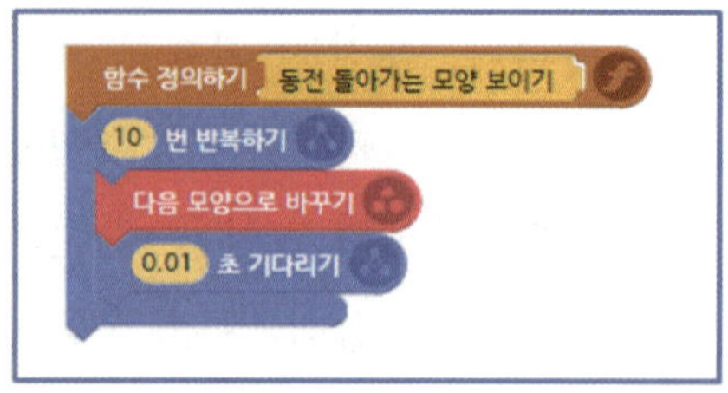

동전의 앞면과 뒷면을 결정하는 부분입니다. 1~2 사이의 무작위 수를 뽑아 던져서 나온 면 변수에 저장합니다. 이 값이 1이라면 동전의 앞면 모양을 보여주며 [앞면] 변수에 1을 더하고, 아니라면(2라면) 동전의 뒷면 모양을 보여주며 [뒷면] 변수에 1을 더하도록 합니다.

❷ 동전이 앞/뒷면으로 떨어지기 조건 시퀀스

- 1~2의 무작위수를 결정한다.
- 만일 1이라면 동전의 앞면 모양을 보여주고, [앞면]에 1을 더한다. 아니면: 동전의 뒷면 모양을 보여주고, [뒷면]에 1을 더한다.

이 때, '앞면/ 던진횟수'의 나눗셈 블록을 반드시 먼저 만든 후, 그 블록을 곱셈 블록에 넣어 *100을 만들어주어야 합니다.

❸ 동전의 결과에 따라 확률 계산하기 연산

- [앞면 확률]을 앞면/던진횟수*100로 계산한다.
- [뒷면 확률]을 뒷면/던진횟수*100로 계산한다.

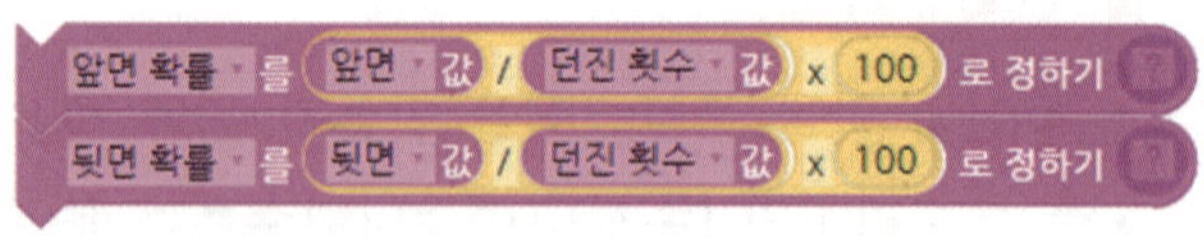

던진 횟수, 앞면, 뒷면, 앞면확률, 뒷면확률, 동전이 나온 면의 변수가 필요합니다. 변수는 필요할 때마다 생성할 수도 있고, 미리 모두 생성한 후 만들어도 좋습니다.

연산 블록 사용하기

연산 블록을 사용할 때에는 실제 계산되는 순서를 고려하여 그 순서대로 블록을 조립하여야 합니다.

〈예시1〉 (5+8)x10

〈예시2〉 5+8x10

단, 동전 돌아가는 모양 보이기 블록을 반복하기 안에 넣을 수 있으나, 이 애니메이션이 재생되는데 한번에 0.1초 정도의 시간이 소요됩니다.

이 애니메이션은 확률계산의 핵심적인 부분이 아니므로, 해당 블록을 빼고 반복하면 더 빠른 결과를 얻을 수 있습니다.

❹ 동전을 천 번 던지기 반복

- 동전을 한 번 던지는 모든 과정을 '○번 반복하기' 블록 안에 넣는다.

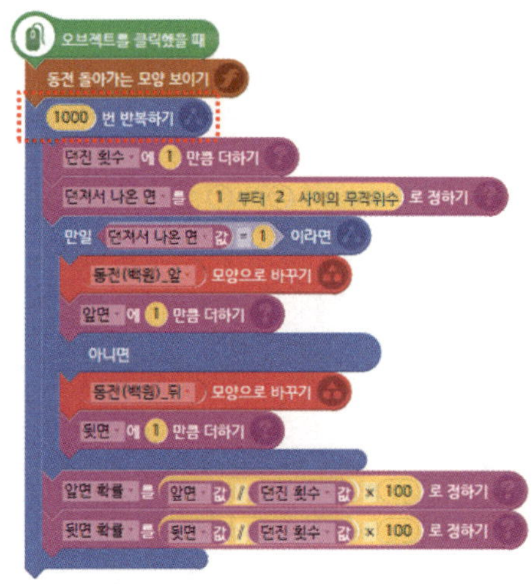

엔트리로 시작하는 교과연계 소프트웨어교육, 미술/ 국어/ 수학에 대하여 자세히 알기를 원하시면 아래의 Website를 방문하시면 도움이 되실 것입니다.

- 엔트리 공식 사이트: play-entry.org
  [학습하기] - [교육자료] - [교과서와 함께 키우는 컴퓨팅 사고력]
- 엔트리 공식 블로그: blog.naver.com/entrylabs
  [SW 교육 자료]

entry

엄마와 선생님이 함께하는

엔트리
연수프로그램

PART 6

엔트리로 시작하는 교과연계 SW 교육 (음악, 과학, 도덕)

1 교과연계 SW 교육실습(음악)

1.1 문제상황 만나기

- 나만의 음악 악보를 만들고 연주해 봅시다.

학습목표

1. 다양한 소리를 활용하여 **음악을 만드는 프로그램**을 설계할 수 있다.
2. 여러 가지 오브젝트를 **동시에 실행**시켜 음악을 재생하는 악보 프로그램을 만들 수 있다. (병렬화)
3. 만든 **프로그램을 활용**하여 창의적으로 음악을 만들 수 있다.

1.2 계획하기

일상생활의 다양한 소리를 활용하여 나만의 악보를 만들어 보도록 합시다.

소리(기호)	악보															
손뼉(●)	●	●			●	●			●	●			●	●		
밥그릇(◆)			◆				◆	–			◆	–			◆	–
종소리(▲)	▲				▲				▲				▲			
마우스클릭(▽)	▽	▽	▽	▽	▽	▽	▽	▽	▽	▽	▽	▽	▽	▽	▽	▽

프로그램 화면을 보고 음악 악보를 만드는 프로그램을 어떻게 만들면 좋을지 아이디어를 떠올려 봅니다.

1. 악보를 그리는 방법과
2. 음악을 재생하는 방법에 대해 생각해 봅시다.

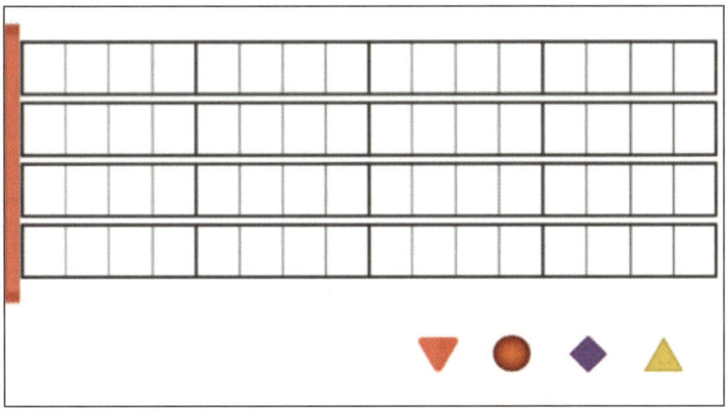

❶ 악보 그리기
❷ 재생하기

1.3 만들기

엔트리에 로그인 한 후, 학습하기- 내가 만드는 강의를 클릭하고 나서, 코스 탭을 선택하고 교과서를 검색하면 5학년/ 6학년용 교과연계 교재와 관련된 코스가 나옵니다.

[6학년] 교과서와 함께 키우는 컴퓨팅 사고력을 클릭합니다.

우측 하단의 강의 목록에서 '[음악] 나만의 음악 악보를 만들고 재생해요'를 클릭합니다.

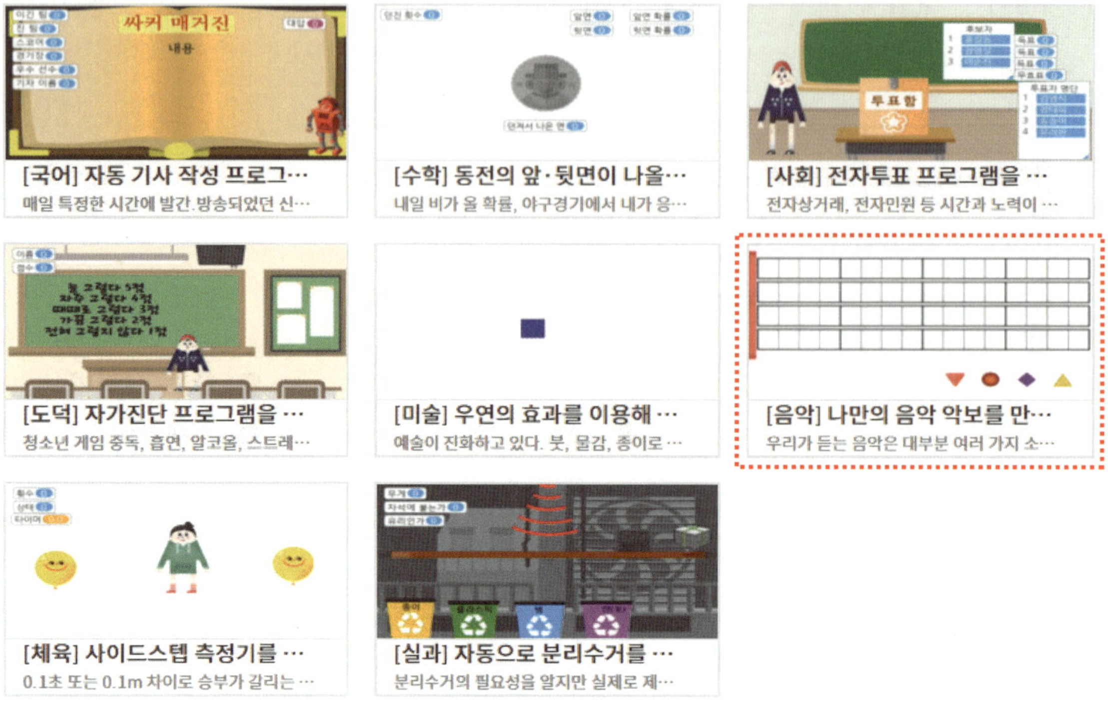

예시 프로그램을 실행시켜 보고, 학습하기를 누릅니다. 악보 만들기 프로그램에 필요한 블록들만 제공된 상태에서 악보 프로그램을 만들어 봅시다.(상급 수준의 학생들은 해당 강의를 '저장하기-내 작품으로 저장하기'를 눌러 저장하면, [코드보기]를 통해 엔트리의 모든 블록들을 사용하여 다양한 기능을 추가한 자신만의 프로그램으로 만들어볼 수 있습니다.)

1.4 해보기

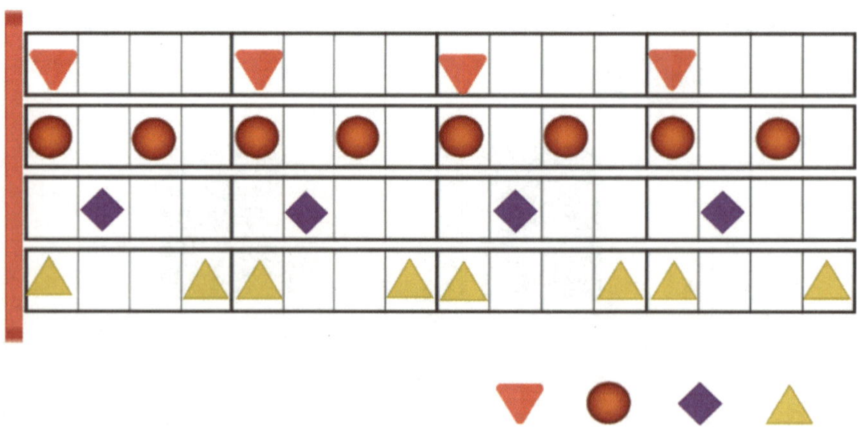

아이콘에 소리 추가하기

- 각각의 아이콘이 서로 다른 소리를 가질 수 있도록 합니다.
- 오브젝트 목록에서 아이콘을 선택하고 [소리]-[소리추가]를 눌러 원하는 소리를 추가합니다.
- 스마트폰 등의 녹음을 사용하여 직접 녹음한 소리를 추가할 수도 있습니다.

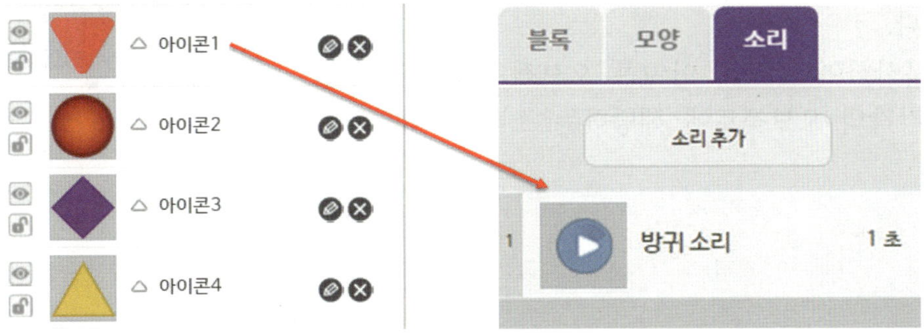

아이콘 1 위치로 이동하기 블록의 선택목록에서 마우스 포인터를 선택합니다. 코드의 가장 상위블록 위에서 마우스 오른쪽 버튼을 클릭하면 아래로 연결된 모든 코드가 복사됩니다.

아이콘으로 악보 그리기

- 마우스를 클릭하면 복제본이 생성되도록 합니다.
- 복제본은 마우스를 클릭한 동안 마우스 위치를 따라다닙니다.
- 이 코드를 복사하여 각각의 아이콘 오브젝트에 똑같이 붙여 넣습니다.

재생바 오브젝트 움직이기

- 스페이스 키를 누르면 재생바가 오른쪽으로 이동하도록 합니다.
- 숫자부분을 바꾸면 재생바의 속도를 조절할 수 있습니다.

~에 닿았는가? 블록의 선택목록에서 재생바를 선택합니다.

아이콘에 재생바가 닿으면 소리 재생하기

- 다시 '아이콘' 오브젝트로 돌아갑니다.
- 악보에 복제되어 놓인 아이콘이 재생바에 닿으면 소리를 내도록 합니다.
- 이 코드를 복사하여 각각의 아이콘 오브젝트에 똑같이 붙여 넣고, 각각의 오브젝트에 해당하는 소리로 바꾸어 줍니다.

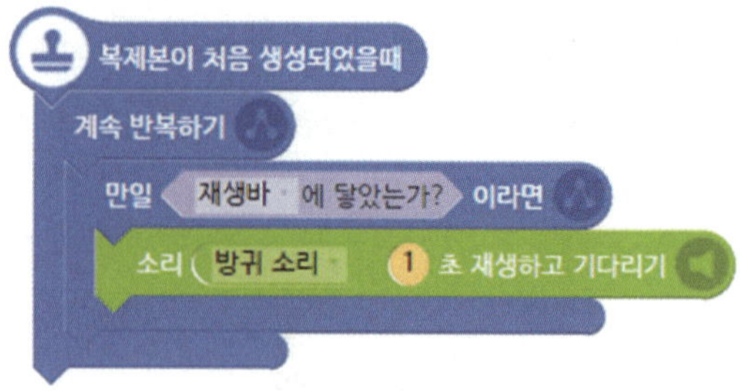

반복 재생하기

- '재생바' 오브젝트로 돌아갑니다.
- 재생바가 오른쪽으로 끝까지 가서 x좌표값이 240을 넘으면 다시 원래 위치인 -235로 돌아오도록 합니다.

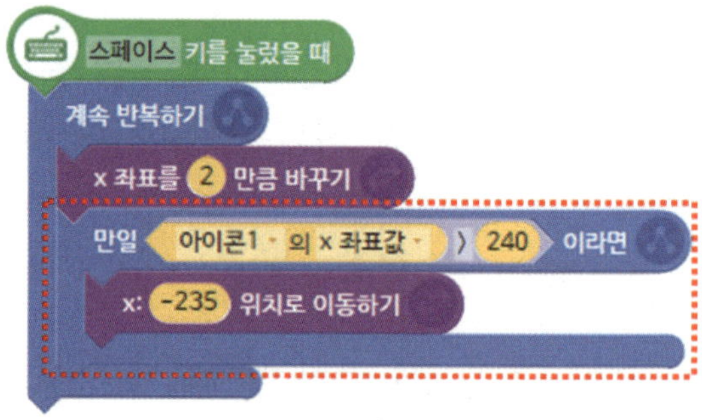

만든 프로그램을 활용하여 다양한 음악을 만들어봅시다.

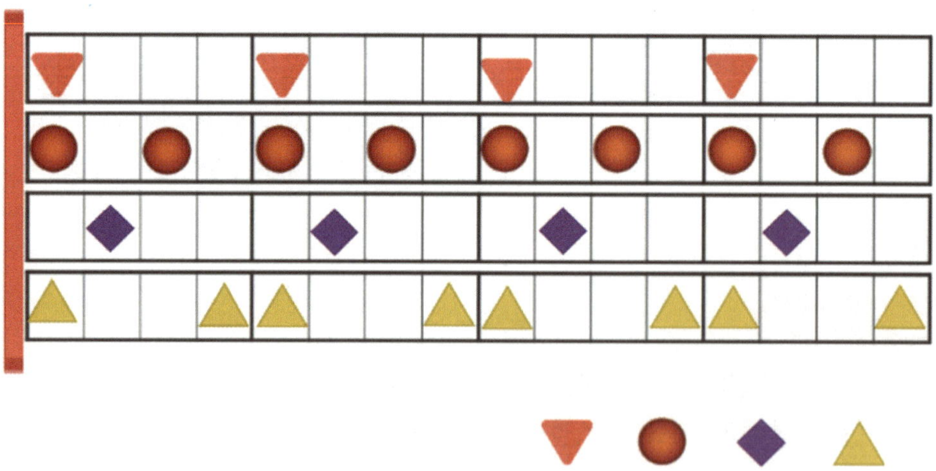

내가 만든 작품을 저장하는 방법에는 두 가지가 있습니다.

프로그램을 완성했다면 내 작품으로 저장하기를 하면, 엔트리의 만들기에서 만든 것과 똑같이 수정 / 발전 / 공유를 할 수 있게 됩니다.

학습내용 저장하기

현재 강의에 내가 조립하던 블록들을 그대로 저장합니다.
수업시간 내에 프로그램을 완성하지 못한 경우 활용하면 편리합니다.

내 작품으로 저장하기

만든 프로그램을 '내 작품'으로 저장합니다.
엔트리의 다른 블록들을 활용하여 더 좋은 프로그램으로 발전시키거나, 내 작품을 '구경하기'에 올려 친구들과 공유할 수 있게 됩니다.

2 교과연계 SW 교육실습(과학)

2.1 공을 위로 던질 때 속력의 변화 살펴보기

[과학] 중력 시뮬레이션 프로그램

완성 작품 주소: http://goo.gl/bzRZ9h

2.2 중력 시뮬레이션 프로그램 만들기

공을 위로 던지는 상황을 생각해 봅시다. 공이 위로 올라갔다가 다시 떨어질 때까지 공의 속도는 계속 변화하게 됩니다. 바로 지구가 물체를 당기는 힘, 중력 때문 입니다. 왼쪽 코드와 같이 'y좌표를 10만큼 바꾸기'를 계속 하면 공이 위쪽 방향으로 10 이라는 일정한 속도로 계속 움직이게 됩니다. 하지만, 중력에 따라 계속해서 변하는 속도를 표현하기 위해 속도 라는 변수를 만들고 야구공의 y좌표가 속도'값에 따라 움직이도록 야구공 오브젝트의 코드를 만들어 봅시다.

- 공 오브젝트에 'y좌표를 10 만큼 바꾸기' 블록을 조립하면 공이 일정한 속도로 위로 올라갑니다.
- 그러나 실제로 공을 위로 던지면 아래로 끌어당기는 힘 '중력' 에 의하여 위로 올라갈수록 공의 속도가 느려지게 됩니다.

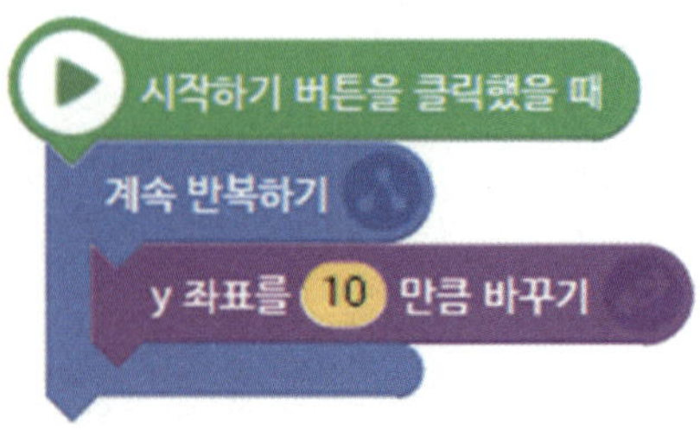

- 프로그램 실행 중에 값을 변화시키려면 변수가 필요합니다.
- '속도' 변수를 만들어 y좌표값이 '속도'값만큼 움직이도록 코드를 바꿉니다.

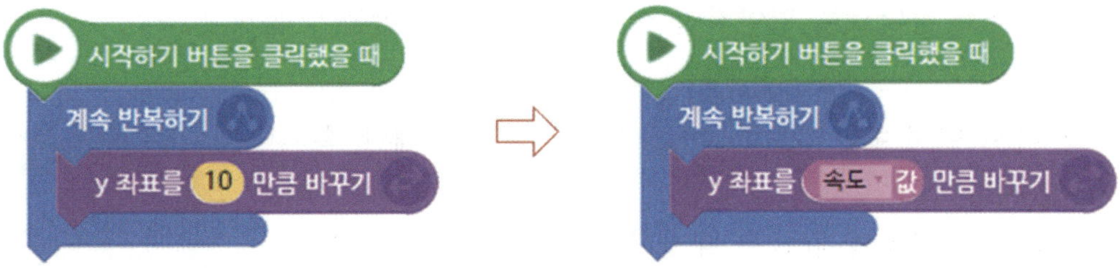

지구에서 위쪽 방향으로 공을 던질 때, 공의 속도는 올라가는 동안 중력가속도 9.8m/s2만큼씩 일정하게 감소합니다. 그리고, 정점을 찍었을 때 공의 속도는 0이 되며, 다시 내려오는 동안 9.8m/s2만큼씩 일정하게 증가합니다. 처음 공을 던진 속도를 100m/s으로, 중력가속도를 약 중력가속도 10m/s2로 계산해 보면 아래 표와 같이 변화한다는 것을 알 수 있습니다.

- 공을 위로 던져 공이 올라가다가 떨어지는 상황을 생각해봅시다.
- 처음 공을 던진 속도를 100m/s으로, 중력가속도를 약 10m/s2로 계산해보면 공의 속도가 아래 표와 같이 변화한다는 것을 알 수 있습니다.

상황	던짐	올라가는 구간			정점	내려오는 동안			떨어짐
속도	100	90	...	10	0	10	...	90	100
중력가속도	10씩 감소함 →				→ 10씩 증가함				

아래의 상황을 프로그램으로 만들기 위한 계획을 세워 봅시다. 공의 속도가 양수(+)이면 공은 위쪽 방향으로 올라가고, 음수(-)이면 아래로 내려 옵니다. 따라서, 내려오는 동안 속도가 증가하는 것이 아니라 음수로 계속 감소한다는 점이 다릅니다. 위쪽 화살표키를 눌렀을 때, 처음 공의 속도를 13으로 정하고 떨어질 때까지 계속 속도에 −0.5씩 하는 코드를 만들어 봅시다.

- 이 상황을 프로그램으로 만들어 봅시다. 공의 속도가 양수(+)이면 공은 위쪽 방향으로 올라가고, 음수(-)이면 아래로 내려옵니다.
- 위쪽 화살표키를 눌렀을 때, 처음 공의 속도를 13으로 정하고 떨어질 때까지 계속 속도에 -0.5씩 하는 코드를 만들어봅시다.

상황	던짐	올라가는 구간			정점	내려오는 동안			떨어짐
속도	13	12.5	...	0.5	0	-0.5	...	-12.5	-13
중력가속도	0.5씩 감소함 →				→ 0.5씩 감소함				

*속도:13과 가속도 0.5는 자유롭게 바꾸어 보면서 조절해보세요.

위쪽 화살표키를 누르면 야구공이 자연스럽게 위쪽으로 던져졌다가 끝없이 떨어 집니다. 또, 공이 허공에 뜬 상태에서 중복해서 위쪽 화살표키를 누르면, 다시 한 번 공이 튀어 오르며 더 빠른 속도로 떨어지기 시작합니다. 화면의 하단에 깔려있는 마루바닥 이라는 오브젝트를 활용해서, 공이 바닥에 닿은 경우에만 튀어 오를 수 있도록 하고, 다시 바닥으로 떨어지면 반복을 멈추도록 만들어 봅시다.

- 공이 공중에서 다시 던져지지 않도록, 마루바닥에 닿았을 때만 속도에 값을 줘 봅시다.
- 공이 던져지면 다시 마루바닥에 닿을 때까지만 속도를 감소시키도록 코드를 바꾸어봅시다.

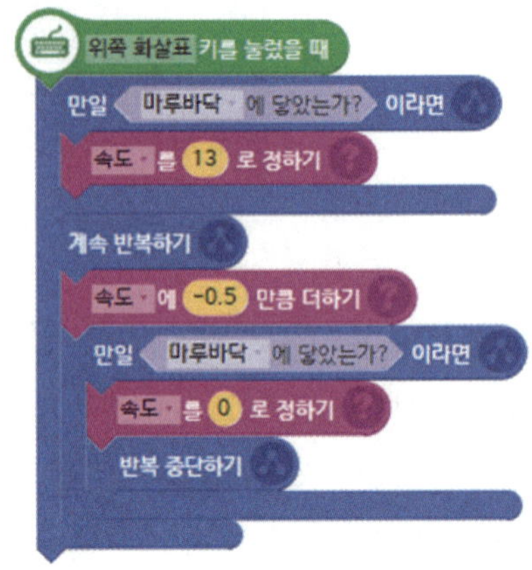

야구공이 위쪽 화살표키를 누를 때마다 자연스럽게 던져집니다. 그런데, 야구공을 여러 번 던질수록 야구공이 마루바닥 속으로 파고드는 것을 볼 수 있습니다. 마루바닥에 닿는 순간이 속도가 0이 되는 순간과 정확히 일치하지 않기 때문입니다. 야구공 오브젝트 정보를 보면 초기 y좌표가 -100으로 되어 있습니다. 이 값을 활용하여 공이 바닥에 닿으면 y좌표의 위치를 초기화 시켜주는 코드를 추가합니다.

- 야구공이 마룻바닥에 떨어지면 야구공의 y좌표를 초기화 시켜 봅시다.

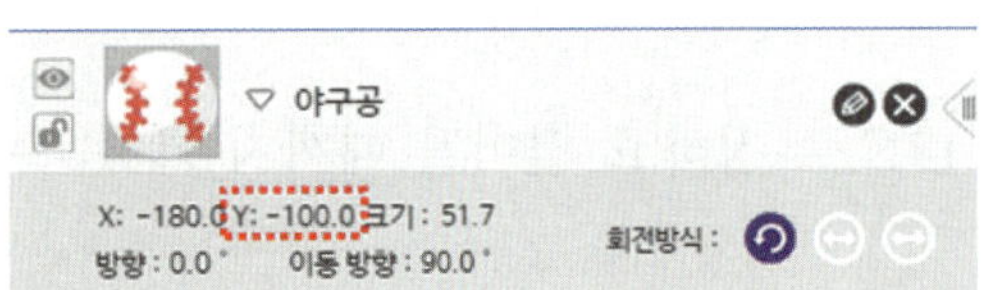

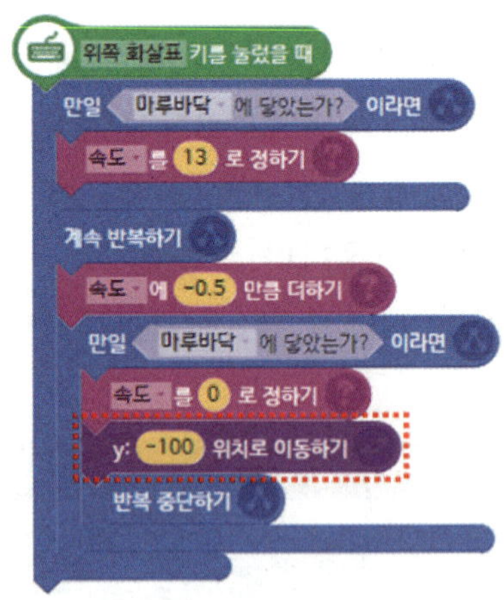

야구공이 위로 수직으로 던져지는 것이 아니라 포물선 운동을 하도록 만들어봅시다. 위쪽 화살표키를 눌렀을 때, 일정 시간동안 x좌표를 움지이는 코드를 만들어 봅시다.

- 야구공이 포물선 운동을 하도록 x좌표에도 변화를 줘 봅시다.
- 그리고 동시에 공이 던져지는 경로를 화면에 남길 수 있도록 0.1초 간격으로 도장을 찍는 코드도 추가해봅시다.

- 공을 던지는 높이와 너비를 조절해가며 여러 가지 시뮬레이션을 해 봅시다.

3 교과연계 SW 교육실습(도덕)

3.1 버킷 리스트 프로그램 살펴보기

[도덕] 버킷 리스트 프로그램

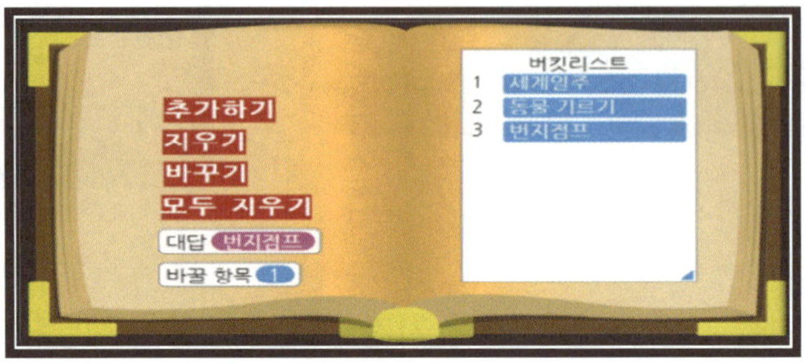

- 죽기 전에 꼭 하고 싶은 일, 버킷리스트를 프로그램으로 만들면 좋은 점에 대해 생각해봅시다.
- 버킷리스트 프로그램에 필요한 기능들에 대해 생각해봅시다.

3.2 버킷 리스트 프로그램 만들기

엔트리 프로그램 시작하기에서 [학습하기] - [소프트웨어야 놀자]를 클릭하고, 시즌2 리스트에서 [10강] 선택

EBS 소프트웨어야 놀자 시즌2는 실습과 동시에 강의 동영상과 완성된 작품을 보며 배울 수 있습니다. 또한 무료 교안도 제공합니다.

- 오브젝트 목록에서 '강의 동영상' 탭을 선택하면 실습을 위한 특별 영상을 실시간으로 보며 학습할 수 있습니다.
- ‘완성된 작품’ 탭을 선택하면 만들 완성 작품을 반복하여 실행해 볼 수 있습니다.

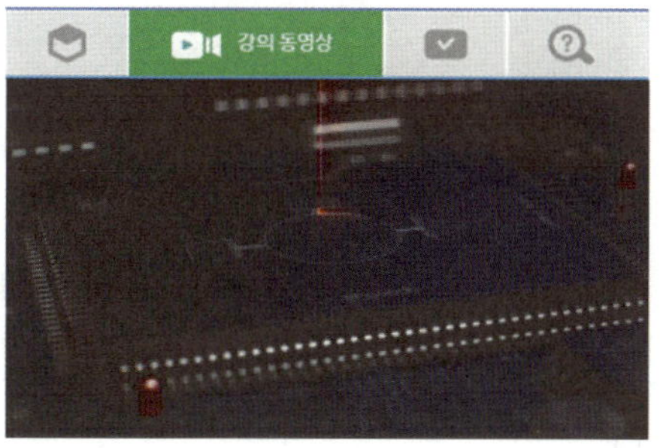

버킷리스트 라는 리스트를 생성합니다.

- 같은 종류의 자료를 번호를 붙여 묶어 관리하면 편리합니다. 프로그램에서는 '변수' 외에도 '리스트 ′ 라는 목록을 통해 정보를 저장할 수 있습니다.
- 버킷리스트의 항목들을 저장하기 위해 '버킷리스트' 리스트를 만듭니다.
- 이 때, '공유 리스트로 사용'을 클릭하면 프로그램을 종료했다가 다시 실행해도 리스트에 저장된 값이 남아있게 됩니다.

리스트 창은 원하는 위치와 크기로 배치할 수 있습니다. 리스트의 항목 수를 늘리고, 각각의 항목에 나의 버킷 리스트를 적어 봅시다.

다음 항목으로 넘어갈 때에는 Tab 키를 쓸 수 있습니다.

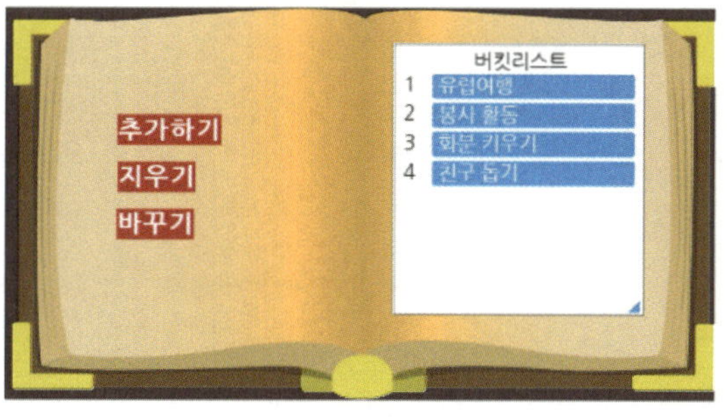

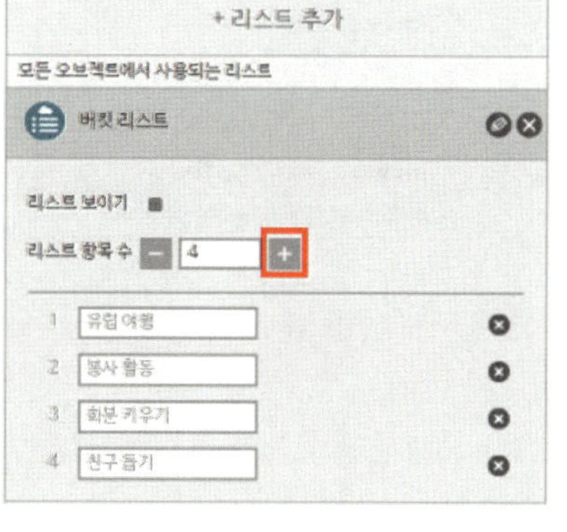

반드시 추가하기 오브젝트를 선택하고 블록을 조립해야 합니다.

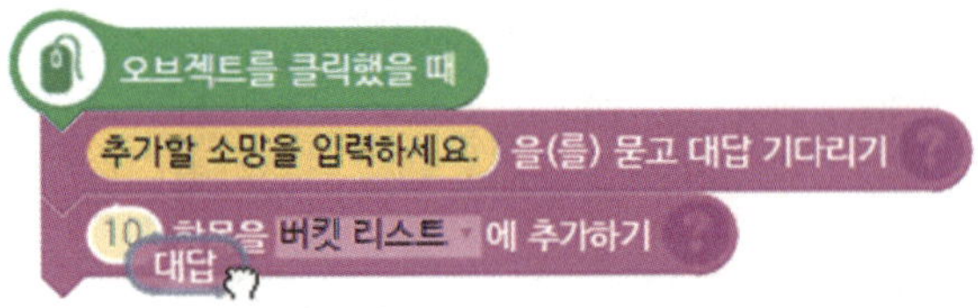

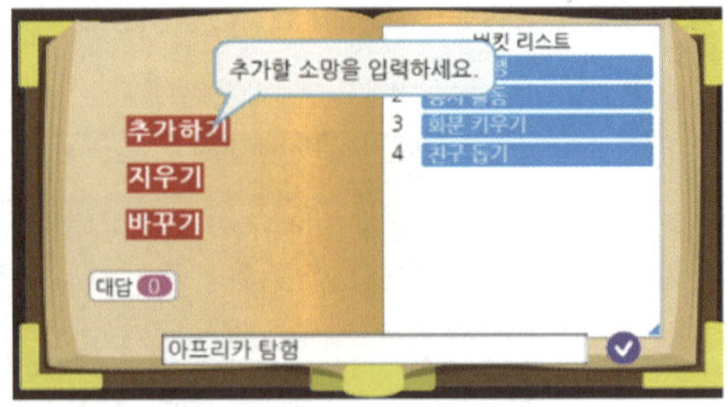

- '지우기' 버튼에 항목을 지우는 기능을 넣어봅시다.

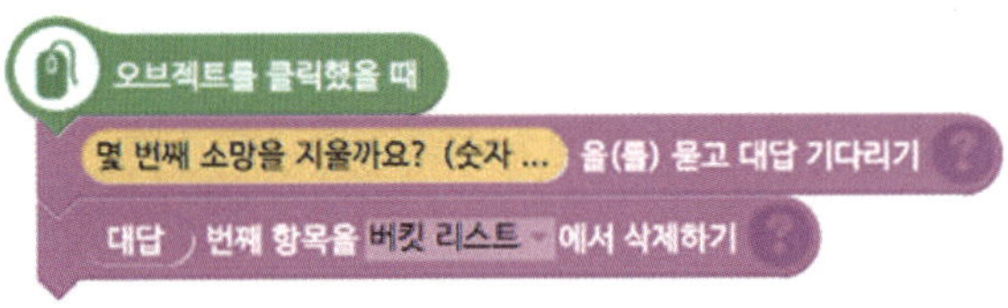

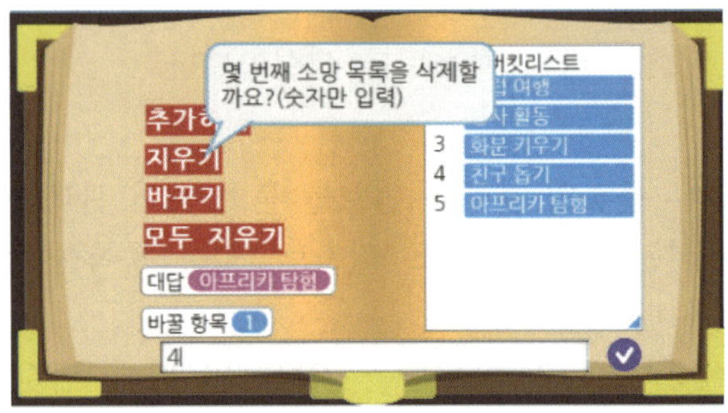

바꾸기 오브젝트를 클릭하면 몇 번째 소망을 바꿀까요?(숫자 입력)라고 묻도록 합니다.

- '바꾸기' 버튼에 항목의 내용을 바꾸는 기능을 넣어봅시다.

- 항목을 바꾸려면 ①몇 번 항목을 바꿀 것인지, ②무엇으로 바꿀 것인지 두 가지를 물어봐야 합니다. '대답'에는 마지막 한가지만 저장되므로 ①에서 받은 대답을 따로 저장해 둘 변수가 필요합니다.
- '바꿀번호' 라는 변수를 하나 추가합니다.

• '바꾸기' 버튼에 항목의 내용을 바꾸는 코드를 완성해봅시다.

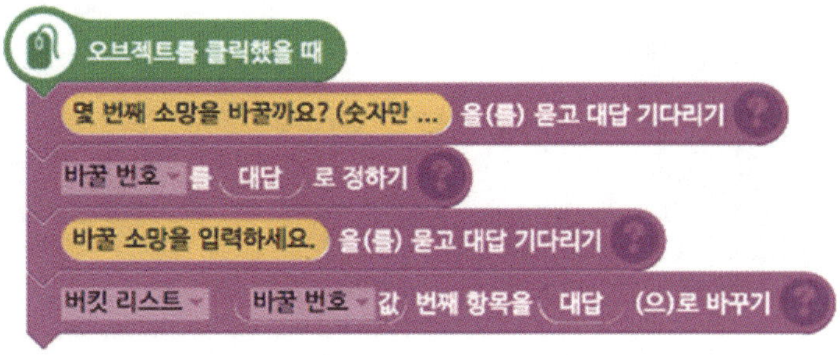

3.3 해보기

내가 만든 작품을 저장하는 방법에는 두 가지가 있습니다. 프로그램을 완성했다면 '내 작품으로 저장하기'를 하면, 엔트리의 만들기에서 만든 것과 똑같이 수정/ 발전/ 공유를 할 수 있게 됩니다.

학습내용 저장하기

현재 강의에 내가 조립하던 블록들을 그대로 저장합니다.
수업시간 내에 프로그램을 완성하지 못한 경우 활용하면 편리합니다.

내 작품으로 저장하기

만든 프로그램을 '내 작품'으로 저장합니다.
엔트리의 다른 블록들을 활용하여 더 좋은 프로그램으로 발전시키거나, 내 작품을 '구경하기'에 올려 친구들과 공유할 수 있게 됩니다.

엔트리로 시작하는 교과연계 SW 교육실습(음악, 과학, 도덕)에 대하여 자세히 알아보기
원하시면 다음의 자료들에서 확인할 수 있습니다.

교과서로 키우는 컴퓨팅사고력
5, 6학년 교사용 지도서
무료 배포

구글 드라이브 문서 바로가기

교과서로 키우는 컴퓨팅 사고력

5학년 코스 주소 http://bit.ly/1QqKpWR

	과목	주제	강의	예시작품
1	수학	그림그래프를 그려 보아요	http://goo.gl/KnBSI1	http://bit.ly/1d2Lm5w
2	수학	통분으로 분수의 크기를 비교해요	http://goo.gl/s8Zwsj	http://bit.ly/1AiwtS7
3	과학	자동 속력 측정기를 만들어요	http://goo.gl/rXjmo5	http://bit.ly/1Ejx3AJ
4	과학	회로 연결에 따라 전구의 밝기가 달라져요	http://goo.gl/T0o4XC	http://bit.ly/1BD7ppC
5	사회	우리나라 지역별 인구분포도를 만들어요	http://goo.gl/DqfGER	http://bit.ly/1Pfgkcq
6	미술	우연의 효과를 이용해 추상화를 그려요	http://goo.gl/XUksDN	http://bit.ly/1A3Xr5y
7	음악	나만의 음악 악보를 만들고 연주해요	http://goo.gl/XgGVkJ	http://bit.ly/1Jawi0h
8	체육	사이드스텝 측정기를 만들어요	http://goo.gl/3uRgY0	http://bit.ly/1J75Nwm

6학년 코스 주소 http://bit.ly/1lOaxqp

	과목	주제	강의	예시작품
1	국어	자동 기사 작성 프로그램을 만들어요	http://goo.gl/3DZff1	http://bit.ly/1cHZrFf
2	수학	동전의 앞·뒷면이 나올 확률을 구해요	http://goo.gl/IEswNg	http://bit.ly/1zu0J1I
3	사회	전자투표 프로그램을 만들어요	http://goo.gl/XWB1B2	http://goo.gl/XfnUet
4	도덕	자기진단 프로그램을 만들어요	http://goo.gl/Ux2HT4	http://bit.ly/1IppNbE
5	미술	우연의 효과를 이용해 추상화를 그려요	http://goo.gl/pqSnQc	http://bit.ly/1A3Xr5y
6	음악	나만의 음악 악보를 만들고 연주해요	http://goo.gl/d2hhiL	http://bit.ly/1Jawi0h
7	체육	사이드스텝 측정기를 만들어요	http://goo.gl/lyHFrs	http://bit.ly/1J75Nwm
8	실과	자동으로 분리수거를 해요	http://goo.gl/2iVk9b	http://bit.ly/1AiN4e4

- 엔트리 공식 사이트: play-entry.org
  [학습하기] – [교육자료] – [교과서와 함께 키우는 컴퓨팅 사고력]
- 엔트리 공식 블로그: blog.naver.com/entrylabs
  [SW 교육 자료]

엄마와 선생님이 함께하는

엔트리
연수프로그램

PART 7

엔트리와 함께하는 피지컬 컴퓨팅

| 센서보드 |

1 피지컬 컴퓨팅이란?

1.1 피지컬 컴퓨팅이란?

첫번째, 피지컬 컴퓨팅이란 무엇일까요?

그 세부사항으로 피지컬 컴퓨팅, 아두이노란, 센서보드 등등, 피지컬 컴퓨팅의 다양한 사례에 대해서 살펴 보겠습니다.

피지컬은 영어로 물리적인 이라는 의미를 가지고 있습니다. 피지컬 컴퓨팅은 물리적인 현실세계와 컴퓨터 프로그램 사이에서 상호작용하는 프로젝트를 만드는 것을 의미합니다. 또한, 컴퓨터 프로그램에서 현실세계에 변화를 주는 방법과, 현실 세계에서 센서를 통해 컴퓨터 프로그램에 변화를 주는 방법으로 피지컬 컴퓨팅을 할 수 있습니다.

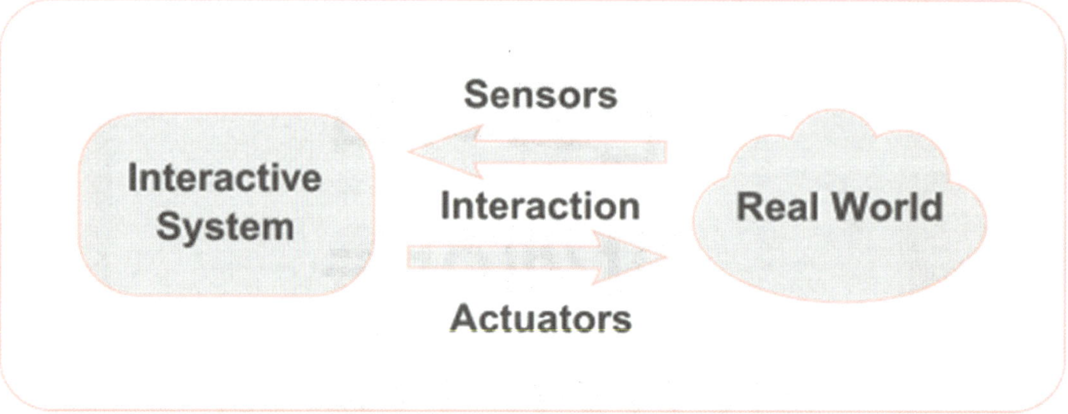

- 컴퓨터 프로그램에서 현실세계에 변화를 줌
- 현실 세계에서 센서를 통해 컴퓨터 프로그램에 변화를 줌

1.2 피지컬 컴퓨팅의 교구들

피지컬 컴퓨팅 도구는 크게 로봇형, 모듈형, 보드형으로 나누어볼 수 있습니다.

알버트는 시중에서 판매하지는 않고 있다. 햄스터는 작은 로봇형 피지컬 컴퓨팅 도구로, 그 중 기능에 비해 가격이 합리적이다.

- 로봇형 피지컬 컴퓨팅 도구의 예(알버트)

영상주소: https://youtu.be/EnhXzPXP4jM

로봇형 피지컬 컴퓨팅 도구

- 완제품 형태로 제공되기 때문에 어린 학생들도 쉽게 다룰 수 있다.
- 명령어들이 모듈화 되어 제공되어 쉽게 접근할 수 있다.
- 제공하는 기능 외에 더 많은 것들을 해보기 힘들다.
- 크기와 기능에 따라 다르지만 비교적 가격이 비싸다.

• 모듈형 피지컬 컴퓨팅 도구의 예 (비트브릭)

영상 주소: https://youtu.be/drtrEE0W4LU

모듈형 피지컬 컴퓨팅 도구

- 다양한 센서, 모터 등이 모듈화되어 있어 제공되는 원하는 모듈을 골라 포트에 연결하여 사용한다.
- 함께 제공되는 블록 또는 공작물과 함께 다양한 아이디어를 표현할 수 있다.
- 가격이 비싸고 제품간 호환이 안된다.

전기가 통하는 물체라면 무엇이든 키보드처럼 사용할 수 있도록 해주는 보드, 즉 바나나, 신체(몸체), 물 같은 것들이 키보드나 마우스의 역할을 할 수있게 된다.

• 보드형 피지컬 컴퓨팅 도구의 예(메이키메이키)

https://www.youtube.com/watch?v=rfQqh7iCcOU

아두이노가 대표적인 보드형 피지컬 컴퓨팅 도구이며, 마이크로 컨트롤러를 포함하고 있는 전자기판, 작은 컴퓨터 칩이라고 생각하면 쉽다. 가격이 저렴하며 필요한 전자소자 및 재료들을 구입해서 사용할 수 있는 장점이 있지만, 전기회로 및 전자지식이 필요하여 초등학생에게는 약간 어렵다.

아두이노 보드자체의 가격은 저렴하지만 필요한 전자소자들과 교재를 함께 키트로 판매되는 것은 비싸기도 하다. 원래 빛 센서, LED, 모터와 같은 것들은 필요한 것만 따로 구입하면 보통 하나에 몇 십원~천원 정도의 가격이다.

- 보드형 피지컬 컴퓨팅 도구의 예(아두이노)

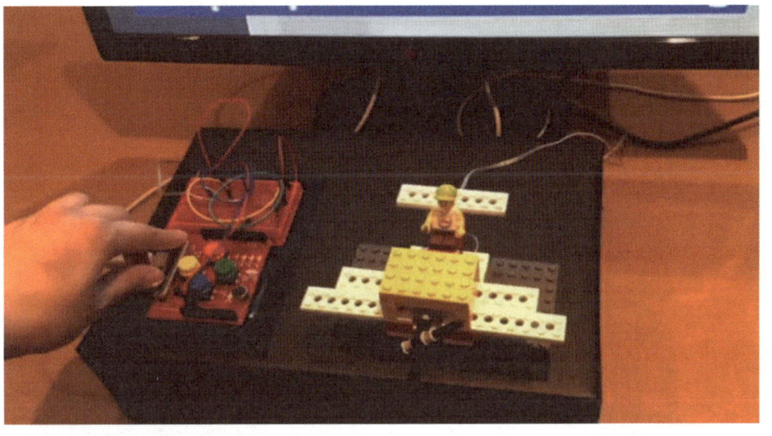

보드형 피지컬 컴퓨팅 도구의 특징

- 아두이노가 대표적이며, 마이크로 컨트롤러를 포함하고 있는 전자기판을 말한다.
- 가격이 저렴하며 필요한 전자소자 및 재료들을 구입해서 사용하면 된다.
- 전기회로 및 전자지식이 필요하여 초등학생에게는 어렵다.
- 센서보드는 다양한 센서들을 보드 안에 모아 놓은 것을 말한다.
- 센서보드는 비교적 가격이 저렴하면서도, 전기·전자 지식이 필요없어 어린 학생들부터 사용할 수 있다

2 센서보드 만나기

2.1 센서보드와 센서보드 연결하기

엔트리 센서보드는 아두이노 보드를 기반으로 쉴드 형태로 회로지식 없이 다양한 센서를 연결하도록 만들어진 보드입니다.

비교적 저렴한 가격에 다양한 센서를 포함하고 있어 피지컬 컴퓨팅의 입문단계에서 잘 활용할 수 있습니다. 그러면, 이제 엔트리 센서보드를 통해 재미있는 실습을 시작하겠습니다.

- 엔트리 센서보드

버튼(상/하/좌/우), 온도센서, 소리센서, 빛센서, 슬라이드 저항, LED(Red, Green, Blue, White)

엔트리 센서보드를 살펴 봅시다. 버튼(상/ 하/ 좌 / 우),, 온도센서, 소리센서, 빛센서, 슬라이드 저항, LED(Red, Green, Blue, White) 이 있습니다.

엔트리 센서보드는 아두이노를 기반으로 하고 있습니다. 파란글씨로 적혀 있는 D는 Digital의 약자이며 A는 Analog의 약자입니다. 디지털은 0과 1로 구분되는 불연속적 의미이며, 아날로그는 서로가 연결된 값으로 연속적 의미입니다.

덧붙여 설명하자면, 컴퓨터는 0과 1로 구분되는 두 개의 값을 통해 모든 신호들을 표현하는 불연속적 개념이고, 아날로그는 바람이 불고, 사람이 걸어가며 말하는 등등 모든 표현값들은 시공간적으로 서로 연결되어 있는 연속적 개념인데 이것을 아날로그라고 합니다.

이러한 내용의 말들이 어렵다면, 값이 2가지 상태(0과 1 / 참과 거짓 등)으로 나오는 것은Digital 값이며, 값이 2가지 상태 이상으로 표현되는 것(0~1023 값)은 Analog 라고 할 수 있습니다.

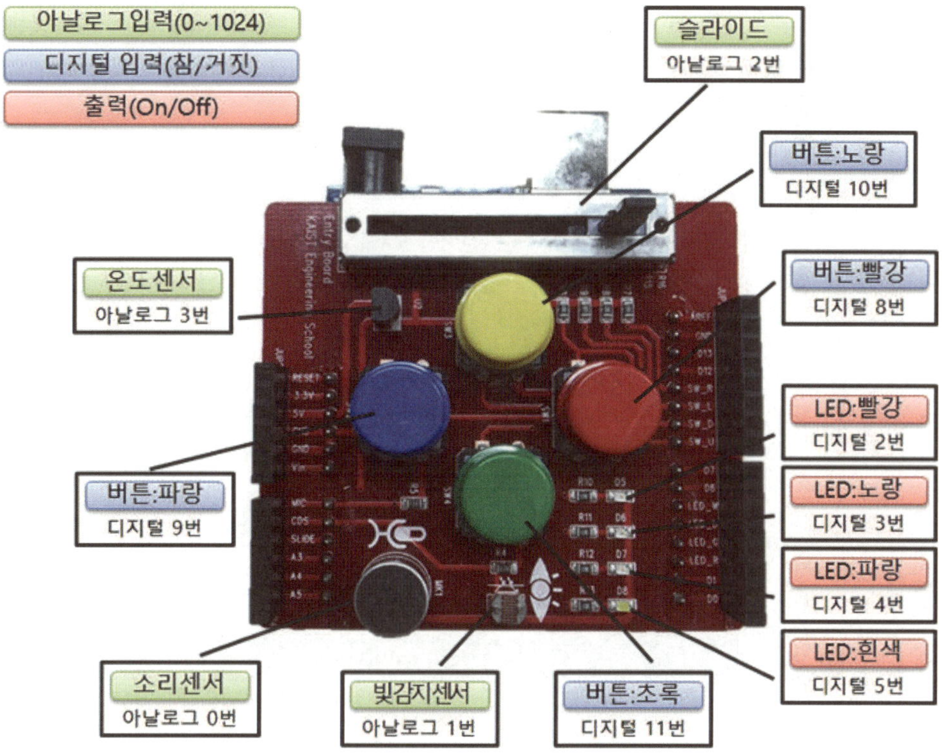

이 센서보드와 관련된 블록을 살펴 봅시다.

소리 센서값 블록은 선택한 센서값을 나타내며 빨간버튼이 눌렸는가? 블록은 선택한 버튼이 눌려졌는지 확인하는 블록입니다.

소리 센서값 블록은 아래의 아날로그 0번 센서값과 같습니다. 빨간 버튼이 눌렸는가? 블록은 아래의 디지털 8번 센서값과 같습니다. 빨간 led 켜기 블록은 디지털 2번핀 켜기와 같습니다.

하지만, 초등학교 학습자들에게는 디지털과 아날로그에 대해 이해시키는 것이 핵심이 아니므로 위의 3가지 블록(~센서값, ~버튼이 눌렀는가, ~led 켜기/끄기)를 사용하도록 하겠습니다.

그 외에 디지털 0번 핀 켜기 블록은 선택한 디지털 핀을 켜며 디지털 3(으)로 정하기 255 블록은 선택한 디지털 핀의 값을 정하며, 마지막으로 아날로그 0번 센서값 값의 범위를 0~1023에서 0~100로 바꾼값 블록은 센서값의 범위를 지정한 범위를 바꿔주는 역할을 합니다.

이것은 참고로만 알고 계시면 됩니다.

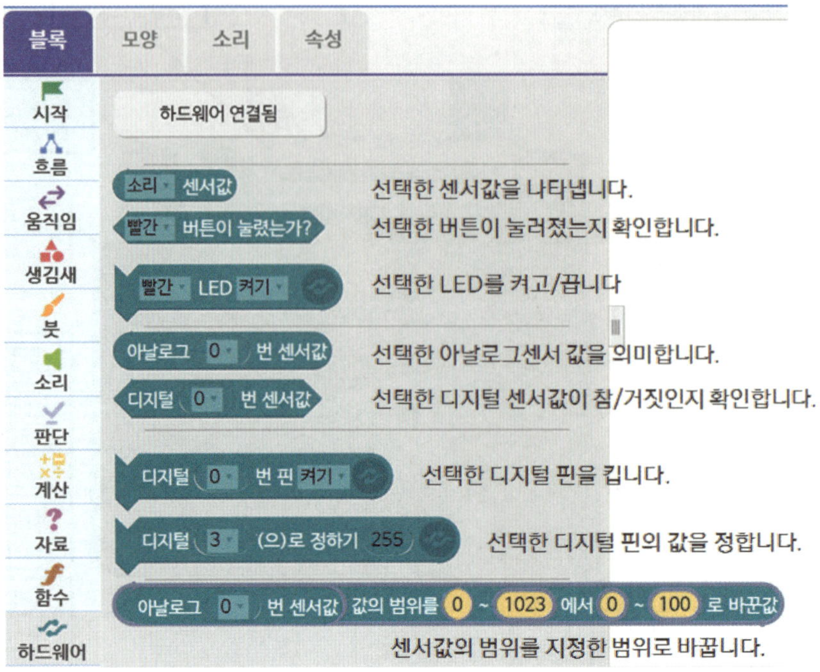

엔트리 센서보드를 pc와 연결하는 방법에 대해 알아 보겠습니다.

가장 먼저 왼쪽 그림과 같이 아두이노와 센서보드를 잘 결합시켜 줍니다. 핀의 개수가 적은 쪽과 많은 쪽을 잘 맞추어 핀이 더 이상 들어가지 않을 때까지 끼워 주세요. 아두이노의 가장 안쪽 두 개의 핀에는 아무 것도 연결되지 않으니 주의하세요. 그리고, USB케이블로 아두이노보드와 노트북을 연결 시켜줍니다.

센서보드를 아두이노보드 위에 핀의 위치를 잘 맞춰 끼워줍니다

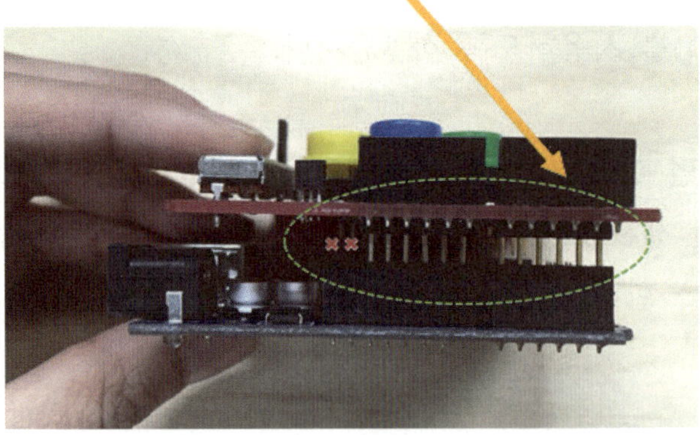

USB 케이블을 이용하여 컴퓨터에 연결합니다.

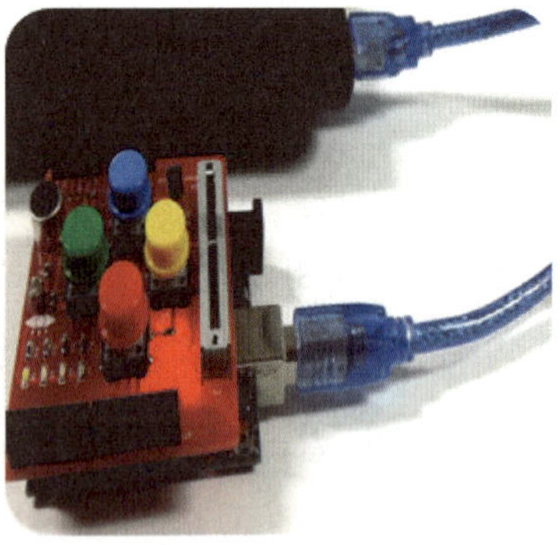

화면 중앙 카테고리에서 [하드웨어]를 선택하고, [연결 프로그램 다운로드]를 누릅니다. 연결 프로그램 다운이 완료되면 압축파일을 반드시 해제 해주세요. 폴더 안에서 Entry.exe 파일을 실행시킵니다.

❶

❷

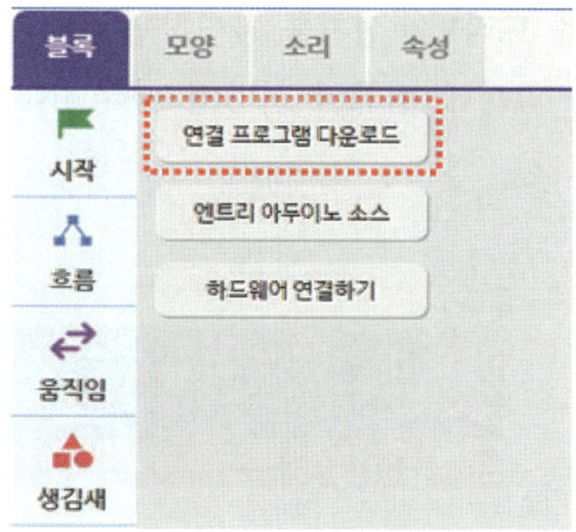

❸ 연결 프로그램 다운이 완료되면,
압축파일을 해제합니다.

❹

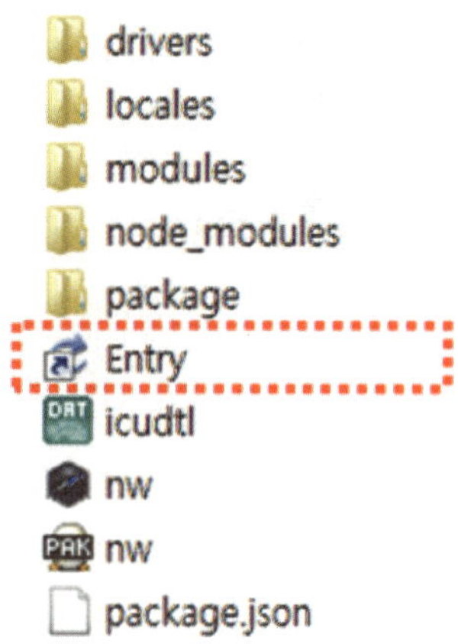

이와 같은 창이 뜨면 엔트리 센서보드를 클릭합니다.

다음엔 드라이버설치를 클릭하면 ❻번과 같은 그림이 나와 INSTALL을 클릭해 줍니다. 이 때, 주의해야 할 것이 있는데 컴퓨터 사양에 따라 INSTALL시간이 길어질 수도 있습니다(보통은 1분 정도를 기다리면 됩니다).

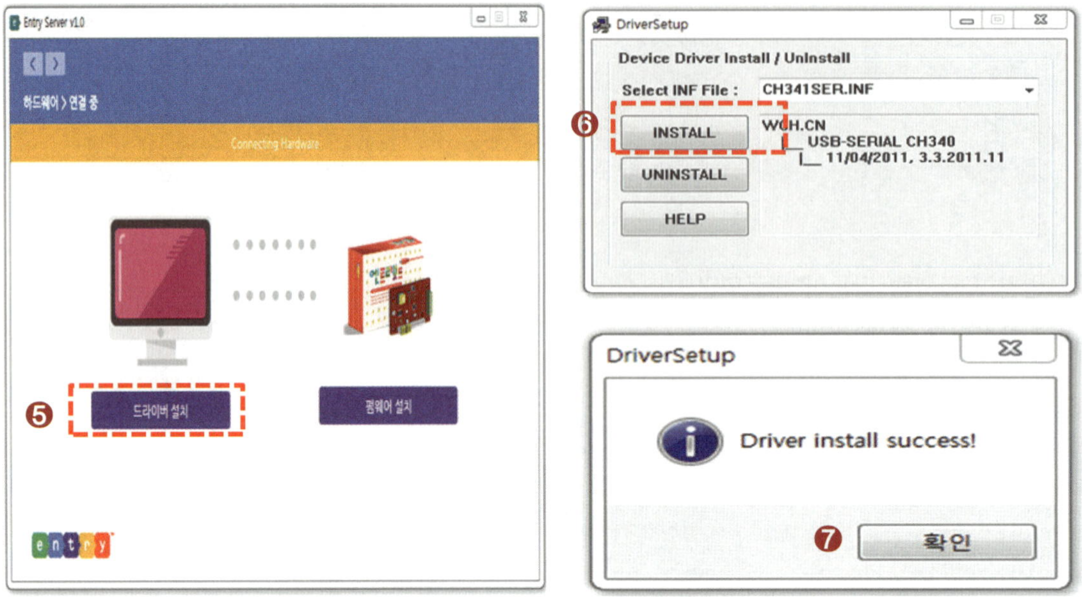

그리고 나서 ❽번 '펌웨어를 설치'를 클릭합니다.

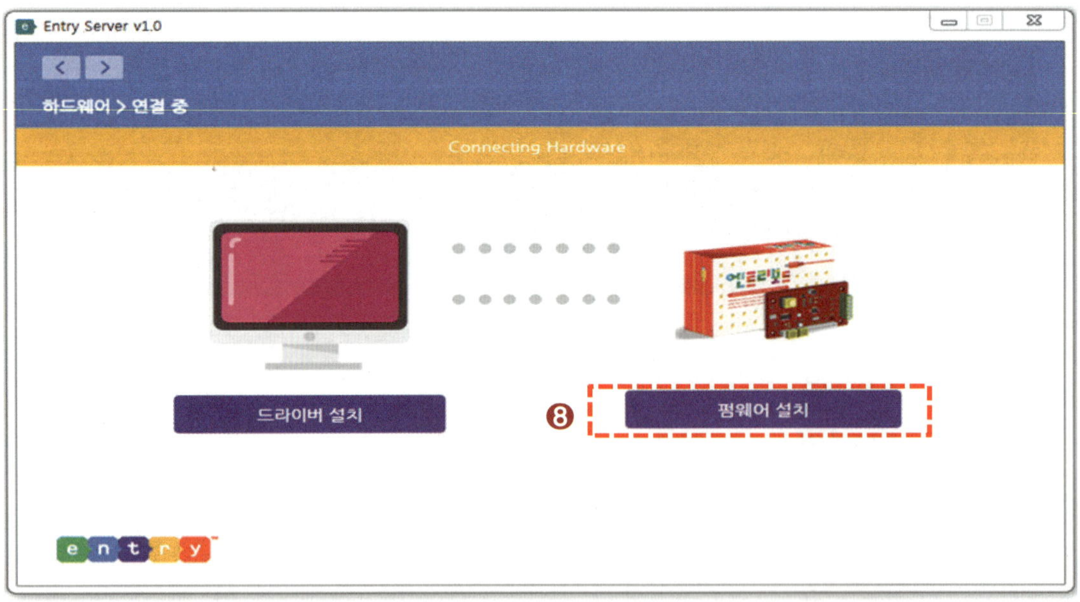

앞서 설명한 대로 진행되고 왼쪽 상단에 "하드웨어 > 연결 성공"이라고 바뀌면 연결이 된 것입니다. 하지만 연결에 성공했다고 해서 창을 끄면은 안됩니다.

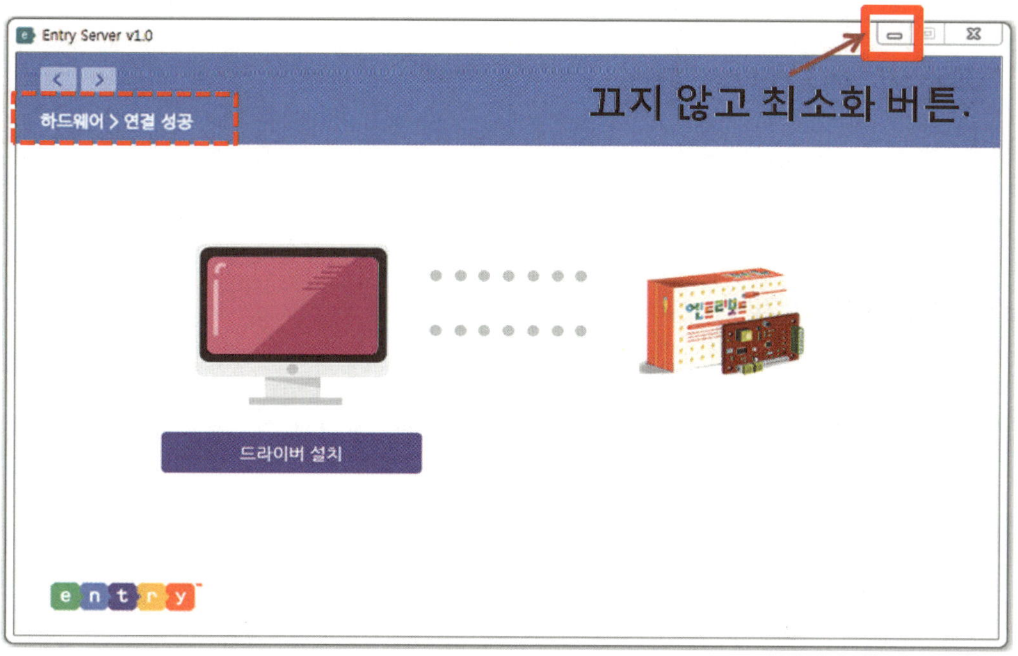

마지막으로, 엔트리 창으로 돌아가 [하드웨어 연결하기]를 누르면 [하드웨어가 연결되었습니다]라고 뜨며, 관련 블록들이 생겨납니다.

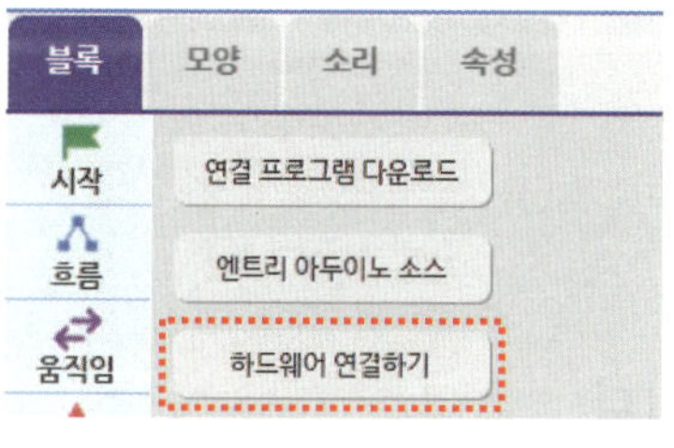

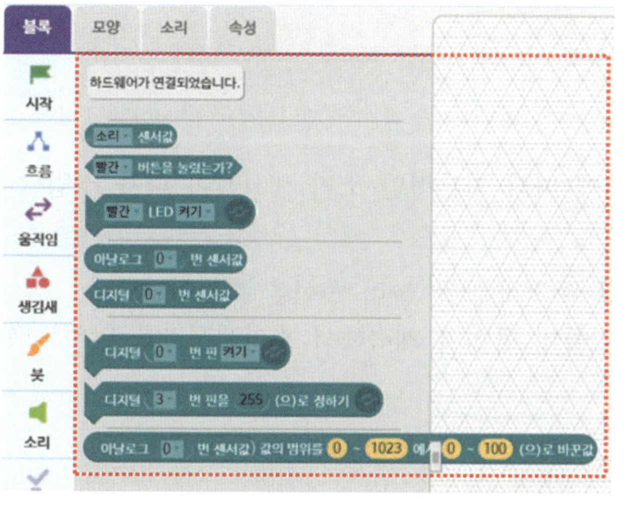

3 엔트리 센서보드 실습

3.1 소리센서로 풍선 터트리기

LED를 제어해 봅시다. [~LED 켜기/끄기] 블록으로 LED를 제어할 수 있습니다

완성 작품 주소: http://goo.gl/uHjSPu

주변의 환경에 따라 기본적인 소리 센서값이 다를 것입니다.

- [오브젝트 추가하기]를 눌러 풍선을 추가합니다.
- 코드를 만들어 풍선이 계속해서 소리센서값을 말하도록 합니다.

소리는 진동으로 이루어져 있습니다. 소리센서는 진동을 감지하기 때문에, 소리를 내는 것보다 바람을 불어넣을 때 더 크게 반응합니다. 세게 부는 경우 200이상까지 값이 올라가는 것을 볼 수 있습니다.

- [시작하기]를 누르고 소리센서를 후~~ 불면서 센서값의 변화를 살펴 봅시다

소리 센서값이 80을 넘으면 크기를 2 만큼씩 바꾸도록 코드를 만들고, 프로그램을 실행시켜 봅시다. 소리센서를 불면 풍선이 점점 커지는 것을 볼 수 있습니다

• 소리 센서값이 일정 이상이 되면 풍선이 점점 커지도록 만들어 봅시다.

이제, 풍선이 일정 크기 이상이 되면 터지도록 만들어 봅시다. [모양] 탭을 보면 풍선이 여러 가지 모양을 가지고 있는 것을 볼 수 있습니다. 이 중에서 웃는 모양의 풍선과 터진 모양의 풍선을 활용할 것입니다.

• 풍선이 일정 크기 이상이 되면 터지도록 만들어 봅시다. [모양] 탭의 풍선이 터진 모양을 활용합니다.

풍선 오브젝트의 정보를 보면 현재 풍선의 크기가 100으로 되어 있습니다. 이 크기는 풍선을 불면 점점 증가하게 됩니다. 이 크기가 200 이상이 되면 풍선이 터지도록 코드를 만들어 봅시다. 터진 후에는 더 이상 풍선의 크기가 커지면 안되므로 코드를 모두 멈춰야 합니다.

- 풍선 오브젝트의 정보에 의하면 현재 크기가 100입니다. 200이 넘으면 터지도록 만들어 봅시다

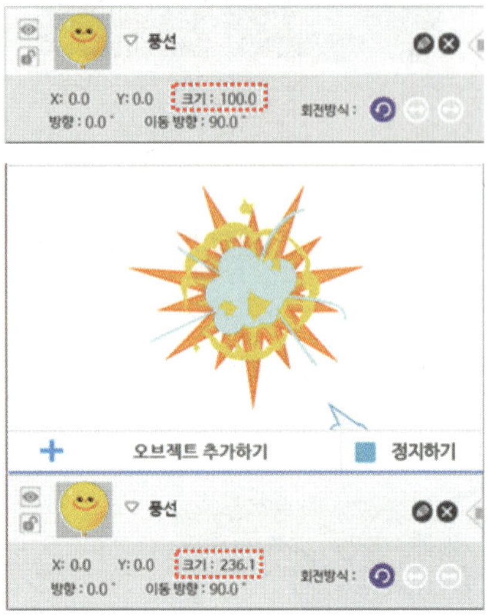

소리센서를 활용하여 만들 수 있는 다른 작품들에 대한 아이디어를 생각해 봅시다

- 폐활량 측정기
- 늑대가 되어 아기돼지 삼형제 집 불어 날려보내기
- 탁구공 공중에 오래 띄우기
- 소음측정기
- 헤어 / 핸드 드라이어
- 잠자는 아빠 깨우기
- 선풍기 / 바람개비
- 음악 전축 아트

폐활량 측정기

- 어떻게 만들었는지 생각해 봅시다.

• 아래 블록들을 사용하여 폐활양 측정기를 만들어 봅시다

• 예시답안

3.2 빛 감지센서로 도난경보기 만들기

LED를 제어해 봅시다. (~LED 켜기/끄기) 블록으로 LED를 제어할 수 있습니다

• 작품소개

고기가 사라지면 빨간 LED가 깜빡거리며 사이렌이 울리고, 사자가 달려와 '어흥~'하고 우는 작품을 만들어 보려고 합니다. [오브젝트 추가하기]를 눌러 실행화면에 사자, 고기, 빨간LED를 추가하고, 적당한 크기와 위치로 배치해 줍니다. 사자는 왼쪽에서 달려올 수 있도록 화면 끝으로 숨겨 줍니다.

- [오브젝트 추가하기]를 눌러 실행화면에 '사자, 고기, 빨간LED'를 추가하고, 적당한 크기와 위치로 배치해줍니다.
- 사자는 왼쪽에서 달려올 수 있도록 화면 끝으로 숨겨줍니다.

보안 작동 중이며, 현재 센서값이 얼마인지를 알려주는 오브젝트를 추가해 봅시다. [오브젝트 추가하기]에서 [글상자] 탭을 선택하여 보안 작동 중: 과 센서값 이라는 글상자 두 개를 추가하고 화면에 배치해 봅시다. 글씨체와 색깔은 자유롭게 지정할 수 있습니다.

- [오브젝트 추가하기]에서 [글상자] 탭을 선택하여 '보안 작동 중:' 과 '센서값'이라는 글상자 두 개를 추가하고 화면에 배치해봅시다.

센서값 글상자 오브젝트에 오른쪽과 같이 블록을 조립하면, 센서값 이라고 쓰여진 글상자가 실시간으로 빛감지 센서값을 말해 줍니다. 이 센서값은 센서의 감도와 주변 환경에 따라 조금씩 다를 것입니다. 여기서는 40~45의 값을 가리키고 있습니다.

• 글상자가 실시간으로 빛 감지 센서값을 보여주도록 코드를 만듭니다.

빛감지 센서를 손으로 가렸다 떼었다 하며 빛감지 센서값의 변화를 살펴 봅시다. 손으로 어둡게 가릴 수록 빛감지 센서값이 커지는 것을 볼 수 있습니다.

• 빛 감지 센서를 손으로 가렸다 떼었다 하며 변화를 살펴봅시다.

물건으로 빛 감지 센서를 가려 두었다가 물건을 치우면 센서값이 100 미만으로 떨어질 것입니다. 센서값이 100 미만으로 떨어지면 활동을 시작해야 하는 오브젝트는 사자와'빨간LED' 입니다. 이 두 오브젝트가 활동을 시작할 수 있도록 신호를 보내기 위해 [속성] 탭에서 도난이라는 신호를 만듭니다.

센서값 글상자 오브젝트에 빛감지 센서값이 100 미만이 되면 도난 신호를 보내는 코드를 추가해 봅시다.

• 빛 감지 센서 위에 올려놓은 물건이 사라지면 '센서값' 글상자가 '고기'와 '사자'에게 신호를 보내도록 해 봅시다.

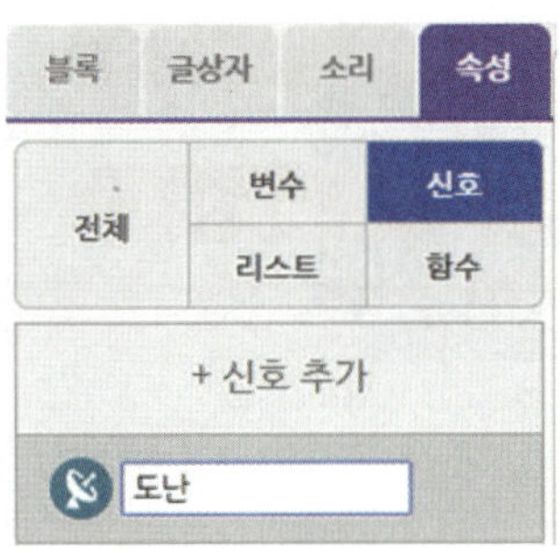

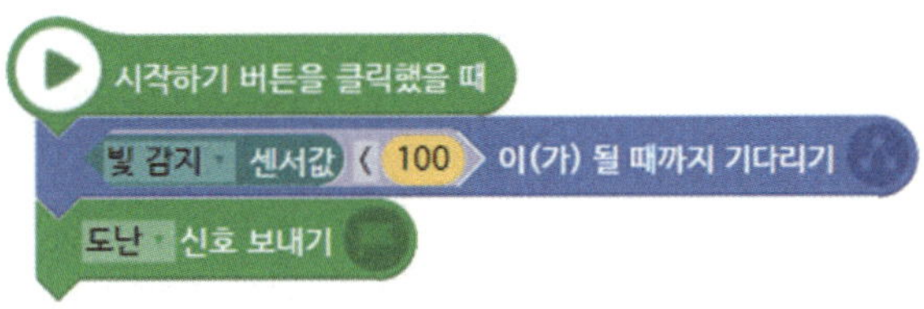

도난 신호를 받으면 고기가 오른쪽 위로 날아 가도록 만들어 봅시다. 1초 동안 x, y좌표를 적절히 변화시킵니다.

도난 신호를 받은 빨간 LED가 사이렌 소리를 울리고, 불이 꺼졌다 켜졌다 하도록 만들어 봅시다. 빨간 LED 오브젝트의 [모양] 탭을 보면 켜진 모양과 꺼진 모양이 있는 것을 볼 수 있습니다. 이 중에서 꺼진 모양을 선택하여 기본적으로 꺼진 모양이 되도록 하고, 도난 신호를 받으면 사이렌이 깜빡 거리도록 코드를 만듭니다.

- '도난' 신호를 받은 '고기'가 날아가도록 만들어봅시다.

- '도난' 신호를 받은 ' LED'가 깜빡이도록 만들어봅시다.

[소리] 탭에서 사이렌 소리를 추가합니다. 사이렌 소리는 9.7초로 길기 때문에 3초 정도만 재생하는 코드를 추가합니다. 소리 재생하기 코드를 LED 깜빡거리기 코드보다 상위에 두어야 두 가지가 동시에 이루어집니다.

- 도난시 사이렌소리가 울리도록 코드를 추가해봅시다.

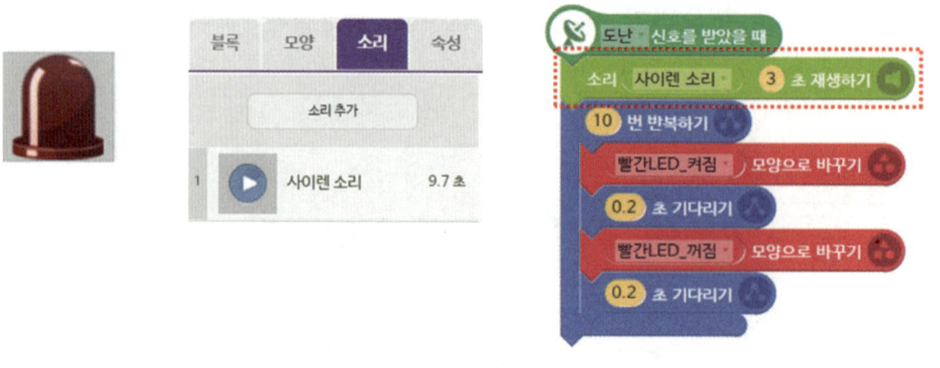

화면에 있는 LED외에도 센서보드에 있는 LED가 함께 깜빡이도록 만들어 봅시다.

• 센서보드의 LED가 LED오브젝트와 함께 깜빡이도록 만들어봅시다.

화면에 있는 LED외에도 센서보드에 있는 LED가 함께 깜빡이도록 만들어 봅시다.

• '도난' 신호를 받은 사자가 오른쪽에서 달려와 '어흥!'하고 우는 코드를 만들어봅시다.

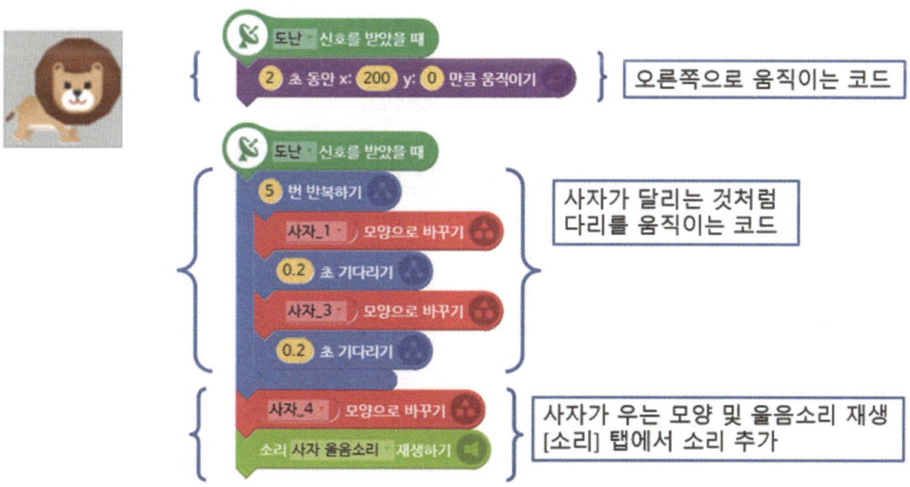

빛 감지 센서를 활용하여 만들 수 있는 다른 작품들에 대해 생각해 봅시다.

- 휴대폰 밝기 자동조절
- 센서등
- 어두워지면 켜지는 가로등
- 해가 뜨면 울리는 모닝콜
- 우주에서 살아남기(센서 위에 손 높이를 조정하여 무중력 점프)

주변이 어두워지면 켜지는 전등

• 주변이 어두워지면 켜지는 전등이 어떻게 만들어졌는지 생각해 봅시다.

• 아래 블록들을 사용하여 주변이 어두워지면 켜지는 전등을 만들어 봅시다.

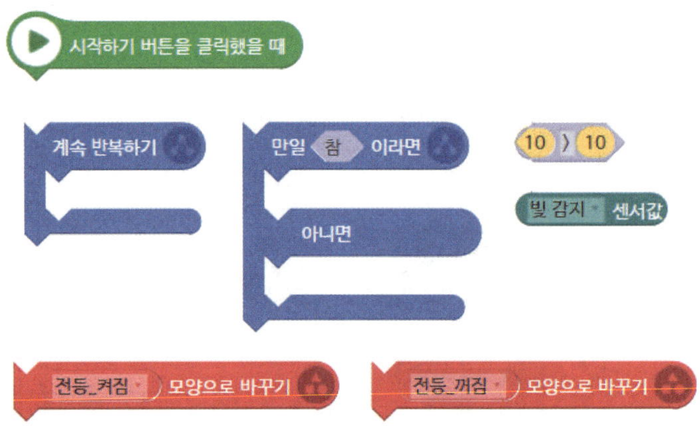

• 예시답안

3.3 온도센서로 자동 온도조절장치 만들기

완성 작품 주소: http://goo.gl/e03XCD

- [오브젝트 추가하기]를 눌러 '에어컨', '히터', 원하는 배경을 추가하고 화면에 적절히 배치합니다.

히터 오브젝트가 온도 센서값을 보여주도록 코드를 만들어 봅시다. 이 센서값은 우리가 알고 있는 섭씨나 화씨온도로 보여지지는 않으며, 센서의 감도와 주변 환경에 따라 조금씩 다를 것입니다. 현재 온도는 쌀쌀한 편인데, 149~150 정도의 값을 가리키고 있습니다.

- '히터' 오브젝트가 '온도센서' 값을 보여주도록 코드를 만들어 봅시다.

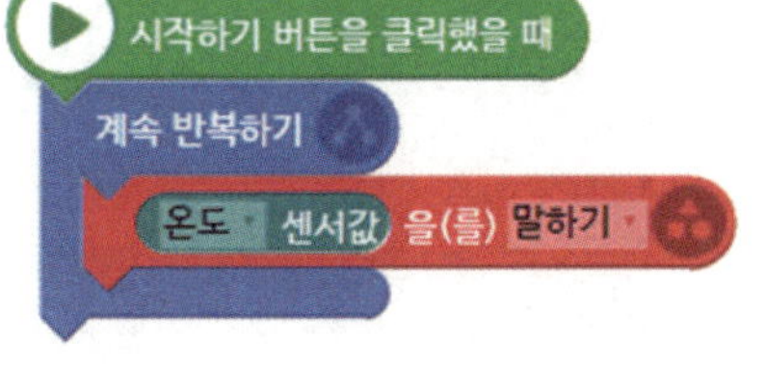

온도센서에 입김을 불어 넣으며 변화를 살펴 봅시다. 급격한 변화를 볼 수는 없지만, 서서히 온도 센서값이 올라가는 것을 볼 수 있습니다.

- [모양]탭의 모양들을 활용하여 에어컨과 히터가 켜지고 꺼지는 모습을 표현해봅시다.

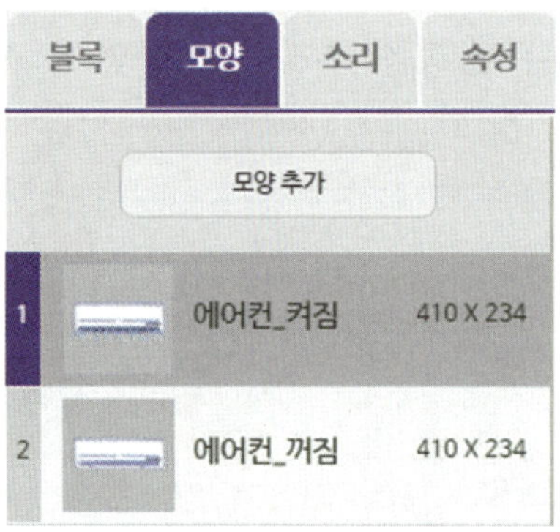

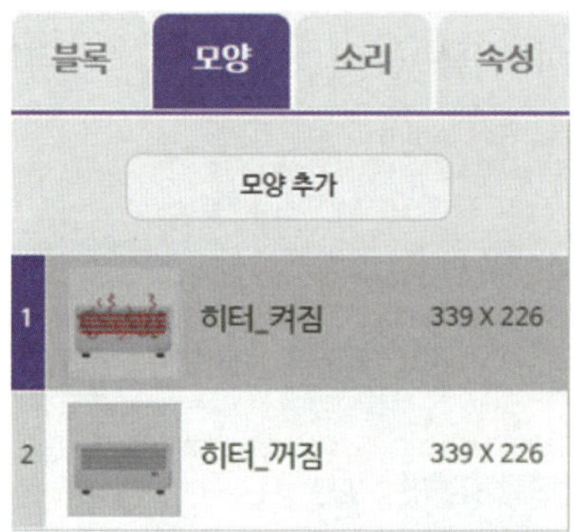

현재의 온도 센서값을 기준으로 코드를 만들어 봅시다. 온도 센서값이 170보다 커지면 에어컨이 켜지고, 155 보다 작아지면 히터가 켜지는 코드입니다. 155~170 사이일 때에는 둘 다 꺼진 모습이 됩니다.

- 현재의 온도센서값을 기준으로 온도가 낮아지면 히터를 켜고, 온도가 높아지면 에어컨을 켜는 코드를 만들어봅시다.

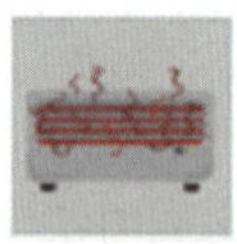

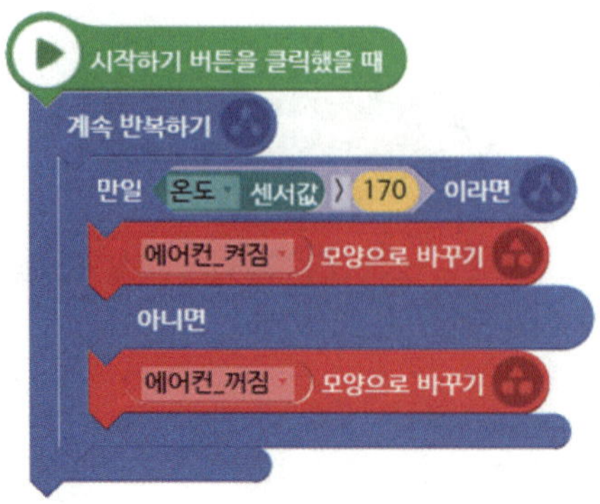

온도 센서를 활용하여 만들 수 있는 다른 작품들에 대해 생각해 봅시다.

- 음식을 따뜻하게 유지시켜주는 접시
- 화재경보기
- 열선 쇼파
- 날씨 예보
- 기온에 따른 옷차림 추천

날씨에 따라 불꽃 조절하기

- 주변이 추우면 불꽃이 커지고, 더우면 작아지는 불꽃을 어떻게 만들었는지 생각해 봅시다.

- 아래 블록들을 사용하여 날씨에 따라 불꽃의 크기가 달라지도록 만들어 봅시다.

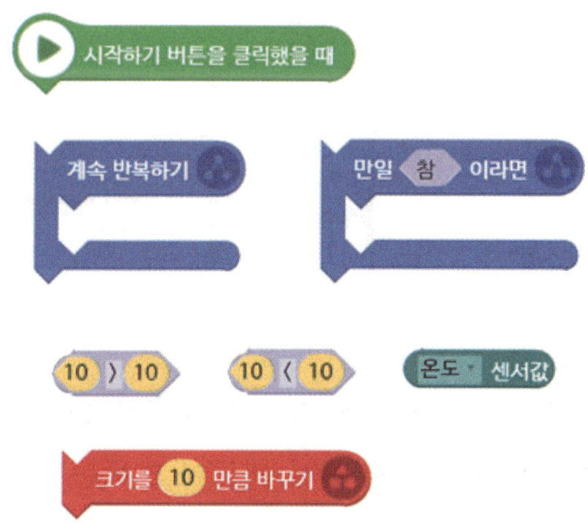

- 예시 답안

3.4 버튼으로 미로찾기 게임 만들기

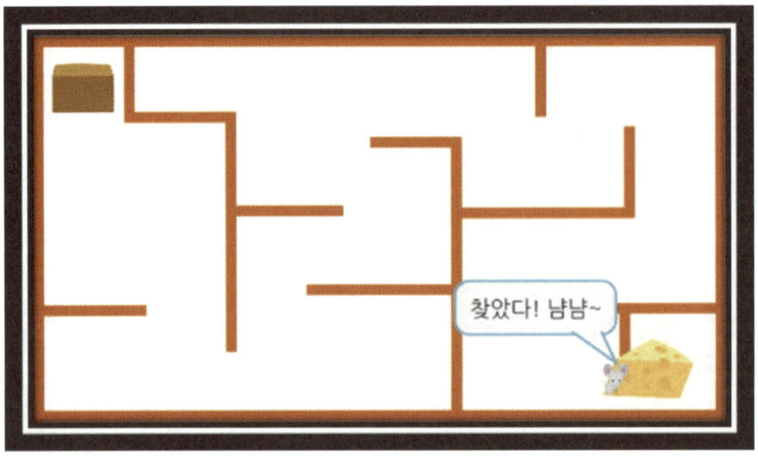

완성 작품 주소: http://goo.gl/SdaZAS

미로, 쥐, 치즈, 교탁 오브젝트를 추가합니다. 쥐가 교탁, 치즈보다는 앞쪽으로 나와야 하므로 오브젝트 목록의 순서를 조종하여 쥐가 가장 상위로 올라오도록 합니다.

- [오브젝트 추가하기]를 눌러, 미로, 쥐, 치즈, 교탁 오브젝트를 추가하고 적절히 배치합니다.

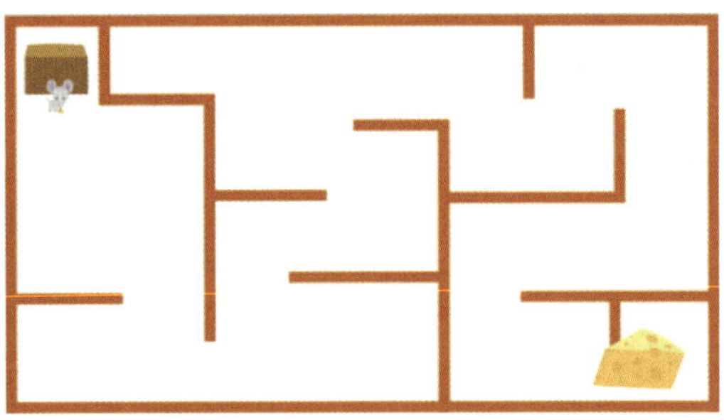

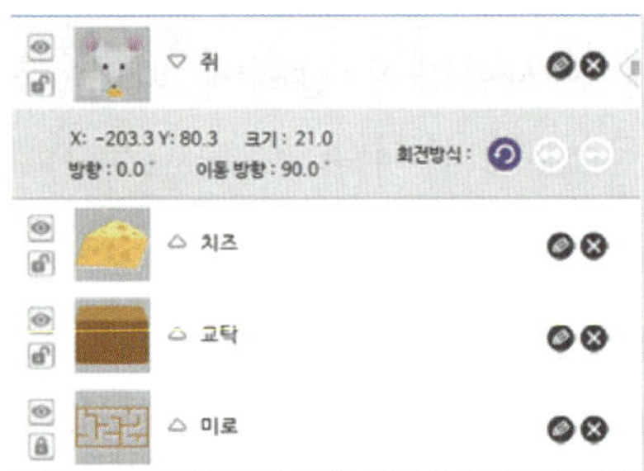

쥐가 빨간 버튼을 누르면 오른쪽으로 가도록 만들어 봅시다. 오른쪽으로 가려면 x좌표의 값을 더해 주어야 합니다. 컴퓨터에서 버튼이 눌렸는지 계속해서 확인해야 하므로 계속 반복하기 블록 안에 넣어 줍니다.

- '쥐 '가 빨간 버튼을 누르면 오른쪽으로 가도록 만들어봅시다.

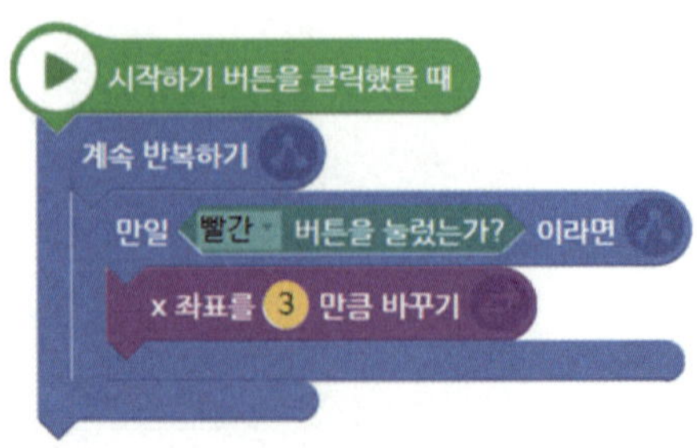

나머지 버튼들을 사용하여 왼쪽, 위쪽, 아래쪽으로 갈 수 있도록 만들어 봅시다. 위-아래로 움직이기 위해서는 y좌표의 값을 더해 주거나 빼 주어야 합니다

- 나머지 버튼들을 사용하여 왼쪽, 위쪽, 아래쪽으로 갈 수 있도록 만들어봅시다.

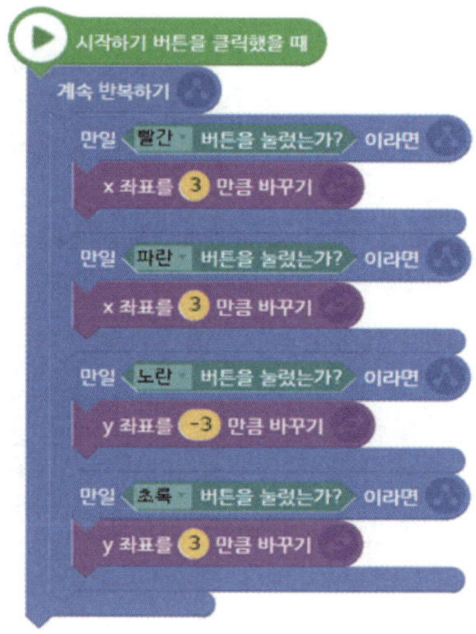

쥐가 움직이다가 미로에 닿으면 처음부터 다시 시작되는 코드를 만들어 봅시다. 쥐가 교탁에서 미로찾기를 시작하므로 미로에 닿으면 교탁의 위치로 이동하도록 합니다. 이 과정도 프로그램 실행 중에 계속 확인해야 하므로 계속 반복하기 블록 안에 넣어 줍니다.

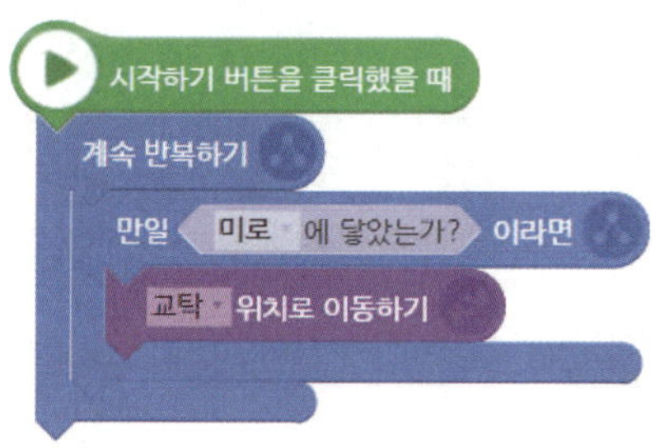

- 쥐가 치즈에 닿으면 '찾았다! 냠냠~' 이라고 말하고 모든 코드가 멈추도록 만들어봅시다.

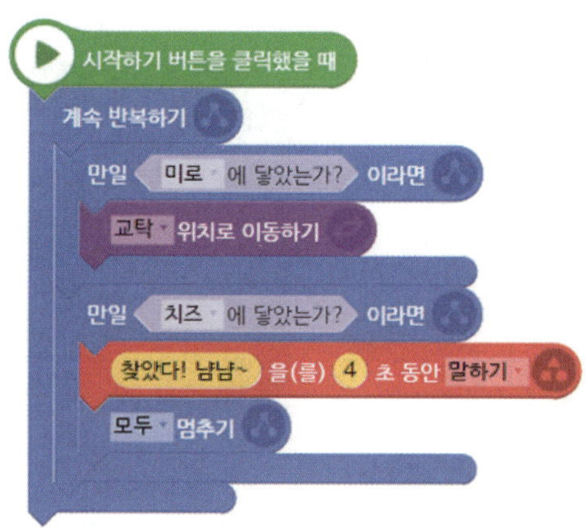

쥐가 오른쪽으로 갈때 오른쪽을, 왼쪽으로 갈 때 왼쪽을 쳐다보게 만들고 싶다면 회전방식을 바꾸어 줍니다. 회전방식을 모든 방향에서 좌우 방향으로 바꾸면, 쥐를 회전시키지 못하는 대신(방향이 사라짐) 이동방향이 가리키는 방향에 따라 쥐를 좌우 반전시키게 됩니다. 이동방향이 0~179일 때 오른쪽을, 180~359일 때 왼쪽을 바라보게 되므로 아래처럼 코드를 추가해 줍니다. 다시 얘기하면, 이동발행이 오른쪽일 때 90도, 왼쪽일 때 270도를 설정해 줍니다.

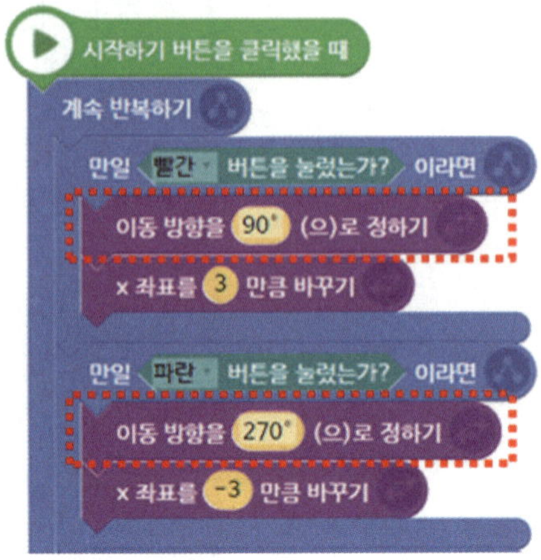

원격 리모컨 만들기

• 아래 블록들을 사용하여 스마트하우스 원격 리모컨을 만들어 봅시다.

• 예시 답안

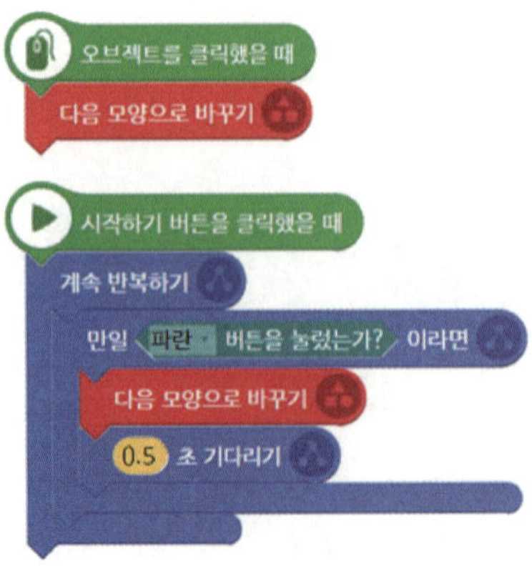

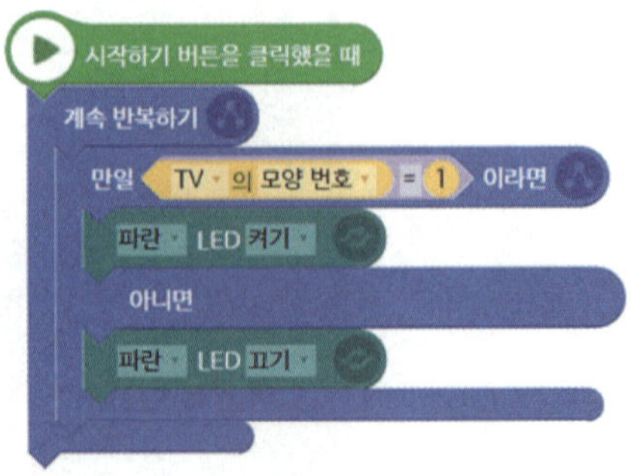

3.5 슬라이더로 날아라 독수리 게임 만들기

[오브젝트 추가하기]를 눌러 원하는 배경과 독수리, 장애물 오브젝트를 추가하고, 적당한 크기와 위치에 배치합니다. 파이프는 위 아래로 움직여야 하므로 위-아래로 길게 늘려 파이프의 뚫린 곳에 위쪽, 아래쪽으로 내려오더라도 빈 곳이 없도록 만들어 주어야 합니다.

장애물을 위로 올렸을 때	장애물을 아래로 내렸을 때

독수리 오브젝트가 슬라이더 센서값을 보여주도록 코드를 만들어 봅시다.

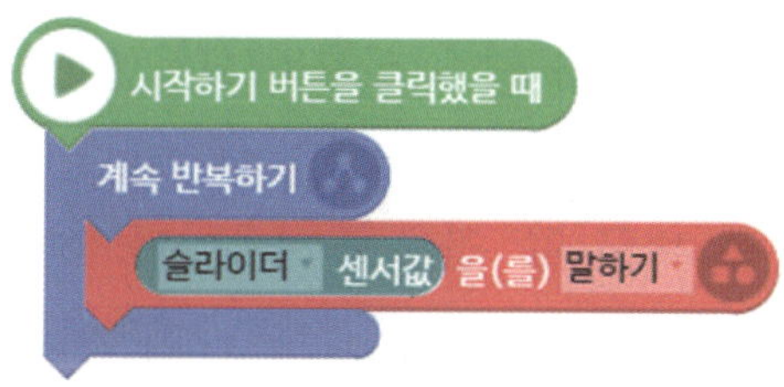

슬라이더를 움직이며 센서값의 변화를 살펴 봅시다. 슬라이더값이 0~1023까지 바뀌는 것을 볼 수 있습니다.

실행화면	센서보드
	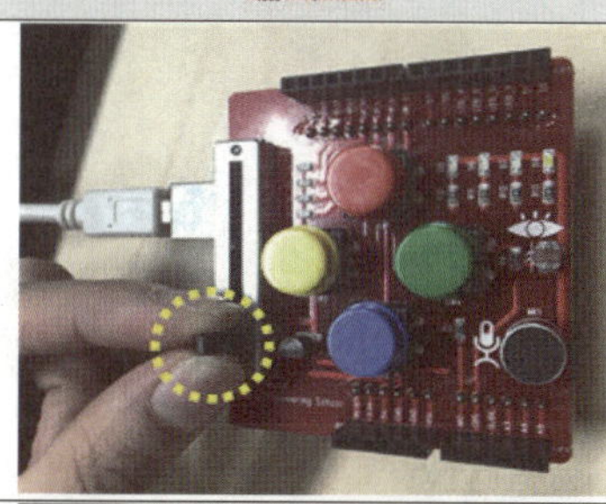
	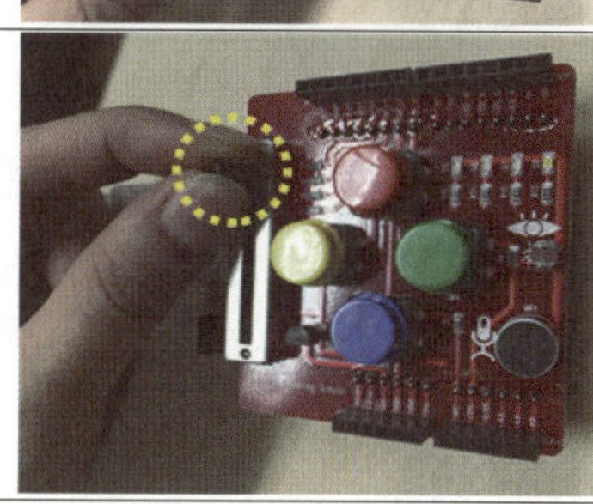

독수리가 슬라이더를 움직임에 따라 위-아래로 움직이도록 만들어 봅시다. 엔트리 화면의 좌표는 x축 방향으로 -240~240, y축 방향으로 -135~135로 이루어져 있습니다. 독수리를 위-아래로 움직이기 위해서는 y 좌표값을 움직여야 합니다.

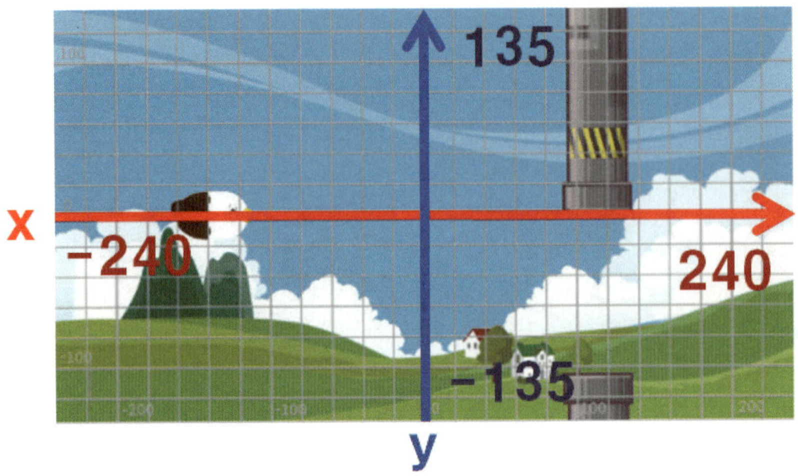

슬라이더 센서가 0~1023까지 변화할 때, 독수리의 y좌표는 그 비율에 맞추어 -135~135까지 변화해야 합니다. 이것을 해 주는 블록이 아래 블록입니다.

- '~의 범위를 ~로 바꾼 값' 블록을 사용하여, 독수리를 슬라이더로 움직여봅시다.

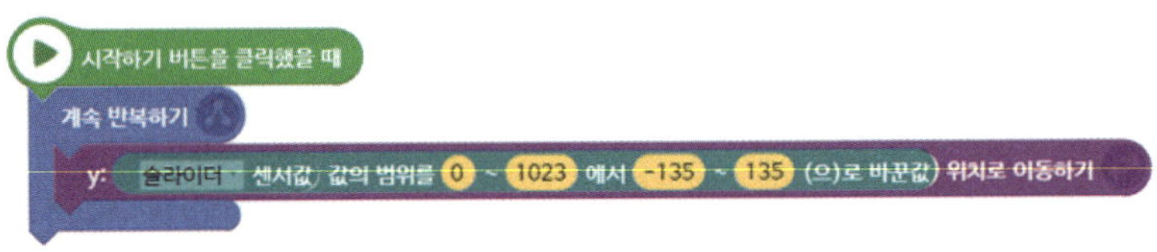

실행화면 1	실행화면 2

독수리의 [모양] 탭을 보면 날개의 위치가 다른 세 개의 모양이 있습니다. 그 모양들을 활용하여 독수리가 날아가는 것과 같은 효과를 주는 애니메이션을 만듭니다.

• 독수리의 [모양]을 활용하여 독수리가 나는 애니메이션 효과를 만듭니다.

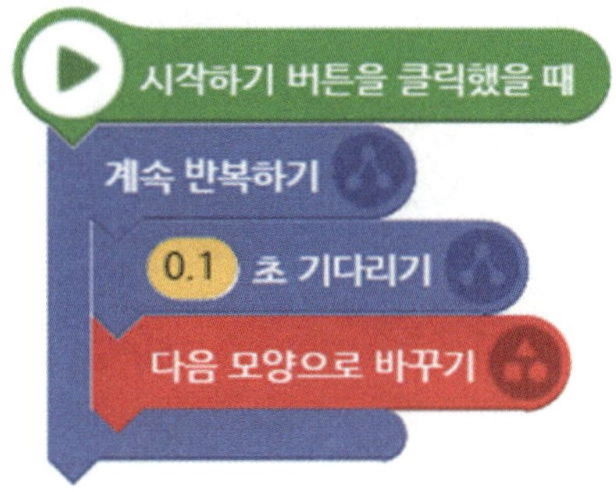

이제 장애물을 움직여 봅시다. 장애물은 오른쪽 끝에서 등장해서 왼쪽으로 끝으로 사라져야 합니다(x좌표). 장애물이 등장할 때에는 장애물의 빈 곳 위치가 무작위로 배치되어야 합니다(y좌표). x, y좌표를 활용하여 아래와 같이 만들 수 있습니다.

• 이제 x, y좌표를 활용하여 장애물을 움직여봅시다.

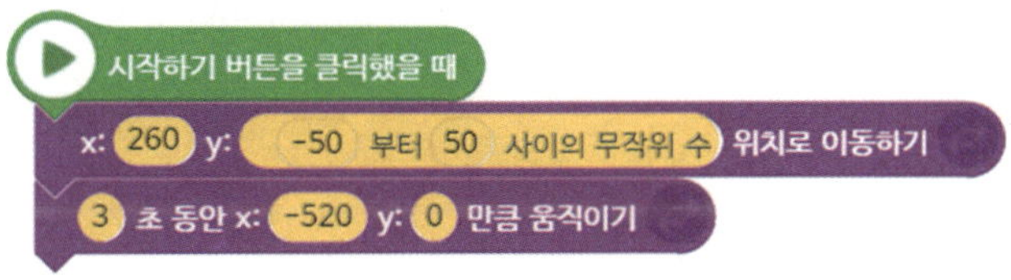

장애물이 계속해서 등장하도록 계속 반복하기 블록 안에 넣어 줍니다. 점수 변수를 만들어 장애물이 한 번 지나갈 때마다 점수가 10씩 올라가도록 합니다.

• 장애물이 계속해서 등장하도록 '계속 반복하기' 블록 안에 넣어줍니다.
• '점수' 변수를 만들어 장애물이 한 번 지나갈 때마다 점수가 10씩 올라가도록 합니다.

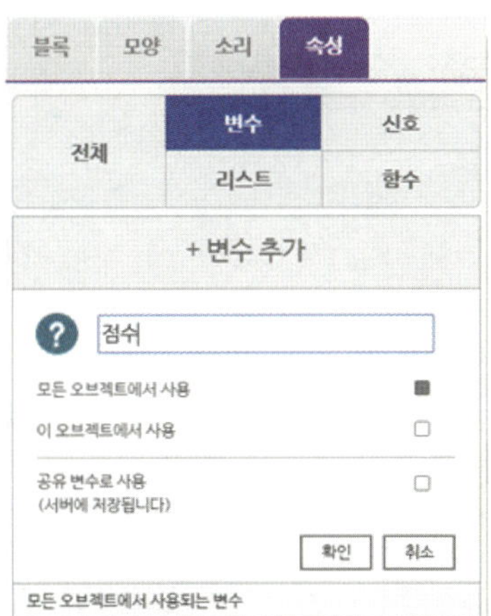

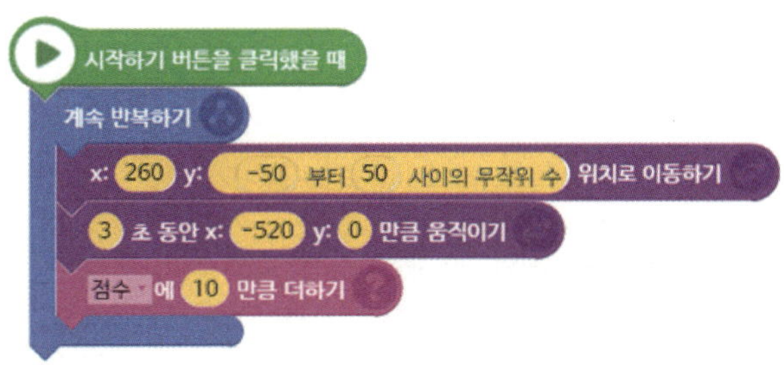

독수리가 장애물에 부딪히면 땅으로 떨어지고 게임이 끝나도록 만들어 봅시다.

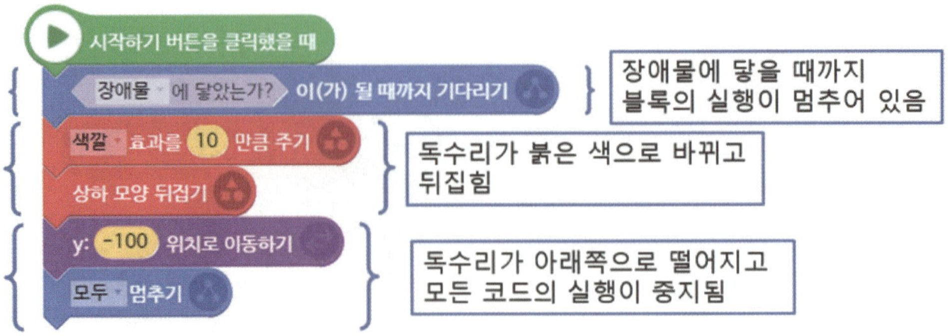

축구공을 구하라 게임

• 슬라이더로 축구공을 구해라 게임을 해 보고 어떻게 만들지 생각해 봅시다

작품주소: http://bit.ly/1GxOSwm

• 아래 블록들을 사용하여 슬라이더로 **판**을 움직여 봅시다.

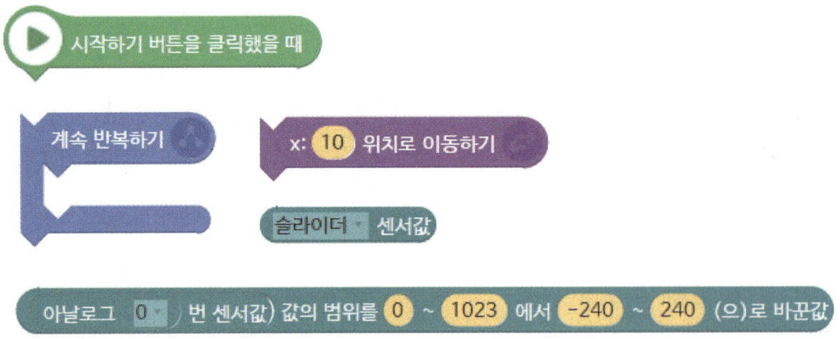

• 예시 답안 <판>

축구공을 구하라 게임

- 아래 블록들을 사용하여 **축구공**의 움직임을 표현해 봅시다.
  1. 축구공이 벽에 닿으면 튕기도록 해 봅시다.
  2. 축구공이 판에 닿으면 튀어 오르고, 점수가 올라가도록 해봅시다.

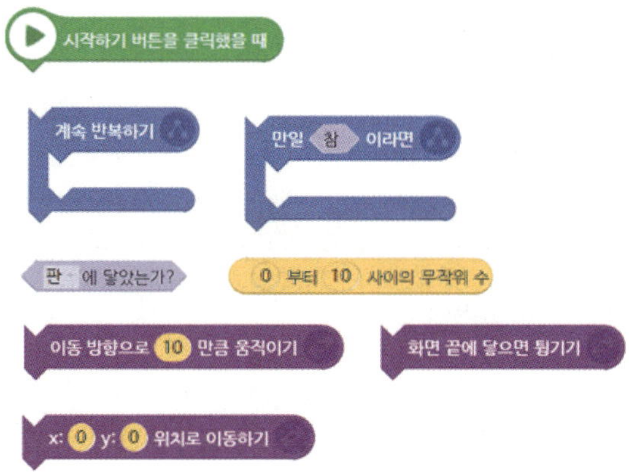

- 예시 답안 <축구공>

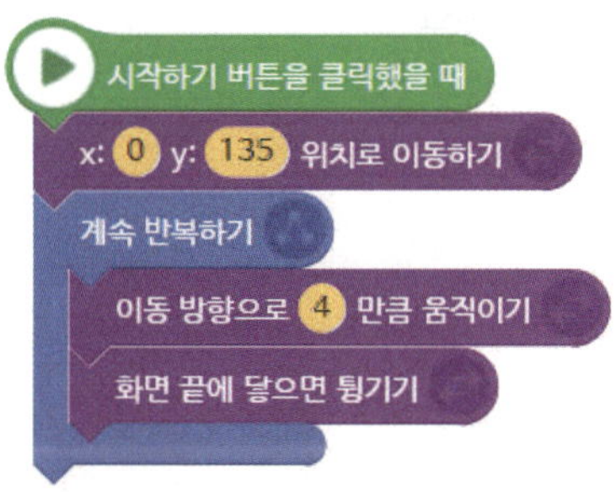

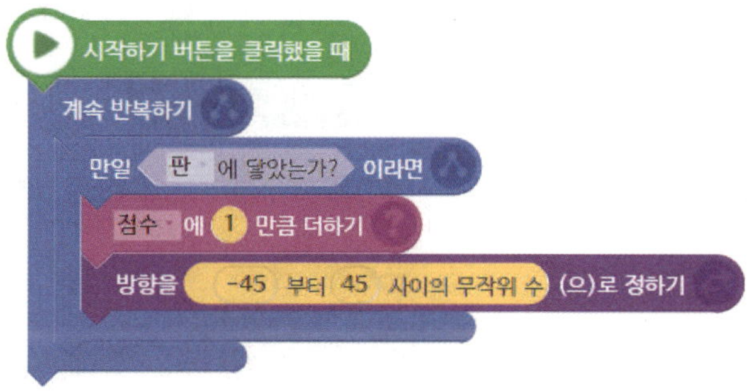

축구공을 구하라 게임

- 아래 블록들을 사용하여 **별**의 움직임을 표현해 봅시다.
  1. 별이 무작위 위치에서 나타나도록 해 봅시다.
  2. 축구공에 닿으면 점수가 올라가고, 2초 후 새로운 위치에 다시 나타나도록 해봅시다.

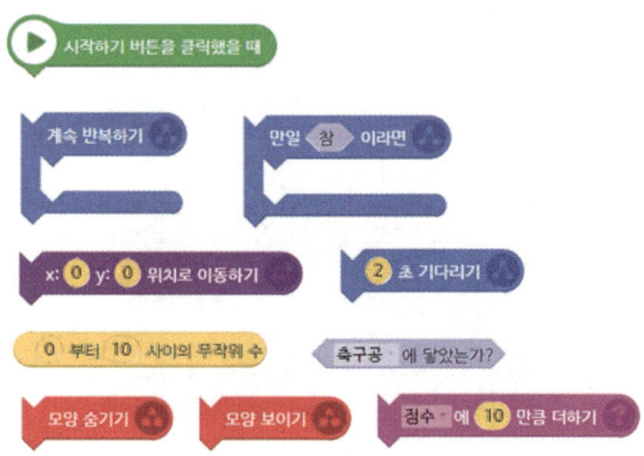

• 예시 답안 <별>

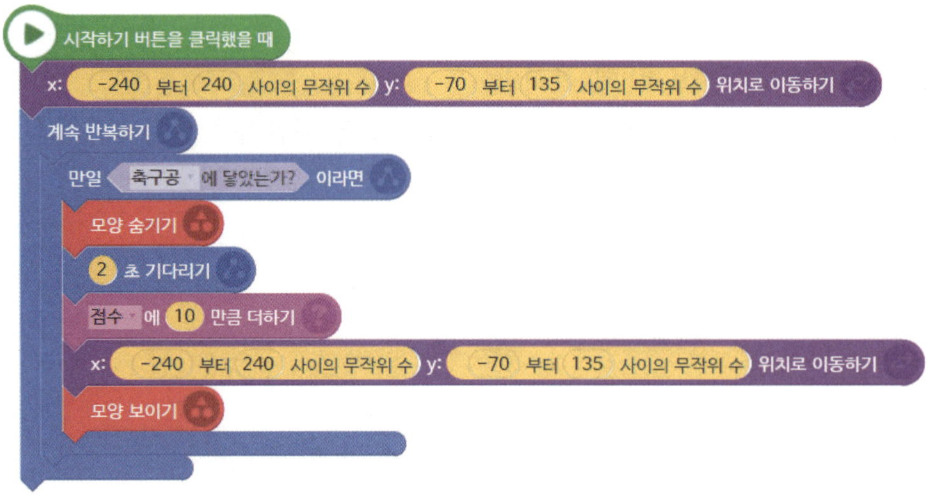

축구공을 구하라 게임

• 아래 블록들을 사용하여 **축구공** 오브젝트가 게임을 끝낼 수 있도록 만들어 봅시다.
: 축구공이 가시에 찔릴 때마다 목숨이 1씩 감소, 0이 되면 게임 종료

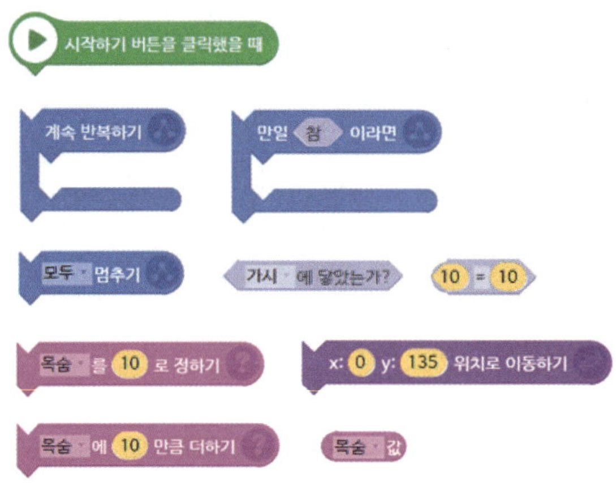

• 예시 답안 <축구공>

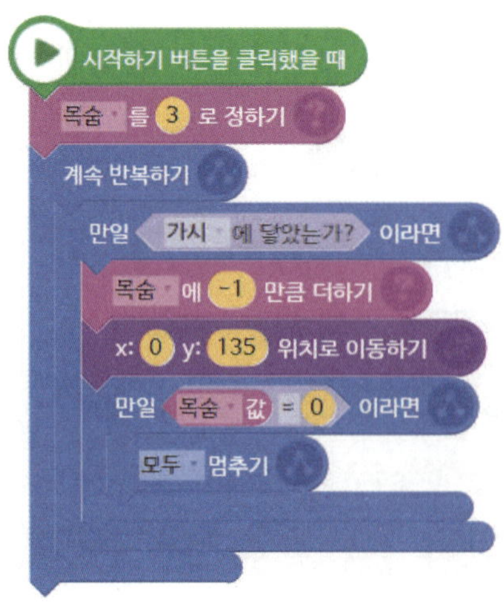

더 많은 정보를 알아 보려면 엔트리 공식사이트(play-entry.org)에 들어가서 확인할 수 있으며 소프트웨어야 놀자 EBS25회, 26회를 통해서 공부할 수 있습니다. 또한, 엔트리 공식 블로그에 기면 관련 교재를 다운받을 수 있습니다.

- 엔트리 공식 사이트(play-entry.org)
- 엔트리 공식 블로그(blog.naver.com/entrylabs)
- EBS 소프트웨어야 놀자 25회(전구가 깜박깜빡)
  (http://www.ebs.co.kr/tv/show?prodId=112913&lectId=10302403)
- EBS 소프트웨어야 놀자 26회(도난경보기 만들기)
  (http://www.ebs.co.kr/tv/show?prodId=112913&lectId=10304909)
- EBS 소프트웨어야 놀자 9회(풍선 터뜨리기)
  (http://www.play-entry.org/tt#!/custom/lecture/view/55fb78ec3f115b047b3aa9d4)
- 카이스트 공학스쿨 (neweducation.co.kr/entry)

entry

entry

엄마와 선생님이 함께하는

엔트리
연수프로그램

PART 8

엔트리와 함께하는 피지컬 컴퓨팅

| 햄스터 |

1 햄스터 만나기

1.1 햄스터 기능 알아보기

햄스터 로봇은 국내에서 생산된 약 4cm 큐브 모양의 미니로봇입니다. 작은 체구에 무려 10개의 센서와 2개의 LED, 2개의 DC모터가 달려 있어 다양하게 활용할 수 있습니다.

가격도 기능에 비해 정말 저렴하여 많은 학교과 가정에서 비교적 부담 없이 구입하실 수 있을 것입니다. 햄스터 로봇은 엔트리, 스크래치와 같은 교육용 프로그래밍 언어뿐만 아니라, 자바스크립트, 파이선과 같은 전문 언어로도 움직일 수 있습니다.

hamster.school에서 햄스터의 구입 방법 및 더 많은 정보를 알아 보세요.

햄스터 로봇에 대하여 좀더 알아 보겠습니다.

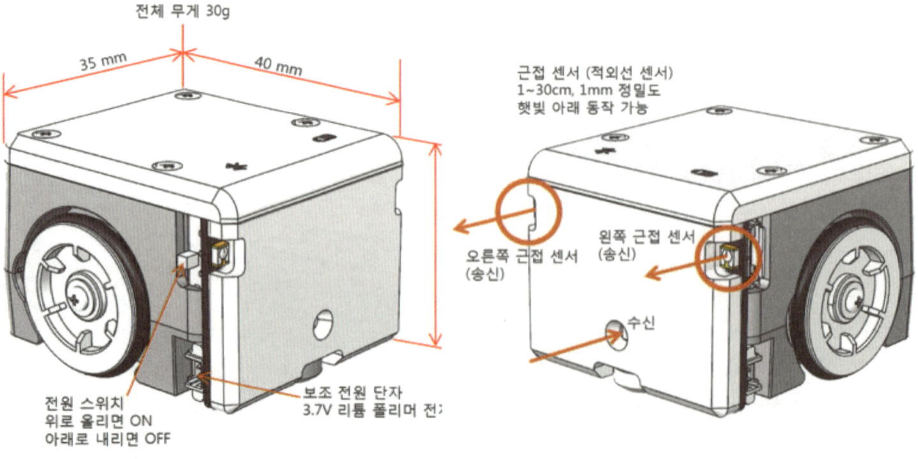

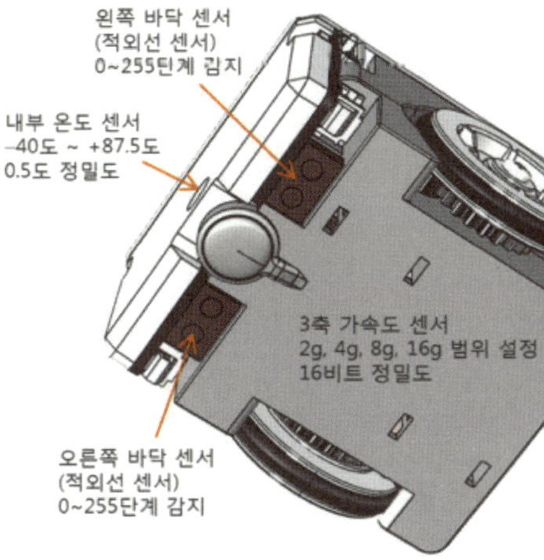
왼쪽 바닥 센서
(적외선 센서)
0~255단계 감지
내부 온도 센서
-40도 ~ +87.5도
0.5도 정밀도
3축 가속도 센서
2g, 4g, 8g, 16g 범위 설정
16비트 정밀도
오른쪽 바닥 센서
(적외선 센서)
0~255단계 감지

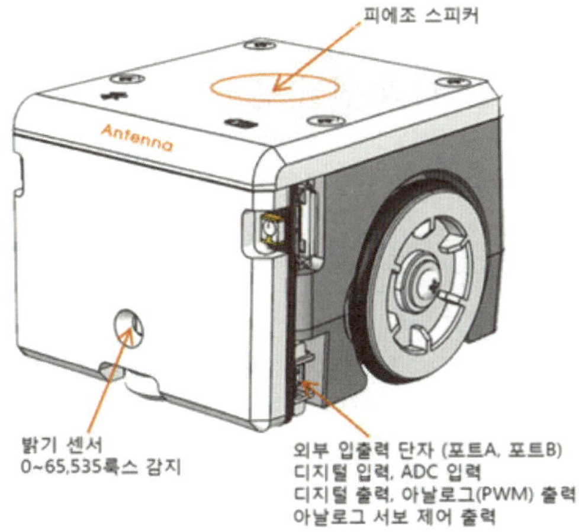
피에조 스피커
Antenna
밝기 센서
0~65,535룩스 감지
외부 입출력 단자 (포트A, 포트B)
디지털 입력, ADC 입력
디지털 출력, 아날로그(PWM) 출력
아날로그 서보 제어 출력

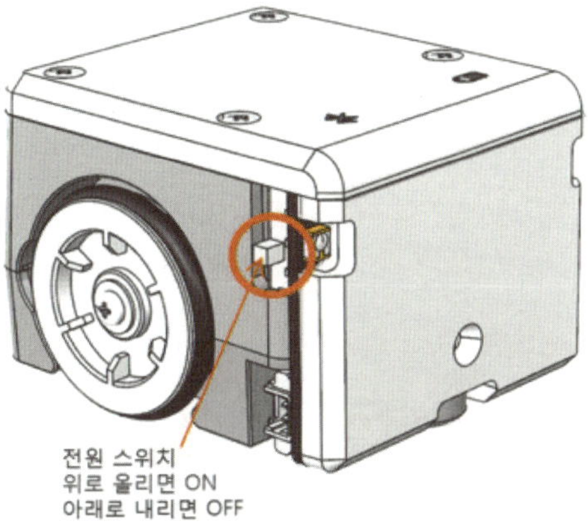
전원 스위치
위로 올리면 ON
아래로 내리면 OFF

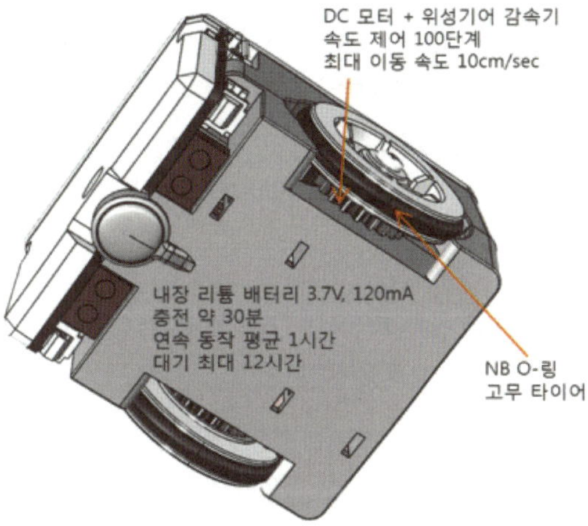
DC 모터 + 위성기어 감속기
속도 제어 100단계
최대 이동 속도 10cm/sec
내장 리튬 배터리 3.7V, 120mA
충전 약 30분
연속 동작 평균 1시간
대기 최대 12시간
NB O-링
고무 타이어

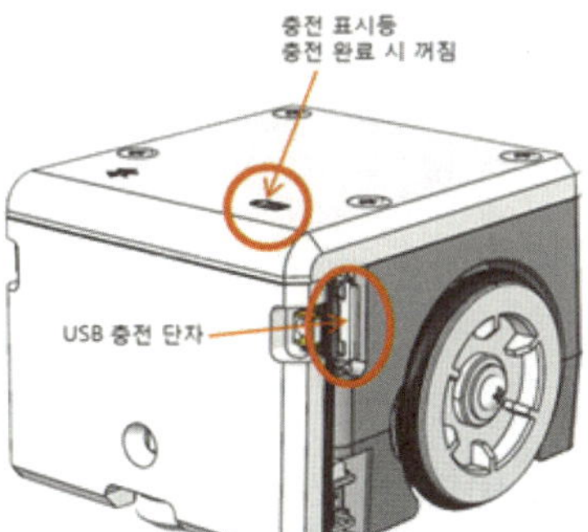
충전 표시등
충전 완료 시 꺼짐
USB 충전 단자

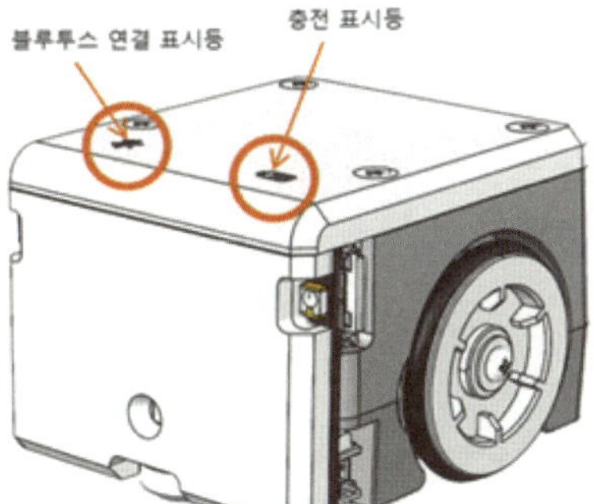
블루투스 연결 표시등
충전 표시등

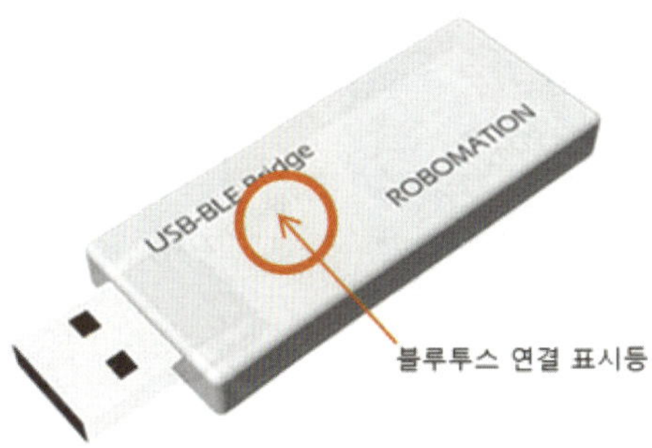
USB-BLE Bridge
ROBOMATION
블루투스 연결 표시등

1.2 엔트리와 햄스터 연결하기

- 엔트리와 햄스터의 연결 준비물

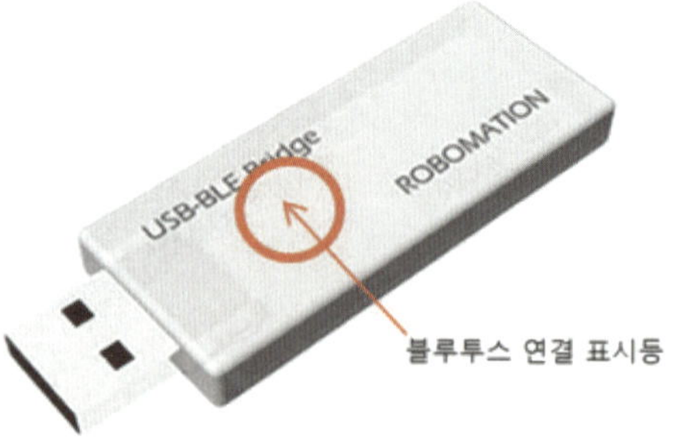

이때, 전기.전자 지식없이 쉽게 피지컬 컴퓨팅을 할 수 있는 도구가 센서보드 입니다. 센서보드란 피지컬 컴퓨팅을 하기 위한 다양한 도구 중 하나이며 다양한 센서들을 한곳에 모아 놓은 편리한 보드입니다.

위에 그림과 같이, LED전구, 빛 감지센서, 소리 감지센서, 온도센서, 버튼, 슬라이더가 있는데 이것은 교육하면서 하나하나씩 설명하겠습니다.

- 크롬 브라우저로 엔트리 사이트에 접속합니다.

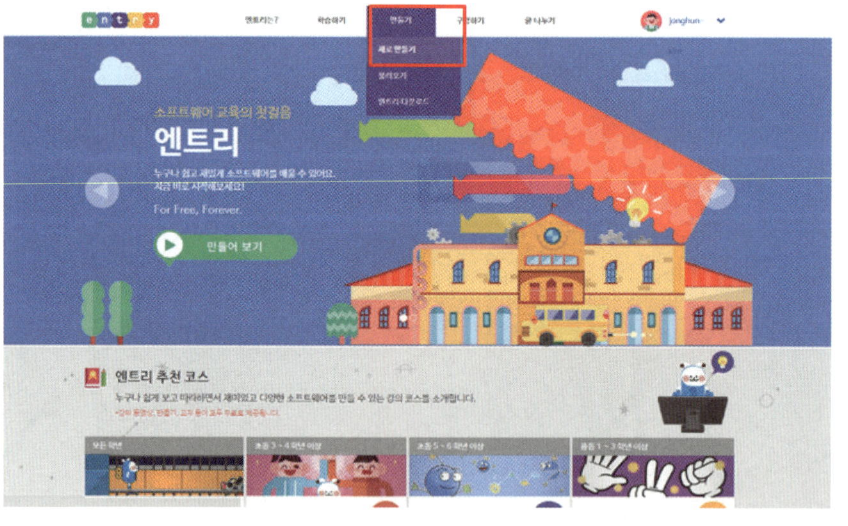

• 블록꾸러미의 [하드웨어] 카테고리에서 '연결 프로그램 다운로드'를 클릭합니다.

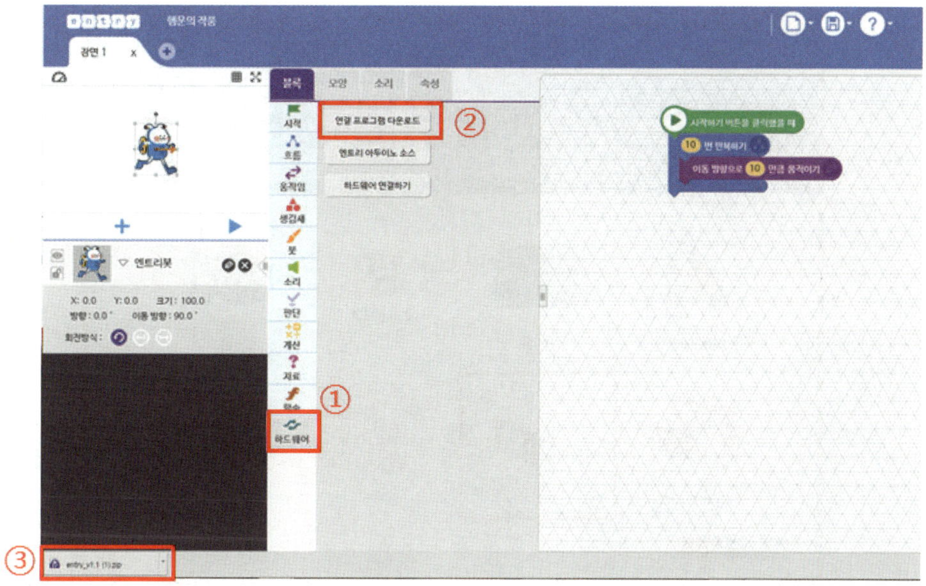

• 다운로드 받은 파일의 압축을 풀고, 'Entry' 프로그램을 실행합니다. **이 프로그램은 햄스터 사용이 끝날 때까지 계속 켜져 있어야 합니다.**

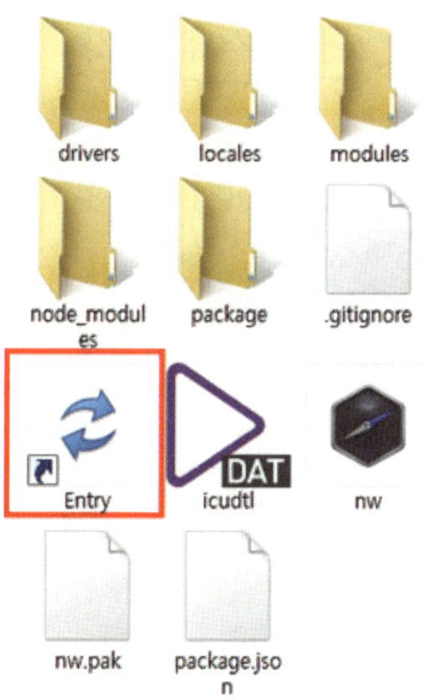

• 햄스터를 클릭합니다.

• 컴퓨터에 USB를 연결합니다.

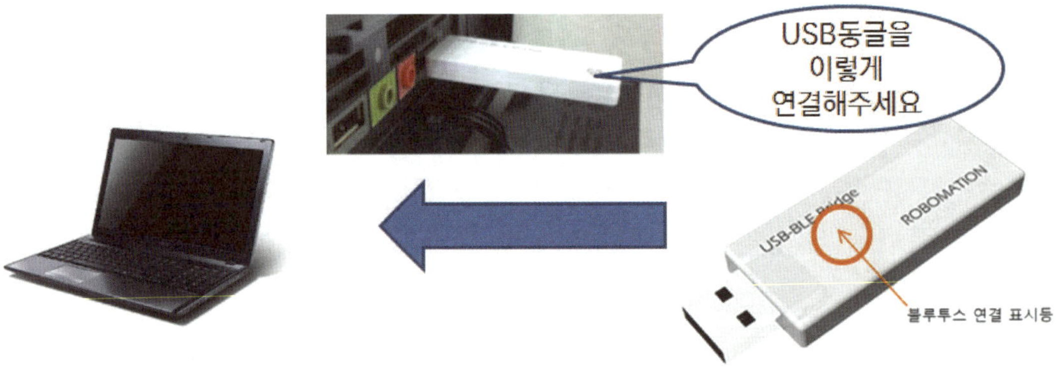

• 드라이버 설치를 눌러 드라이버를 설치합니다. 이 과정은 해당 컴퓨터에 처음으로 햄스터를 연결할 때에만 필요합니다.

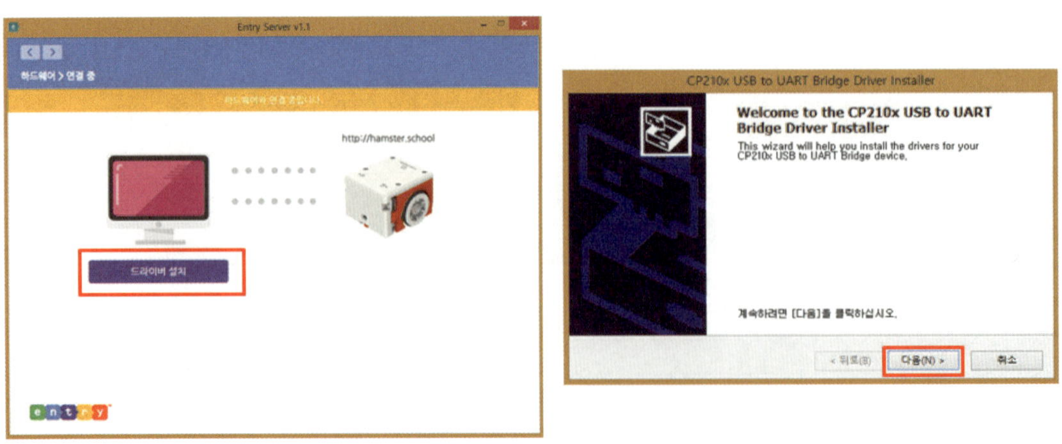

• 연결중이라는 메시지가 뜨면 아직 연결이 되지 않은 상태입니다.

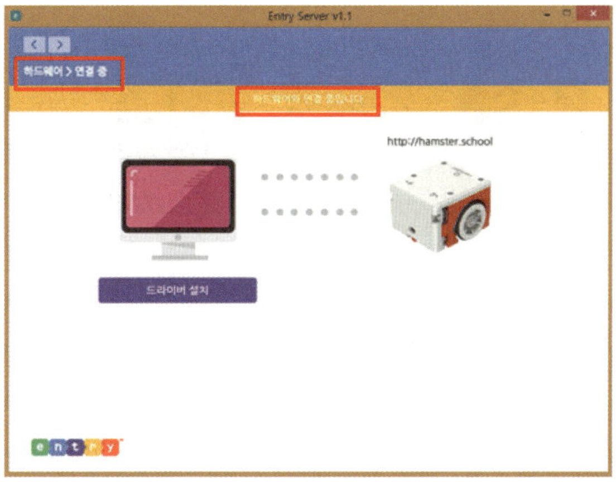

햄스터 설치방법

햄스터 연결 – 전원 스위치를 위로 올려 켜주세요

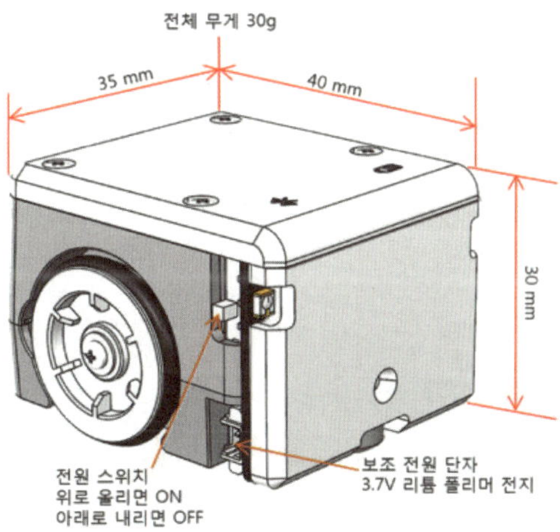

• 연결성공' 이라는 메시지가 뜨면 이 **프로그램을 끄지 않고 최소화** 한 후, 엔트리 페이지로 돌아갑니다.

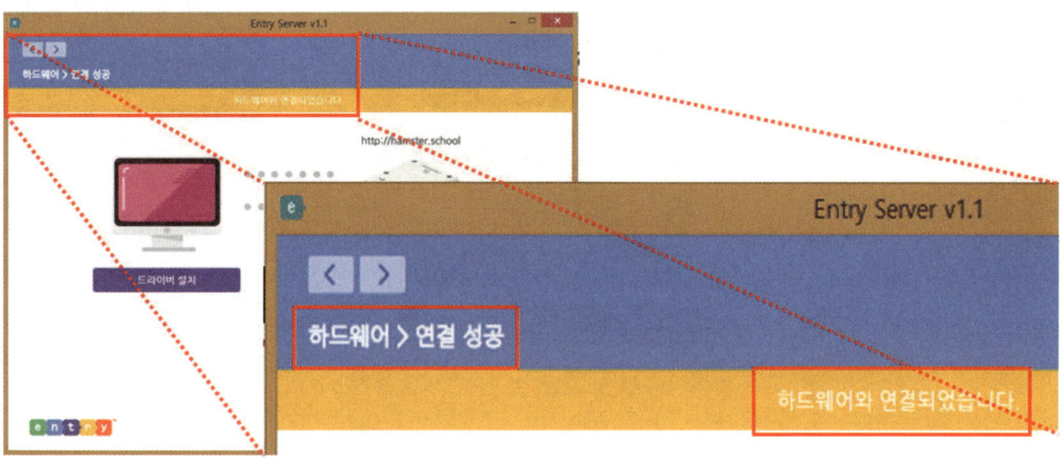

- 엔트리 만들기 페이지의 [하드웨어] 탭에서 '하드웨어 연결하기' 버튼을 누릅니다.

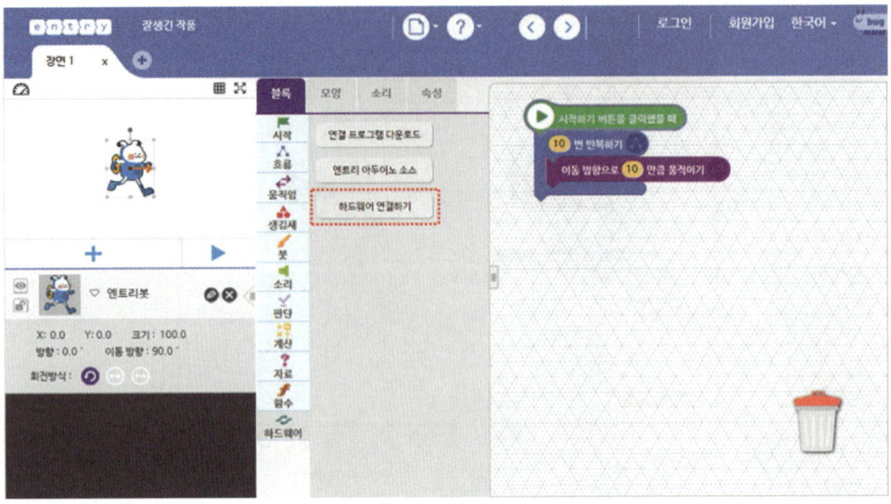

- 하드웨어 탭에 햄스터 관련 블록들이 생겨난 것을 볼 수 있습니다.

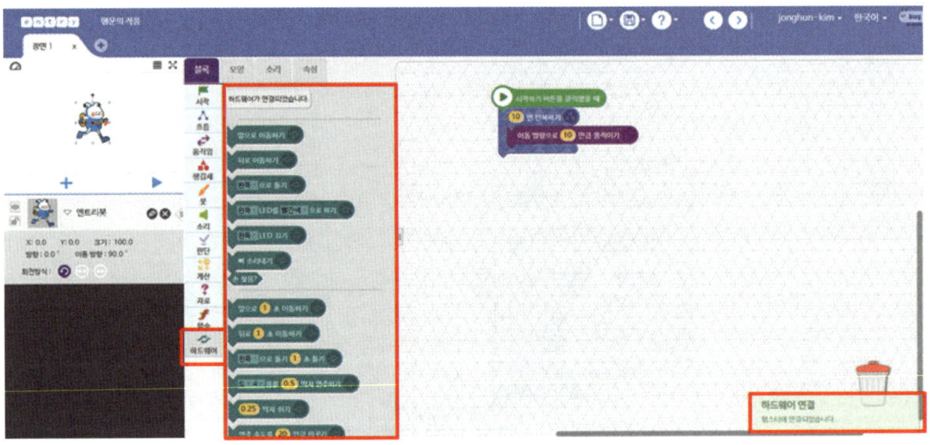

- 햄스터 초급 블록

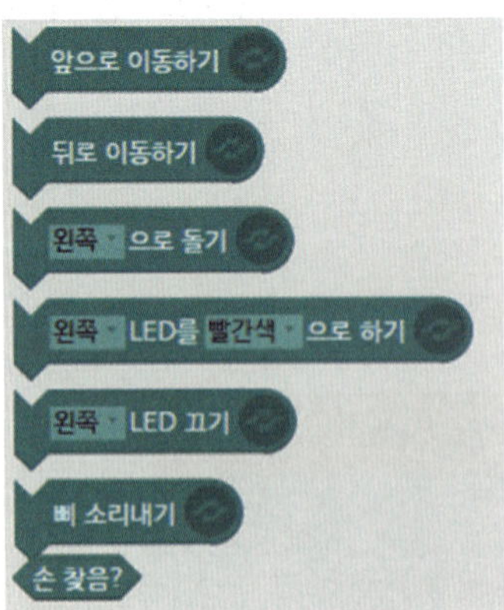

- 햄스터 중급 블록

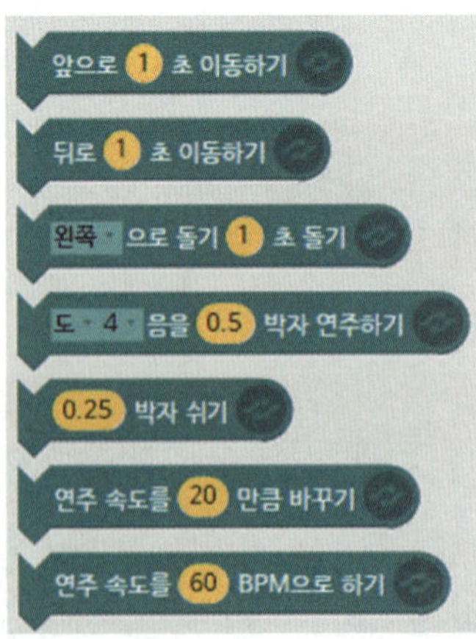

- 햄스터 고급 블록

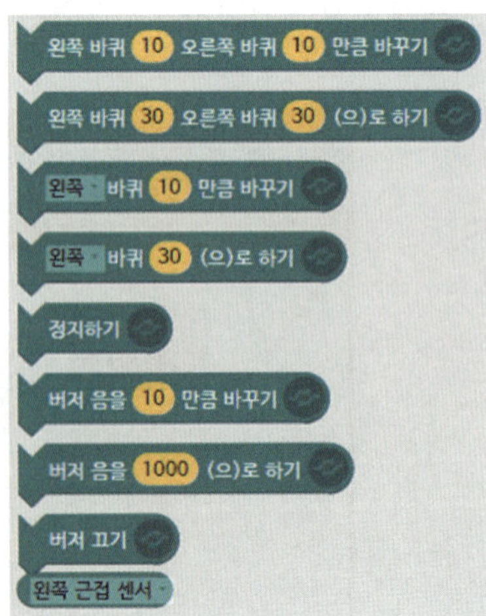

2 햄스터 미로찾기

2.1 햄스터 움직이기

초급 단계의 블록들은 모두 1초를 기준으로 만들어져 있습니다.

- 초급단계의 움직임 블록들을 사용하여 햄스터를 자유롭게 움직여봅시다.

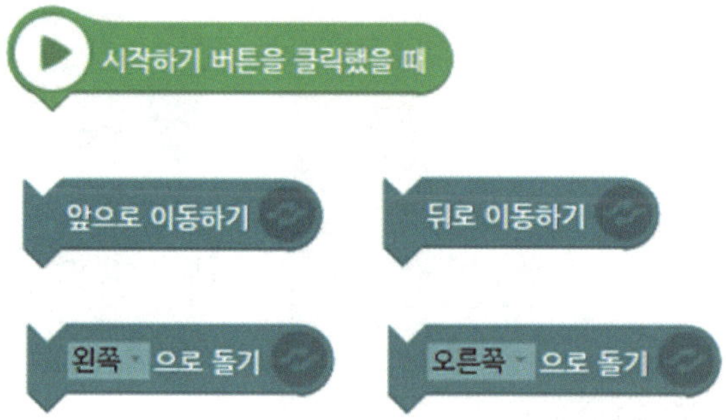

초급 단계의 '앞으로 이동하기' 블록은 중급 단계의 '앞으로 1초 이동하기'와 같습니다.
중급 단계의 블록들을 이용하면 좀 더 세밀하게 햄스터를 움직일 수 있습니다.

- 중급단계의 움직임 블록들을 사용하여 햄스터를 키보드로 방향키로 조종해 봅시다

2.2 햄스터의 미로찾기

숫자는 햄스터마다 또는 햄스터 배터리 충전 상태에 따라 다를 수 있습니다. 내가 가지고 있는 햄스터를 정확히 움직이는 숫자를 찾아봅시다.

- 햄스터를 맵 위에 올려 봅시다. 그리고, 햄스터를 정확히 한 칸, 90도를 움직이는 시간을 찾아 봅시다.

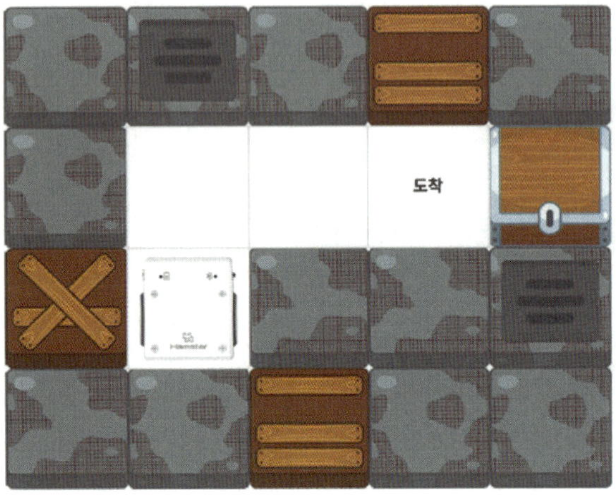

실습하기 1

- 햄스터를 [도착]위치 장소로 옮겨 봅시다.
- 아래로 4개의 블록을 추가하여 완성해 봅시다.

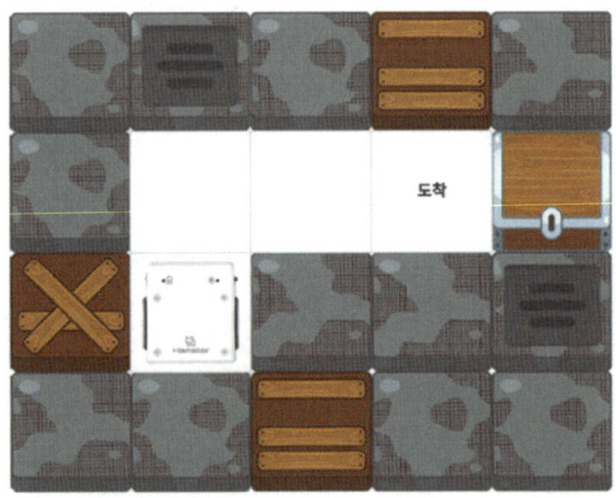

실습하기 2

- 햄스터를 [도착] 위치의 장소로 옮겨 봅시다.
- 아래로 8개의 블록을 추가하여 완성해 봅시다.

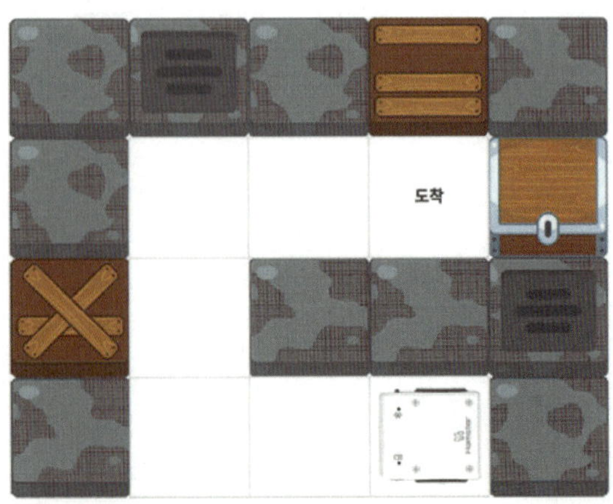

실습하기 3

- 반복하기 블록을 사용하여 더 효율적인 코드로 햄스터를 [도착]위치로 옮겨 봅시다.

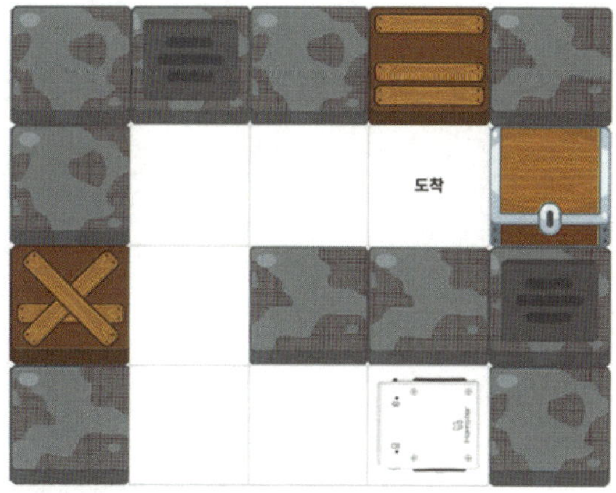

실습하기 4

- 반복하기 블록을 사용하여 햄스터를 [도착] 위치로 옮겨 봅시다.

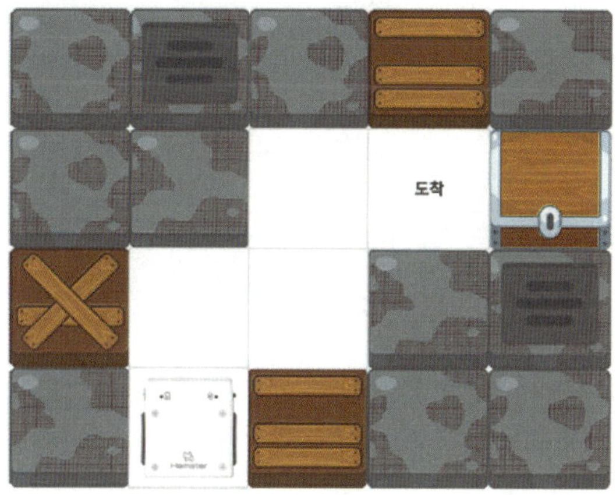

3 눈으로 말하는 햄스터

3.1 LED 제어하기

실습하기 1

- 기다리기 블록을 사용하여 햄스터의 양쪽 눈이 1초 간격으로
- **빨강 → 노랑 → 초록 → 파랑**으로 바뀌고 꺼지도록 만들어 봅시다.

실습하기 2

- 햄스터의 양쪽 눈이 번갈아 켜지도록 만들어봅시다.
- 단, 한쪽 눈이 꺼짐과 통시에 다른 눈이 켜져야 합니다.

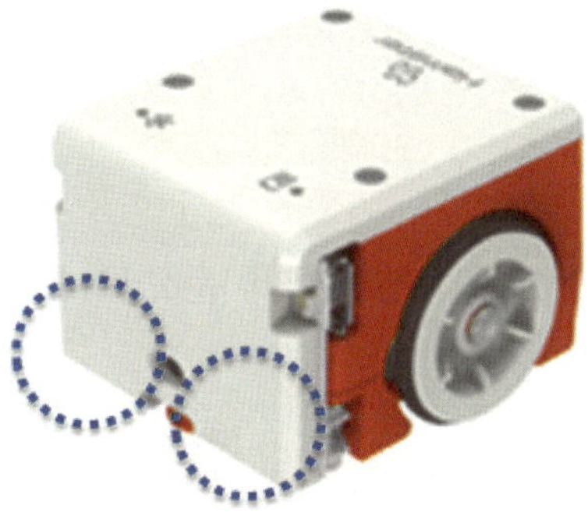

실습 예시답안

- 햄스터의 양쪽 눈이 번갈아 켜지도록 만들어봅시다.
- 단, 한쪽 눈이 꺼짐과 동시에 다른 눈이 켜져야 합니다.

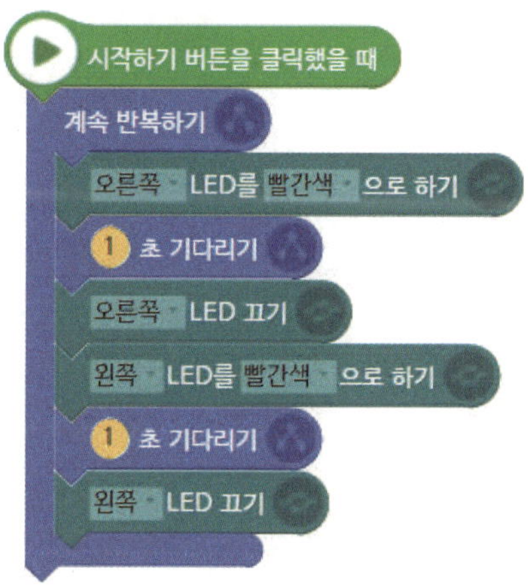

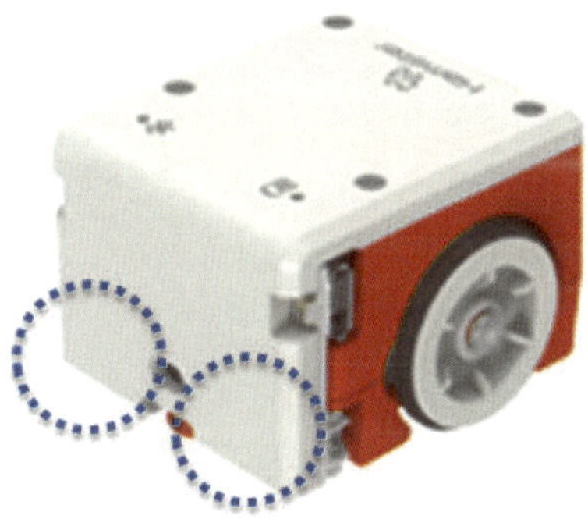

3.2 눈으로 암호 전하기

아래의 프로젝트에서 암호를 실행해 볼 수 있습니다.

암호1: 352
암호2: 14543

- 아래 표를 보고, 햄스터가 눈으로 보내는 암호가 무엇인지 맞춰 보세요.

왼쪽 (오른쪽 눈)	빨강	노랑	초록	파랑	보라
	1	2	3	4	5

햄스터를 마주봤을때
나를 기준으로 왼쪽은, 햄스터의
오른쪽 눈을 의미합니다.

암호 실행 주소: http://goo.gl/EWyVIx

1+2=3 5x3=15

- 아래 표를 보고, 알버트가 눈으로 보내는 암호가 무엇인지 맞춰 보세요.

왼쪽 (오른쪽 눈)	빨강	노랑	초록	파랑	보라
	1	2	3	4	5

오른쪽 (왼쪽 눈)	빨강	노랑	초록	파랑
	+	−	x	÷

암호 실행 주소: http://goo.gl/EWyVIx

• 두 그룹으로 나누어 그룹 1은 아래의 암호를 만들어 봅시다.
• 그룹 2는 잠시 눈을 감아 보세요.

왼쪽 (오른쪽 눈)	빨강	노랑	초록	파랑	보라
	1	2	3	4	5

오른쪽 (왼쪽 눈)	빨강	노랑	초록	파랑
	+	−	x	÷

암호1

4 - 2

• 두 그룹으로 나누어 그룹 2은 아래의 암호를 만들어 봅시다.
• 그룹1는 잠시 눈을 감습니다.

왼쪽 (오른쪽 눈)	빨강	노랑	초록	파랑	보라
	1	2	3	4	5

오른쪽 (왼쪽 눈)	빨강	노랑	초록	파랑
	+	−	x	÷

암호2

5 X 4

- 그룹간 햄스터를 바꾸어 암호를 해석해 봅시다.

왼쪽 (오른쪽 눈)	빨강	노랑	초록	파랑	보라
	1	2	3	4	5

오른쪽 (왼쪽 눈)	빨강	노랑	초록	파랑
	+	-	x	÷

암호1

4 - 2

암호2

5 X 4

- 두 그룹으로 나누어 그룹 1은 아래의 암호를 만들어 봅시다
- 그룹 2는 잠시 눈을 감습니다.

왼쪽 (오른쪽 눈)	빨강	노랑	초록	파랑	보라
	1	2	3	4	5

오른쪽 (왼쪽 눈)	빨강	노랑	초록	파랑
	+	-	x	÷

암호3

45 - 3

• 두 그룹으로 나누어 그룹 2는 아래의 암호를 만들어 봅시다
• 그룹 1은 삼시 눈을 감습니다.

왼쪽 (오른쪽 눈)	빨강	노랑	초록	파랑	보라
	1	2	3	4	5

오른쪽 (왼쪽 눈)	빨강	노랑	초록	파랑
	+	-	x	÷

암호4

21 ÷ 3

• 그룹간 햄스터를 바꾸어 암호를 해석해 봅시다.

왼쪽 (오른쪽 눈)	빨강	노랑	초록	파랑	보라
	1	2	3	4	5

오른쪽 (왼쪽 눈)	빨강	노랑	초록	파랑
	+	-	x	÷

암호3

45 - 3

암호4

21 ÷ 3

4 햄스터 청소기 만들기

4.1 근접센서 활용하기

양쪽 귀 부분에는 앞쪽으로 근접센서가 달려 있습니다. 이 근접센서는 앞에 있는 물체와의 거리를 측정할 수 있는 거리센서로 30cm 이내에 있는 거리를 1mm 단위로 측정합니다.

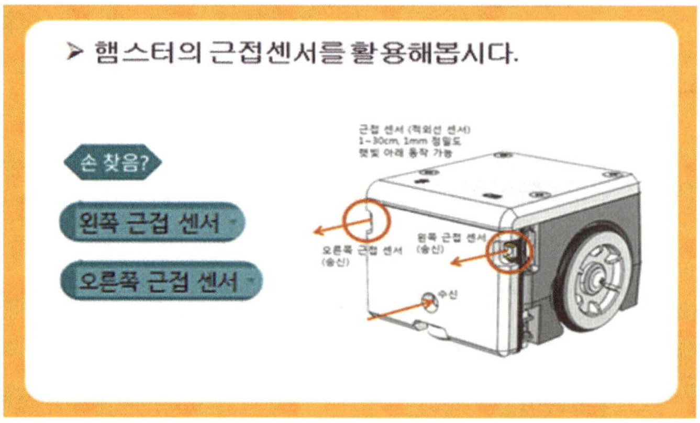

- <손 찾음?> 블록을 이용하여 햄스터가 앞으로 가다가 장애물을 만나면 다양한 행동을 하도록 만들어 봅시다.
-

앞에 장애물이 있을 때

- 삐 소리내기
- 뒤로 물러나기
- 방향을 바꾸기

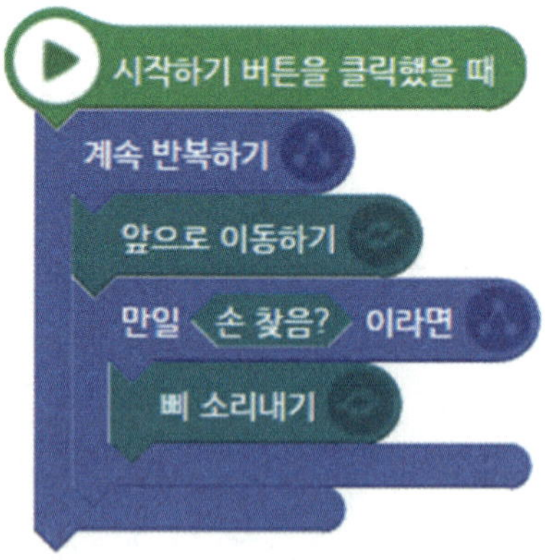

물체가 근접할수록 센서값이 커집니다(최대 80정도). 물체가 너무 근접하면 센서값이 오히려 줄어들어 0이 되어버리므로 주의하세요.

- 왼쪽/오른쪽 근접센서 블록을 활용하면 근접 센서값을 좀더 미세한 단위로 활용할 수 있습니다.

> - 햄스터가 근접센서 값을 계속 말해주도록 해봅시다.
> - 햄스터의 근접센서에 손을 가져다 댔다 떼었다 하며 근접센서 값을 관찰해 봅시다.

- <손찾음> 블록 대신 근접센서 값을 활용하여 앞으로 가다가 장애물이 있을 때 햄스터가 다양한 행동을 하도록 해봅시다.

> - 왼쪽에 장애물이 있을 때 오른쪽으로 돌도록 해 봅시다.
> - 오른쪽에 장애물이 있을 때 왼쪽으로 돌도록 해 봅시다.

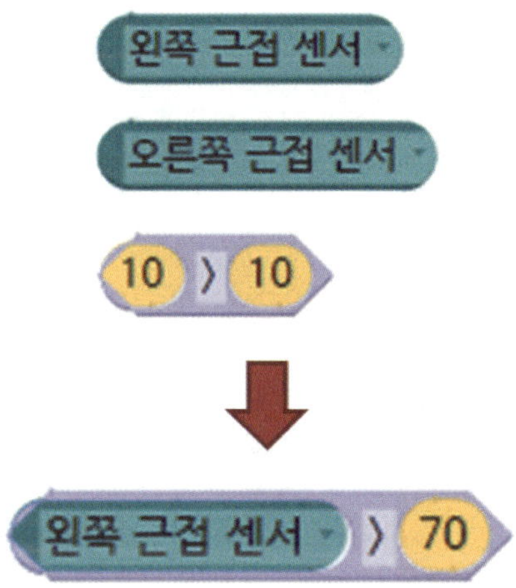

- 햄스터가 로봇청소기처럼 움직여 모든 방을 다 돌아다닐 수 있도록 만들어봅시다.

> - 빈 방에서 햄스터가 움직일 때를 생각해 봅시다.
>   - 앞에 벽이 있을 때?
> - 방에 책상다리 등 장애물이 있을 때를 생각해 봅시다.
>   - 앞에 벽이 있을 때?
>   - 오른쪽에 장애물이 있을 때?

5 햄스터 라인트레이서 만들기

5.1 바닥센서 활용하기

양쪽 귀 부분에는 앞쪽으로 근접센서가 달려 있습니다. 이 근접센서는 앞에 있는 물체와의 거리를 측정할 수 있는 거리센서로30cm 이내에 있는 거리를 1mm 단위로 측정합니다.

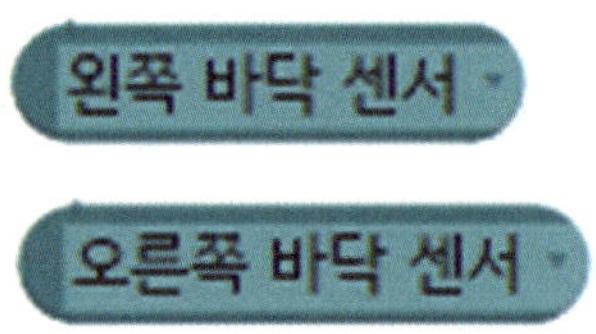

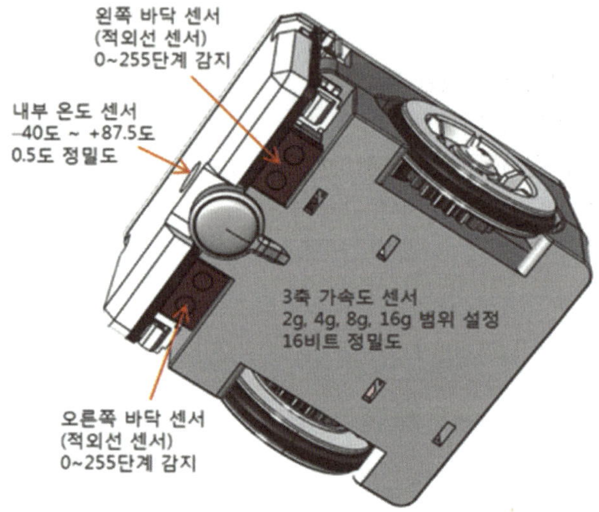

햄스터를 밝은 바닥에 올려놓을 수록 값이 작아집니다(명도). 흰 종이 위에 올리면 95정도, 검은 종이 위에 올리면 20 이하의 값을 나타냅니다.

- 바닥센서가 어떻게 작동하는지 알아봅시다.

> - 햄스터가 바닥센서 값을 계속 말해주도록 해봅시다.
> - 햄스터를 다양한 색과 재질의 바닥에 올려보고 바닥센서 값을 관찰해 봅시다.

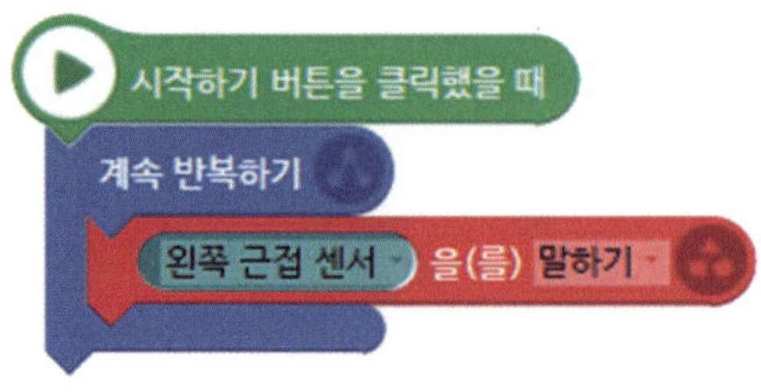

실습하기

바닥센서값을 활용하여 햄스터가 하얀 바닥에서 움직이다가 검은 바닥에 닿으면 회전하도록 만들어 봅시다.

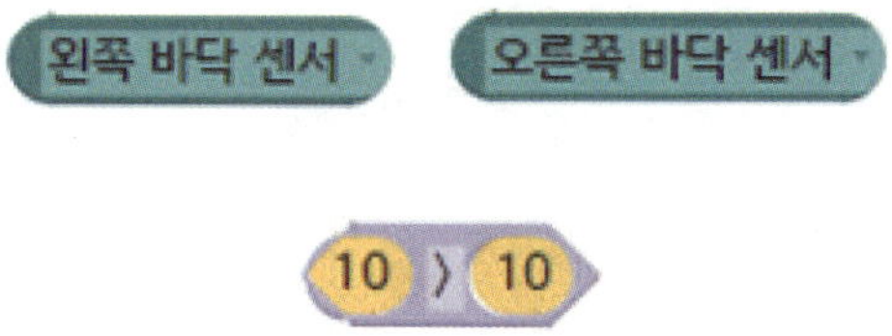

실습 예시답안

바닥센서값을 활용하여 햄스터가 하얀 바닥에서 움직이다가 검은 바닥에 닿으면 회전하도록 만들어 봅시다.

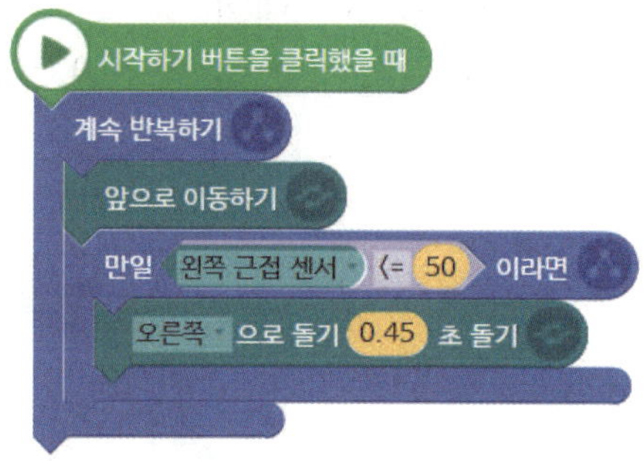

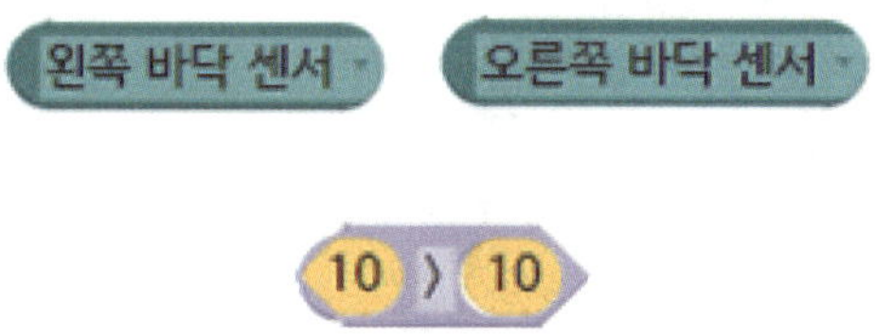

실습하기

- 햄스터를 가지고 운동장을 돌아봅시다 - 원형트랙 돌기

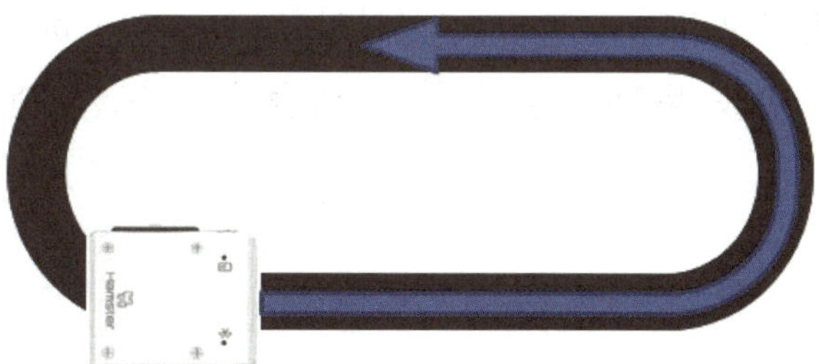

실습 예시답안

- 햄스터를 가지고 운동장을 돌아봅시다 - 원형 트랙 돌기

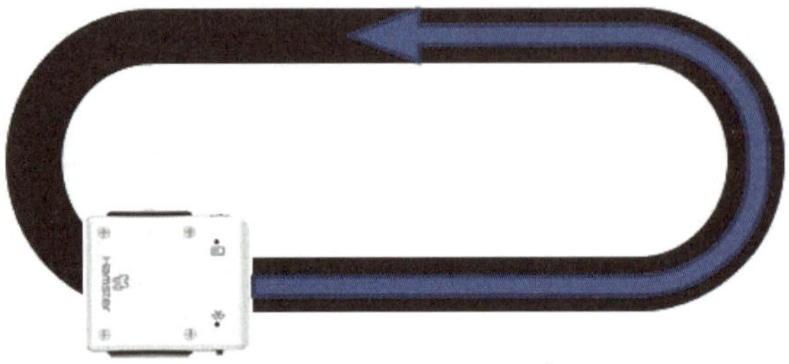

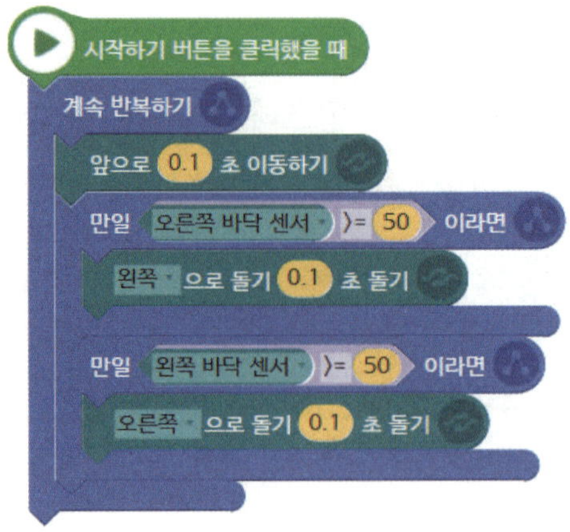

실습하기

- 육상 햄스터 대회

  아래 그림과 같이 장소에서 육상 햄스터 대회를 열어 봅시다

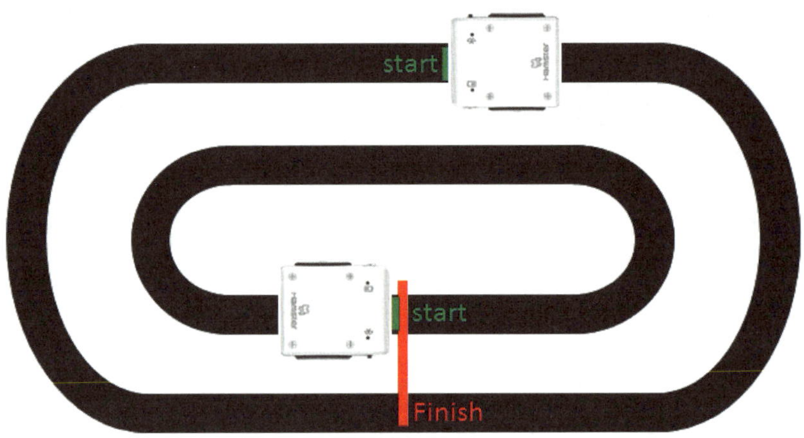

피지컬 컴퓨팅에 대하여 더 알아보려면 엔트리 공식사이트(play-entry.org)에 들어가서 확인할 수 있으며, 소프트웨어야 놀자 EBS25회, 26회를 통해서 공부할 수 있습니다. 또한, 엔트리 공식 블로그에 가면 관련 교재를 다운받을 수 있습니다.

- 햄스터 스쿨 (nhamster.school)

엄마와 선생님이 함께하는

엔트리
연수프로그램

PART 9

수업에 필요한 학급 및 강의 기능 알아보기

1 강의기능이란?

1.1 강의기능 알아보기

■ 강의기능

일반 엔트리 환경

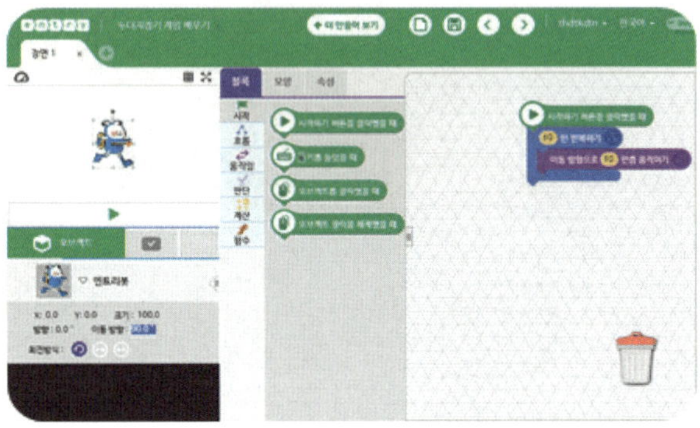

강의기능으로 만든 엔트리 환경

■ 핵심기능

- 강의 개요 설정
- 블록/기능선택
- 기본 작품 설정
- 완성된 작품 보기
- 강의영상 보기

❶ 강의개요 설정

- 학생들이 각 강의를 클릭하면 가장 먼저 완성할 작품을 신행해 볼 수 있음.
- 그 외 학습목표, 본 차시 설명, 강의영상, 교안, 강의영상도 확인할 수 있음.

❷ 블록/ 기능선택

- 교사는 학생들의 학습에 필요한 블록과 기능들을 선택할 수 있음.
- 필요한 블록과 기능만 제시함으로 학생들의 인지적 부담을 낮출 수 있음.

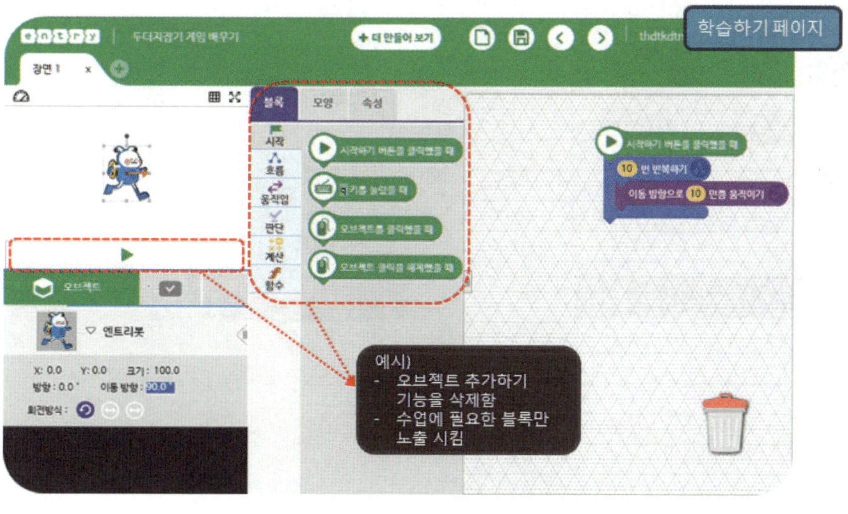

❸ 완성된 작품보기

- 교사는 학생들이 최종적으로 만들어야 할 작품을 설정할 수 있음(완성된 작품).
- 학생들은 작품을 만드는 동안 자신이 만들어야 하는 작품을 계속 확인할 수 있음.

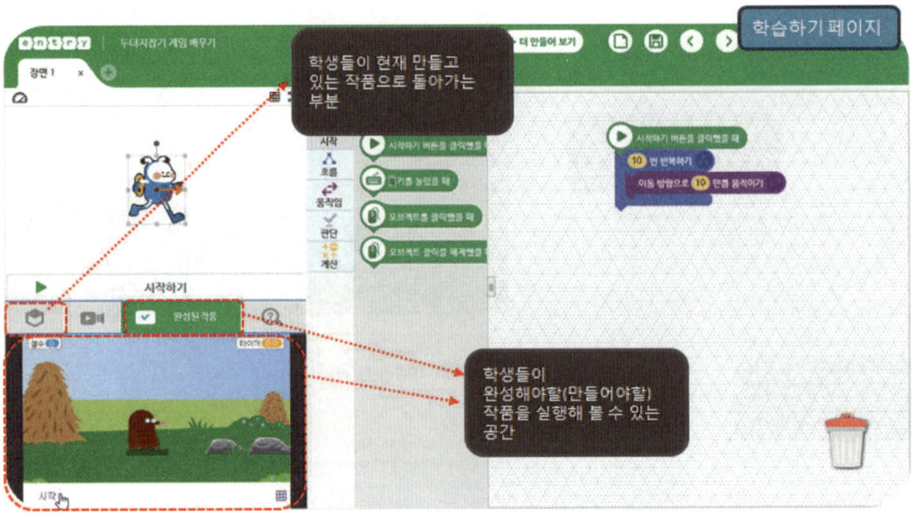

❹ 기본작품 설정

- 교사는 학생들이 처음 시작할 작품도 설정할 수 있음(기본 작품).
- 미리 오브젝트를 추가해놓고, 코드만 없앤(또는 부분적으로 코드만 남겨놓고) 작품을 기본작품으로 설정해 놓으면 학생들은 핵심 알고리즘에 집중할 수 있음.

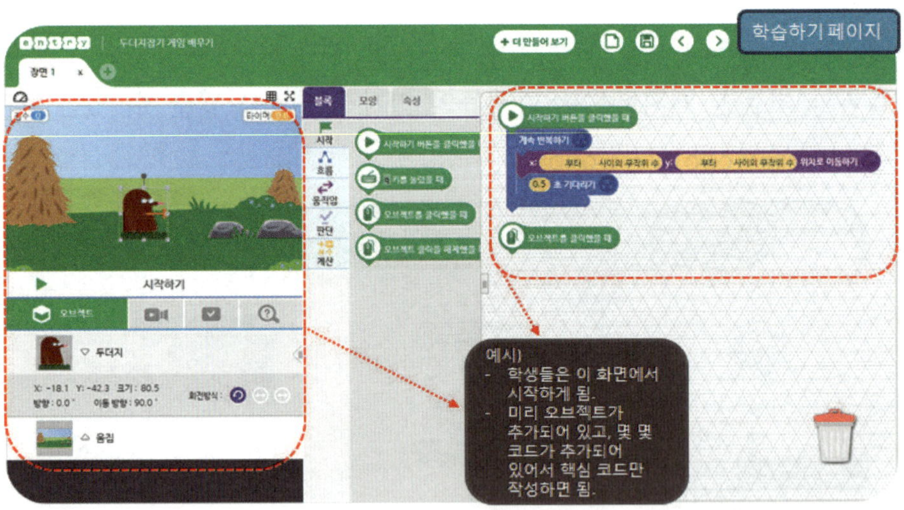

❺ 강의영상 보기

- 교사는 학생들이 볼 강의동영상을 추가할 수 있음.
- 개념설명, 힌트, 따라하며 만들기 영상 등을 추가하면 교사는 수업시 반복된 설명을 줄일 수 있고, 학생들은 스스로 학습할 수 있음.

■ 코스기능

단일 강의들 강의들을 엮어서 코스로 만듦

- 단일 강의들을 엮어서 하나의 교육과정(코스)으로 만들 수 있는 기능.
- 학생들은 만들어진 코스에 들어오면 코스에서 제공하는 다양한 강의를 수강할 수 있음.

2 따라하며 강의기능 배우기

2.1 강의기능

• 엔트리 홈페이지에 접속하여 로그인 합니다.

• [학습하기] - [내가 만드는 강의]를 클릭합니다.

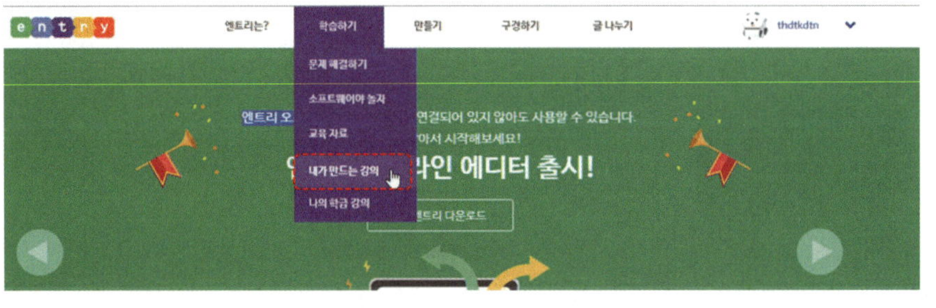

• [강의 만들기]를 클릭합니다.

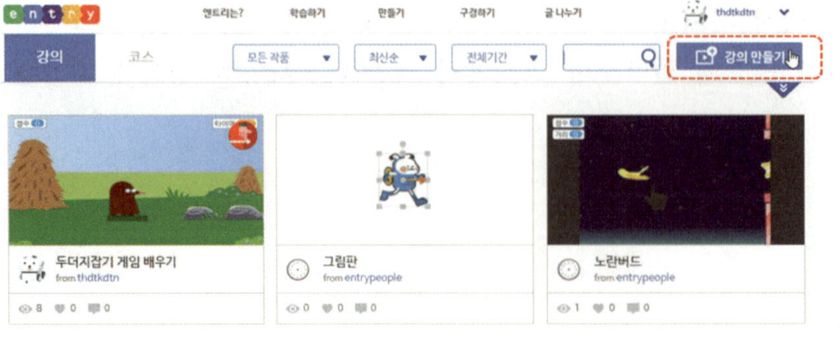

• 강의개요 페이지를 만드는 공간입니다. 완성된 작품을 올려 봅시다. [엔트리 작품]을 클릭해 보세요.

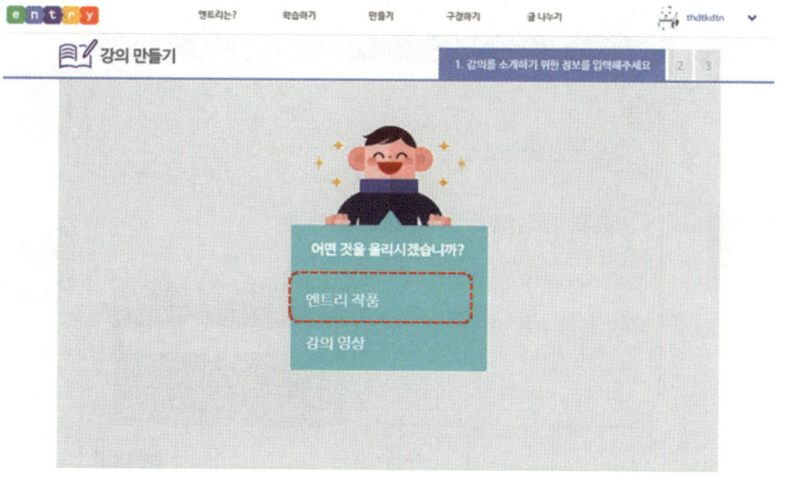

• 완성된 작품(학생들이 이번 강의에서 만들어야 할 작품)을 선택하고 [불러오기]를 누릅니다.

• 완성된 작품이 등록되었습니다. 학생들은 이 강의 페이지에 들어오면 완성된 작품을 실행해 볼 수 있습니다.

- 스크롤을 내리고 각종 강의에 대한 정보를 입력하고 [다음]을 누릅니다.

- 스크롤을 내리고 각종 강의에 대한 정보를 입력하고 [다음]을 누릅니다.

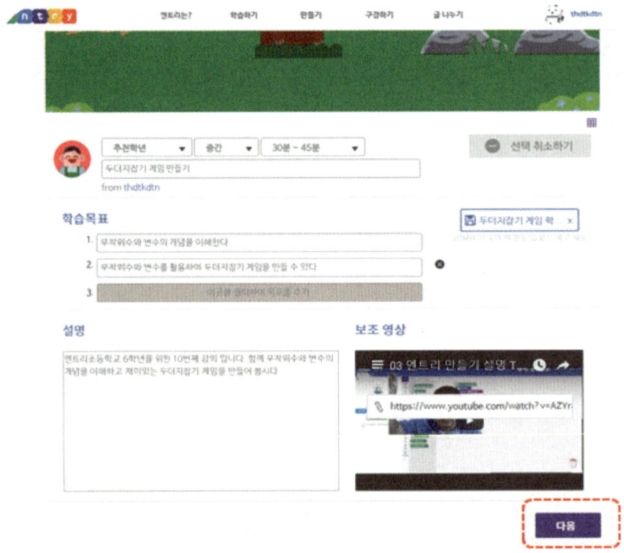

- 블록/ 기능을 선택하는 화면이 나옵니다. [닫기]를 누릅니다.

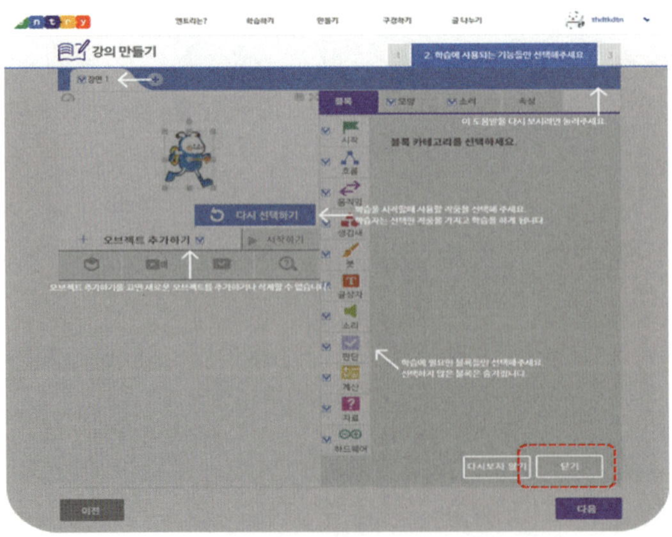

• 블록/ 기능을 선택하는 화면이 나옵니다. 체크박스를 눌러 필요한 블록/ 기능을 선택합니다.

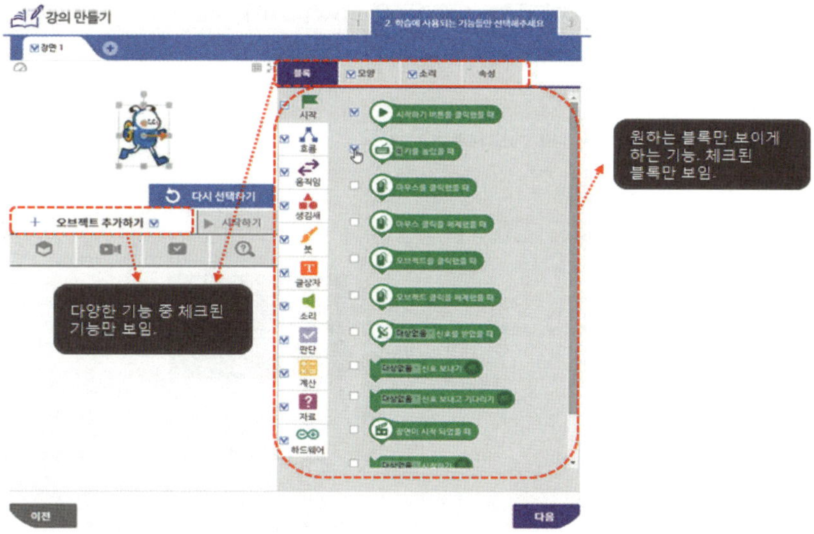

• 이제, [다시 선택하기]를 눌러 기본작품(학생들이 학습하기 페이지에 들어오면 기본적으로 보여주는 작품)을 선택합니다.
• 아무런 선택을 하지 않으면 엔트리 기본작품이 선택됩니다. 보통, 오브젝트는 모두 추가되어 있고 코드가 없는 작품, 핵심코드만 뺀 작품을 따로 만들어 추가 합니다.

• 기본작품이 선택된 것을 볼 수 있습니다. [다음]을 클릭합니다.

- 스크롤을 내려 강의정보가 제대로 입력되었는지 확인합니다.
- 사용요소/ 적용개념/ 연계교과를 선택하고 [확인]을 누릅니다.

- 강의가 완성되었습니다. 하단의 [공유] - [링크주소]를 눌러 학생들에게 강의접속 주소를 알려 줄 수 있습니다.

• [학습하기] - [내가 만드는 강의]에서도 완성된 강의를 확인할 수 있으며, 학생들도 이곳에 접속하여 수강을 할 수 있습니다.

2.2 코스기능

• 코스기능도 강의기능과 거의 유사합니다. [학습하기] - [내가 만드는 강의]를 클릭한 [코스] - 코스 만들기]를 누릅니다.

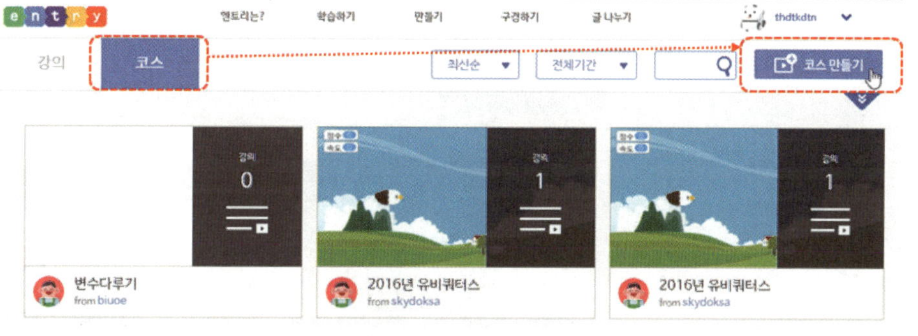

• 여러 강의들을 모아놓은 코스에 대한 정보를 입력합니다.

• 모두 입력하였으면 [다음]을 누릅니다.

• 코스를 구성하는 강의들을 추가하는 페이지 입니다. [불러오기]를 누르고 본인이 만든 강의나 다른 사람이 만든 강의(관심강의로 등록해 놓은 강의)를 추가하고 [불러오기]를 누릅니다.

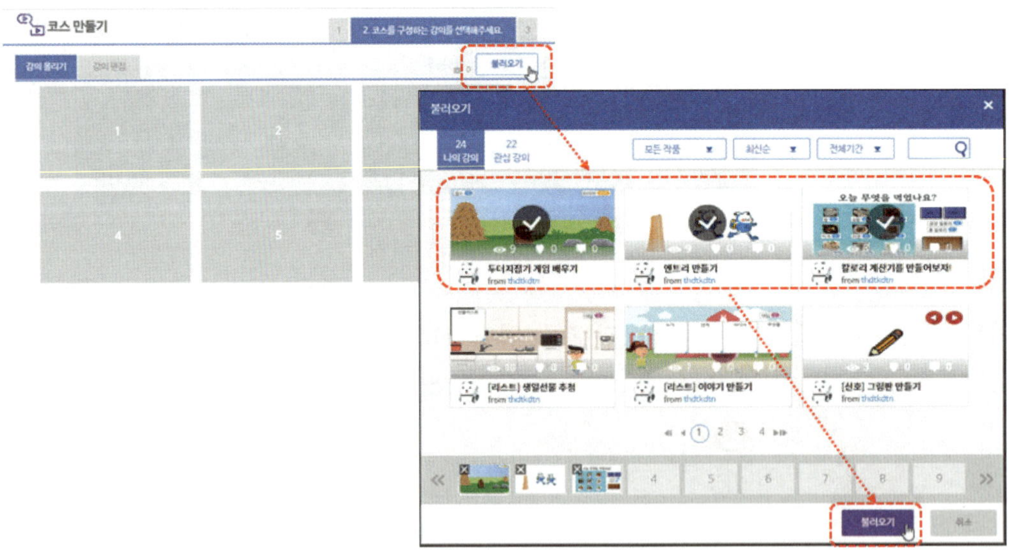

• [강의편집]을 누르면 각각의 강의개요 페이지를 수정할 수 있습니다. 모두 수정했으면 [강의 올리기]를 클릭합니다.

• 원하는 강의를 모두 추가하였으면, 아래로 스크롤을 내려 [다음]을 누릅니다.

• 코스에 대한 정보를 확인하고 [확인]을 누릅니다.

• 학생들에게 [공유]에서 코스링크를 나누어 주거나 [학습하기] - [내가 만드는 강의] - [코스]에서 학습할 수 있도록 안내합니다.

3 학급기능

3.1 학급기능 알아보기

■ 학급기능

- 교사가 학급을 만들어서 학생을 추가하고 관리(과제제출/ 작품확인)할 수 있는 기능
- 학급구성원들 사이에 작품공유, 글을 나눌 수 있는 기능도 있음

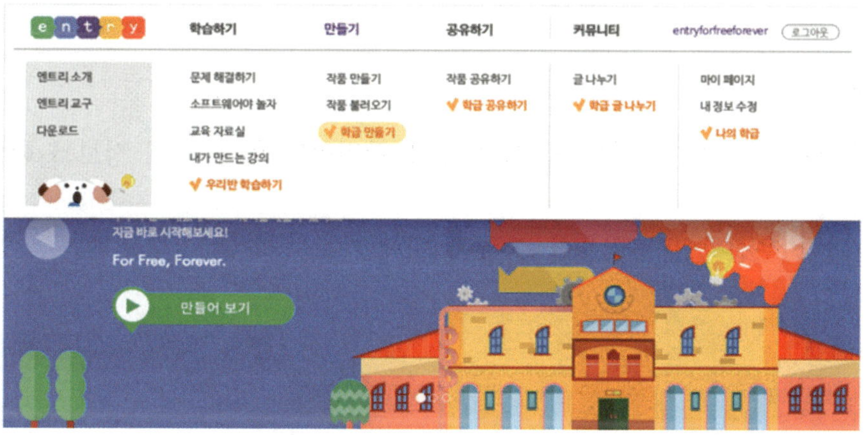

■ 학급기능 개요

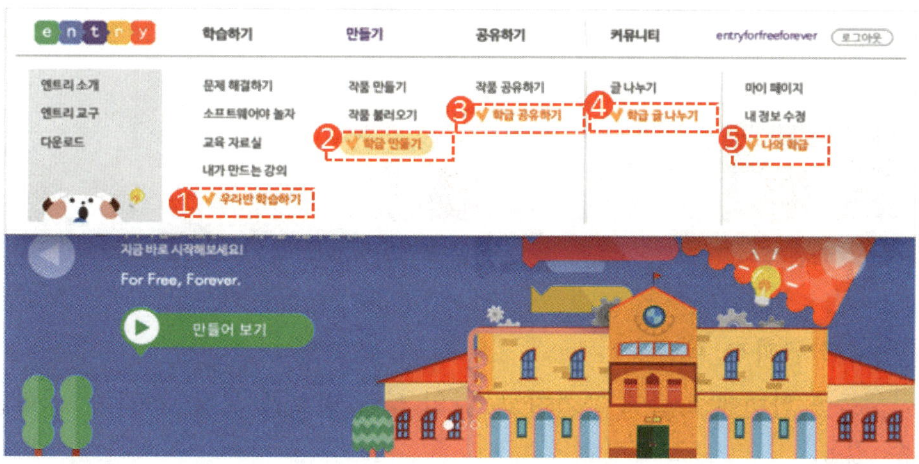

❶ **우리반 학습하기:** 우리 학급에 강의,코스를 업로드/학습을 하고, 과제를 생성,검사/제출하며 학습과정을 관리/참여할 수 있습니다.
❷ **학급 만들기:** 선생님들만이 학급을 만들고 관리 할 수 있습니다.
❸ **학급 공유하기:** 우리 반 학생들이 만들고 학급에 공유한 작품을 한눈에 관리/확인 할 수 있습니다.
❹ **학급 글나누기:** 학급 커뮤니티 게시판을 통해 학급 안에서 활발히 소통할 수 있습니다.
❺ **나의 학급:** 내가 만들고/속한 학급을 한눈에 모아보고, 각 학급의 상세 정보를 확인/관리 할 수 있습니다.

■ 핵심기능

학급만들기	학생추가/관리
학급 강의/코스/과제 생성	학급 전시관/게시판

❶ 학급 만들기

- 학급을 만들고, 만들어진 학급 목록을 한눈에 확인하며 학급 상세 정보를 확인 및 관리 할 수 있음.
- 학급 중, 가장 우선확인이 필요한 학급에 대해 '기본' 학급 설정을 할 수 있음.

❷ 학생추가/ 관리, 학급과정 관리

- 다수의 학생들을 한번에 학급에 추가하고, 나의 학급 정보를 설정/ 관리하고, 학급 메뉴로 한번에 이동할 수 있음.
- 학생들의 학급계정 정보를 엑셀 또는 PDF 파일로 내려 받고, 비밀번호를 분실한 학생들에게 임시 비밀번호를 발급해 줄 수 있음.
- 학생들이 제출한 과제를 보고, 한 번에 작품 페이지로 바로 이동할 수 있음.

❸ 학생추가 / 관리 및 학급과정 관리

❹ 학급전시관 / 게시판

- 학급 공유하기에서 학급 구성원간 만든 작품을 공유할 수 있음.
- 학급 게시판을 통해 학급 구성원간 다양한 게시글로 소통할 수 있음.

엄마와선생님이함께하는

엔트리연수프로그램

발 행 일 2018년 2월 20일
인 쇄 일 2018년 2월 15일
엮 음 편집부
발 행 처 WHYBOOKS® ㈜와이북스

등 록 제390-2011-000012호
주 소 세종시 치조원읍 문화2길 52, 307호
대표전화 031-976-3555
팩 스 0303-3444-1956
홈페이지 www.whybooks.co.kr
이 메 일 whybooks@whybooks.co.kr
ISBN 979-11-88614-06-6 (03000)

정 가 20,000원

※ 이 책은 엔트리교육연구소에서 개발한 “엔트리 교사연수용 프로그램”를 토대로 만들어진 엔트리 프로그램 입니다.

※ 저작권법에 의해 한국 내에서 보호를 받는 저작물이므로 무단전재와 무단복제를 금합니다.

entry